保育士をめざす人のための
施設実習ガイド

河合高鋭・石山直樹 編

JN118914

執筆者一覧

敬称略（五十音順）　※は編者

※石山　直樹	横浜女子短期大学	第2章4、Q18
上野　善子	元・名古屋経営短期大学	第4章6、コラム5
牛島　豊広	周南公立大学	第5章10・12、Q27〜29
大野　地平	聖徳大学短期大学部	第4章2
岡本　眞幸	横浜女子短期大学	第2章3・5、Q20・30
鹿島　房子	聖徳大学短期大学部	コラム8-①・8-②・8-③・13
我謝美左子	江戸川大学	第1章4、第5章2、Q12・15・23・37
※河合　高鋭	鶴見大学短期大学部	第4章7、コラム3・10、Q8・36
木口恵美子	鶴見大学短期大学部	第4章1、第5節9、
		Q3・4・11・26・33・34・39
菊池　正敏	児童養護施設ゆりかご園	第5章6
工藤　和明	元・国立武蔵野学院	第5章5
栗山　宣夫	育英短期大学	第5章7・8、コラム2・9
志濃原亜美	秋草学園短期大学	第1章1、コラム4
柴田　啓一	東京未来大学	第3章1、コラム6・7、Q19
スティーヴン・トムソン	横浜女子短期大学	第2章1・2、Q1・13・35・38
瀧井有美子	横浜いずみ学園	第5章4
田家　英二	茨城キリスト教大学	第6章1・2、Q40〜43
中島健一朗	相模女子大学	第4章3、第5章1・3、
		Q5・7・9・10・21・22・24・25
野口　志乃	横浜訓盲院	コラム12
比嘉　眞人	元・鶴見大学短期大学部	コラム11
檜垣　昌也	聖徳大学短期大学部	第5章11
山内　陽子	元・横浜こども専門学校	第4章4・5、Q6
山城　久弥	鎌倉女子大学	第1章2、コラム1
横浜　勇樹	関東学院大学	第1章3、Q2
横溝　一浩	元・フェリシアこども短期大学	第3章2・3・4、第6章3・4、
		Q14・16・17・31・32

は じ め に

　保育士養成校で学ぶ学生に求められるのは、援助者としてより高い専門性を身につけることです。なかでも、さまざまな子ども（利用者）が生活をする福祉施設では、十分に子ども（利用者）の理解を深め、一人ひとりに合わせて援助する能力がさらに必要になっていきます。保育士養成課程では、施設実習に直接的に関係する科目として「保育実習Ⅰ」「保育実習Ⅲ」の実習科目、「保育実習指導Ⅰ」「保育実習指導Ⅲ」の演習科目があり、施設で生活する子ども（利用者）の権利を守ることを土台として、適切なケアをしながら、その生活、成長・発達を支援していくことの重要性を学びます。

　施設実習の意義は、保育士養成校で学ぶ専門教科目によって得た知識・技術を、実習施設現場において整理・確認をすることから始まります。そして、さらに実際の現場での体験を通して知識・技術を確実なものに近づけるとともに、施設利用者に対しての正しい理解と真の意味での専門職としての自覚を身につけることに発展させなくてはなりません。実習には、現場においての体験でのみ身につけられる意義深い学びが非常に多くあるということを理解しておきましょう。

　保育士養成課程において実習施設として指定されている施設には、乳児院、母子生活支援施設、児童養護施設、児童心理治療施設、児童自立支援施設、児童発達支援センター、障害児入所施設などの児童福祉施設、地域活動支援センターなどの障害者支援施設、老人ホームやケアハウスなどの老人福祉施設など、多岐にわたります。保育所や幼稚園と違うところは、対象となる子ども（利用者）が障がいをもっていたり被虐待児であったりと、より専門的なケアが必要であるということです。対象である子ども（利用者）に対する日常生活の実際の支援は、講義を通しての学習では習得できないことばかりです。「保育実習指導Ⅰ」「保育実習指導Ⅲ」の授業を基本にして、実習としての体験を十分に得て、この重要性を認識してください。

　本書では、施設実習についての理解を深めるために、施設実習における4つの「学びの視点」、すなわち、①「施設」を知る、②「施設の子ども」を知る、③「施設の保育者」を知る、④「自己」を知るを軸に、施設ごとの概要や施設実習の基本、実習前や実習後にやらなくてはいけないことを学び、それぞれの施設または子ども（利用者）が必要としている支援を身につけることをねらいとしています。本書を活用し、自信をもって施設実習に臨んでいただけると幸いです。

　2019 年 11 月

編者　河　合　高　鋭
　　　石　山　直　樹

▌ワーク：実習前後の施設のイメージ

①実習に行く前に、あなたの実習先となる施設に対する率直なイメージを、以下の項目ごとに書いてみましょう。実習後にも、同じように実習施設に対するイメージを書き、あなた自身の福祉施設に関する理解にどのような変化があったかをとらえましょう。

	実習前	実習後
施設自体について （雰囲気、施設・ 設備など）		
子ども（利用者） について （言動、態度など）		
職員について （子ども［利用者］に かかわる姿勢など）		

②実習前後での施設に関する理解の変化を記入してください。

もくじ

第1章
施設実習とは

第2章
施設実習における学びの概要

━━━━━━━━━━━━━━ 第 **3** 章 ━━━━━━━━━━━━━━

施設実習の基本

第 5 章

各施設におけるケアの特徴と実習プログラム

第 **6** 章

施設実習後の振り返り

実習 Q&A

巻末資料

第 1 章

施設実習とは

1　施設実習の意義と目的

1　保育士になるために施設実習に行くのはなぜ？

　待機児童問題や保育所・保育士不足などの社会問題を新聞等で知って保育士になりたいと思った人もいるでしょう。保育所の保育士になりたいと思い、保育士養成校（大学や短期大学、専門学校など）に入学したみなさんのなかには、入学後の講義で初めて、もしくは保育士資格について自分で調べるうちに、保育士の資格を取得するためには、保育所だけでなく福祉施設での実習を行わなければならないことを知った人も多いかもしれません。保育士というと保育所の保育士をイメージしがちですが、保育士は、もともとすべての子どもの福祉にかかわる専門職です。ですから、「児童福祉施設の設備及び運営に関する基準」にも、保育所だけではなく他の児童福祉施設でも必ず置かなければならない職種として、保育士が明記されています。まずは、保育所も児童福祉施設の一つであり、保育士資格は児童福祉施設全般で活躍することのできる専門職であるという認識をもつことが必要でしょう。

2　施設実習の意義

　上記で述べたように、保育士は子どもの福祉を担う専門職です。児童福祉法第1条には子どもの権利について、「全て児童は、児童の権利に関する条約の精神にのっとり、適切に養育されること、その生活を保障されること、愛され、保護されること、その心身の健やかな成長及び発達並びにその自立が図られることその他の福祉を等しく保障される権利を有する」と明記されています。子どもの権利を擁護する「児童の権利に関する条約（子どもの権利条約）」にも掲げられているように、子どもの「最善の利益」を柱としながら子どもを守り、育てる視点をもつことが重要です。そのためには、保育士養成校の講義や演習等で学んだ知識や技術を実際の福祉の現場で体験し、保育士養成校で学んだことを子ども（利用者）の特性に応じて応用できるよう、理論と実践を統合した総合的な実践力をつけることが、施設実習の意義といえるでしょう。

　とはいえ、保育士養成校で福祉施設について十分に学習していたとしても、「障がいのある人にかかわるのは初めて」「どのように子ども（利用者）に接してよいかわからず不安」という実習生もいることでしょう。施設実習を行う児童福祉施設のなかには、子どもだけでなく成人も利用している施設や障がいのある人を対象とした施設もあります。保育士資格が子どもの福祉の専門職ということは、広義には、社会福祉全般の専門職ということにつながります。生活課題をもったさまざまな人の権利擁護について考えてみましょう。

③ 施設実習の目的

1　自己を知る

　施設実習では、新たな人との出会いのなか初めての生活体験を通して、子ども（利用者）に対する援助方法などを学ぶとともに、これまで気づかなかった自分自身を新たに発見することが大切です。たとえば、実習にあたっては、コミュニケーションが困難な子ども（利用者）にじっくりと向き合ったり、自己主張の難しい子ども（利用者）への支援の方法を学んだり、子ども（利用者）の社会的背景を考えたりすることがあるでしょう。施設実習を行うことは、実習生にとっては、自身の子ども観について考えるとともに、初めての実習体験に対して自分がどのように対応するかという「自分を知る（自己覚知）」作業になります。

　このように、施設実習では、援助技術といった直接的な学びに加え、内省をしながらじっくり考える姿勢が求められます。自己を知ることを通して、なぜ権利擁護が必要なのか、人間の尊厳とは何か、ノーマライゼーション*1は実現できているか、施設の社会的役割とは何かなど、自分の課題をみつけ、自分自身の保育士像をつくり上げていくことが重要です。

*1　ノーマライゼーション
デンマークのバンク＝ミケルセンによって提唱された考え方で、障がいのある人もない人もともに地域社会で生活する社会を実現させるというものです。近年、日本でもこの考え方をもとに、さまざまな法や制度がつくられています。

2　包括的な力量・資質を身につける

　施設実習は、多くの種別の施設のなかから一つの種別の施設でのみ実習が可能です。特定の施設で学びますが、その学びをその施設特有のものと考えるのではなく、保育・福祉、さらには人権保障などに共通する学びであると統合化して考える必要があるでしょう。このような考えを「ジェネリックソーシャルワーク」といいます。たとえば、障害者支援施設で実習を行った場合、障がいのある成人を支援することになりますが、利用者の言葉にできないニーズや考えをくみ取ったり、代弁したりすることは、どの実習施設で実習を行ったとしても大切にしなければならない学びです。このように、特定の施設について深く知るとともに、どのような児童福祉施設に行くことがあっても、どのような子ども（利用者）にかかわるとしても、同じ視点で支援できる包括的な力量・資質を身につけることが、施設実習の目的といえるでしょう。

　施設実習では、実習生が社会的養護を必要とする子どもやその家族、障がいのある人など、今まさに生活課題をかかえている人とかかわるなかで、権利擁護や最善の利益について正面から学ぶよい機会でもあります。施設実習を経験することにより、自分自身の福祉観が変わったり、保育所ではなく福祉施設への就職を考えることもあるかもしれません。福祉施設の実習を保育実習の一部として再認識し、保育所保育の道に進む学生にこそ、福祉施設と保育所を関連づけて学んでほしいと考えます。

2 　実習の概要

1 　保育実習の履修の方法

　保育士の資格を取得するためには、保育士養成校（大学や短期大学、専門学校など）で、「社会福祉」や「子ども家庭福祉論」、「障害児保育」などの講義・演習科目に加えて、「保育実習Ⅰ」や「保育実習Ⅱ」または「保育実習Ⅲ」の実習科目を履修する必要があります。「保育実習Ⅰ」は、保育所等での実習（おおむね10日間）と保育所等以外の児童福祉施設等における実習（おおむね10日間の施設実習）の2つを合わせたものをいい、必修科目として位置づけられています。そして、「保育実習Ⅱ」は保育所等での実習（おおむね10日間）を指し、「保育実習Ⅲ」は施設実習（おおむね10日間）を意味しています。「保育実習Ⅱ」と「保育実習Ⅲ」は、いずれかを選択して履修する必要があります（選択必修）。つまり、保育士養成校において保育士の資格取得を希望する場合、少なくとも1回以上は施設実習を経験しなければなりません。

　以上のことをまとめたものが、表1-1となります。そのほかにも、実習の事前・

表1-1　指定保育士養成施設の指定及び運営の基準 (抜粋、一部筆者改変)

実習種別 （第1欄）	履修方法（第2欄）		実習施設 （第3欄）
	単位数	施設における おおむねの実習日数	
保育実習Ⅰ （必修科目）	4単位	20日	(A)
保育実習Ⅱ （選択必修科目）	2単位	10日	(B)
保育実習Ⅲ （選択必修科目）	2単位	10日	(C)

備考1　第3欄に掲げる実習施設の種別は、次によるものであること。
(A)…保育所、幼保連携型認定こども園又は児童福祉法第6条の3第10項の小規模保育事業乳児院、母子生活支援施設、障害児入所施設、児童発達支援センター、障害者支援施設、指定障害福祉サービス事業所（生活介護、自立訓練、就労支援移行又は就労継続支援）、児童養護施設、児童心理治療施設、児童自立支援施設、児童相談所一時保護施設又は独立行政法人国立重度知的障害者総合施設のぞみの園
(B)…保育所又は幼保連携型認定こども園或いは小規模保育A・B型及び事業所内保育事業
(C)…児童厚生施設又は児童発達支援センターその他社会福祉関係諸法令の規定に基づき設置されている施設であって保育実習を行う施設として適当と認められるもの

事後指導に関する科目（「保育実習指導Ⅰ」や「保育実習指導Ⅱ」または「保育実習指導Ⅲ」）の履修も必要となります。なお、科目履修に関すること以外にも、それぞれの保育士養成校において、実習施設への配属方法や実習参加のための要件などが設定されている場合があります。

　「保育実習Ⅰ（施設実習）」や「保育実習Ⅲ」における実習施設は、乳児院や母子生活支援施設、障害児入所施設など多岐にわたります。そのため、実習生は、実習施設の機能・役割や対象となる子ども（利用者）について、また子ども（利用者）に対する職員の支援について、基本的な知識や情報を事前に学習しておく必要があります。

２　施設実習の開始までの流れ

　図１-１は、実習開始までの保育士養成校と実習生の一般的な手続きや準備に関する流れです。注意すべき点として、実習先の決定のプロセスには大きく分けて２つの方法があります。それは、保育士養成校が実習先を配当する場合と実習生自らが実習先を開拓する場合です。実習生が実習先を探す場合は、その施設が実習先として適当かどうか、保育士養成校の実習担当教員と相談しながら実習先を決める必要があります。施設実習の正式な依頼は保育士養成校と実習施設との間で行われますので、保育

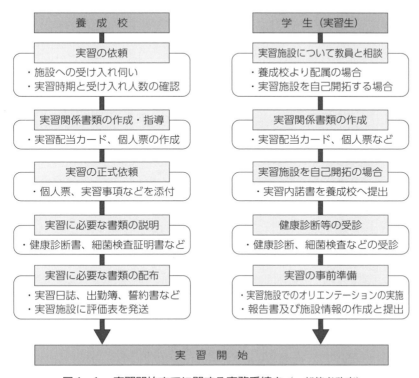

図１-１　実習開始までに関する事務手続き（一部筆者改変）

出典：小林育子・長島和代・権藤眞織・安齊智子『幼稚園・保育所・施設実習ワーク［第２版］』萌文書林　p.8

実習までに準備をしておくことは何かな
（➡実習Q&AのQ２へ）

士養成校の実習担当教員としっかりコミュニケーションをとりながら慎重に進めていきましょう。

　そのほかにも、実習の開始までに実習生として気をつけなければいけないことは、実習依頼に関係する書類（個人票や健康診断書など）の作成や実習先の事前指導（オリエンテーション）への参加に関する点です。書類が期日までに作成されていないと実習の依頼ができなかったり、オリエンテーションに参加していないと、持ちものや事前学習の不足によって実習の際に施設に多大な迷惑をかけたりしてしまいます。したがって、これらの手続きや準備がきちんとできていない場合は、「実習できない」という要件を設定している保育士養成校も少なくありません。さらに、保育士養成校によっては、実習の開始にあたって、学内の各種オリエンテーションや講演会・報告会への参加、一定以上の成績（GPA）を要件として設定している場合もあります。自身の保育士養成校における「履修の手引き」などを事前にしっかりと確認しておきましょう。

Q
実習前に腸内細菌検査が必要なのはどうしてですか
（➡実習 Q&A の Q11へ）

3　実習に際しての留意事項

1　子どもの人権と最善の利益の考慮

　施設実習では、実習生は保育所実習と同様に、子どもの人権に十分に配慮した態度で実習に臨むことが求められます。前述したように、児童福祉法の第1条は、子どもは、児童の権利に関する条約（以下、「子どもの権利条約」という）の精神にもとづき、すべての権利が保障される対象であると述べています。また第2条は、国民は子どもの最善の利益を優先して配慮すべきと、その努力義務を明確にしています。そして子どもの権利条約は、「生きる権利」、「育つ権利」、「守られる権利」、「参加する権利」の4つを中心とした子どもの権利をうたっています。保育士は子どもの人権を尊重し、守り、実践すべき立場の専門職であることを理解し、毎日の業務のなかで、常に子どもの最善の利益を最大限に考慮して行動することが重要です。子どもへの言葉かけや態度の一つひとつが、子どもの今、そして将来を尊重したものであるか、自分の言動を検証することが求められます。

　保育士資格の取得を目指す実習生は、施設実習では子どもの人権や最善の利益を考えた態度で実習に臨まなくてはいけません。実習生という立場は実習施設の保育士と同様のものであり、実習施設の理解や子どもや利用者への対応などについて、実習生だから少しは大目に見てもらえるだろうという甘い考えは許されません。

②　プライバシーの保護と守秘義務

1　プライバシーの保護

　児童福祉施設などで生活している子ども（利用者）にとって、入所施設は私たちが普段生活をしている家庭そのものとなんら変わりはありません。また、通所施設は子ども（利用者）の慣れ親しんだ大切な日中活動や就労の場になっています[*2]。そこでは、すでに長期間にわたって、穏やかな日常が職員の努力によって形成されています。実習生は子ども（利用者）の立場になって考えてみてください。生活の場に見ず知らずの人が来たら、どのように感じますか。多くの人は戸惑ってしまうのではないでしょうか。その人は一体どのような人なのか、自分のことを話しても大丈夫なのかなど、相手のことを知るまでに時間がかかることでしょう。施設実習は、まさに子ども（利用者）の日常生活の中に入っていくことであると意識してください。

　もし外部の人が、自分自身や家族のことなどを興味半分に聞き出し、知り得た情報や出来事を他人に話したらどのように感じますか。悲しく、腹立たしい気持ちになるでしょう。実習生は、実習中に子ども（利用者）や実習施設について多くのことを知り得る立場にあることを理解しておきましょう。そして実習では、子ども（利用者）の人権を守る立場で、保育士としてふさわしい態度で行動し、全国保育士会倫理綱領[*3]に掲げられている保育士の倫理にしたがって子ども（利用者）のプライバシーを保護し、守秘義務を履行することが求められます[*4]。

2　SNS 使用の留意点

　実習生が一生懸命に実習を行う過程で、子ども（利用者）と親しくなることがあります。子ども（利用者）とかかわるなかで、子ども（利用者）の置かれている立場に共感し、彼ら／彼女らを応援したい心境になることもあるでしょう。あるいは子ども（利用者）が実習生に親しみを覚え、実習終了後もメールやソーシャルネットワークサービス（SNS）で交流をしたいと言ってきたら、みなさんはどう対応しますか。

　子ども（利用者）は、さまざまな理由があり、施設で生活を送っています。そして施設では保育士や児童指導員などの職員が個別支援計画[*5]などをもとに、一人ひとりの子ども（利用者）の自立に向けて丁寧に援助を行っています。その状況に、実習生が安易に子ども（利用者）とメールアドレスや SNS のアカウントを交換して交流することは、職員がこれまで継続的に積み上げてきた支援計画を乱し、子ども（利用者）の将来に多大な影響を与えることにつながります。子ども（利用者）と個人情報を交換し、写真を勝手に撮影して、実習施設の情報などを SNS やブログに書き込み公にすることは、子ども（利用者）の「肖像権」や「プライバシー権」を侵害することにもなります[*6]。これらは絶対にしてはいけない行為です。同時に、実習生自身の個人情報についても、必要がない限り安易に他人に伝えてはいけません。

Q
仲良くなった子どもの写真や動画をSNSにアップしてもいいですか
（➡実習 Q&A の Q34 へ）

＊2　入所施設と通所施設について、詳しくは、本章4（p.18/p.19）を参照。

＊3　全国保育士会倫理綱領については、巻末資料（p.192）を参照。

＊4　プライバシー保護と守秘義務については、第4章1（p.70）も参照。

＊5　個別支援計画について、詳しくは第4章7（p.96）を参照。

＊6　SNS の使用については、第4章1（p.70）も参照。

③ 実習生としての心構え

先に述べたように、施設実習では、子ども（利用者）の日常生活や日中活動の場に入って実習を行います。そこは子ども（利用者）にとって安心・安全の場です。そして、職員が連携しながら、子ども（利用者）の成長や自立を支援している場でもあります。まず、実習生は、その生活の場にお邪魔させていただく立場であるという謙虚な気持ちと態度を忘れず、実習に臨むことが必要です。そのような態度で子ども（利用者）に接することが、徐々に子ども（利用者）の心を開き、彼ら／彼女らとの信頼関係を築く第一歩になるでしょう。また、子ども（利用者）の状況に応じてコミュニケーションに工夫をすることも大切です。コミュニケーションは、言葉によるものだけではありません。顔の表情やしぐさ、態度もコミュニケーションの一つです[7]。常に子ども（利用者）をよく理解し、状況に応じたコミュニケーションをとれるよう、学生生活を送るなかでさまざまな人と交流してください。

充実した実習成果を得るためには、事前に実習課題や目標を必ず設定し、実習がたんに施設の見学で終わってしまうことがないように、日頃の学びを通じてしっかり準備をしておきましょう。実習施設で積極的に子ども（利用者）とかかわることによって、まだ気づいていない新たな自分を発見し、自分自身も成長していくことでしょう[8]。

*7　これら非言語コミュニケーションについては、第3章2（p.57）を参照。

*8　実習に臨むにあたっての心構えや実習に取り組む姿勢については、第4章1（p.70）を参照。

> **▌演習問題：SNS の使用**
>
> ①日常生活でSNS（LINE、ツイッター、ブログなど）をどのくらい使用しているか、あらためて書き出してみましょう。
> ②これまでSNSに他人に許可なく個人情報を記載・公表したことがないか、自分のSNSの使い方について見直してみましょう。
> ③普段からなるべくスマートフォンを使用しない時間を作るよう心がけるにはどうすればよいか考えてみましょう。

4　学習をより深めるための施設実習に向けて

① 「保育実習Ⅰ」から「保育実習Ⅲ」へ

「保育実習Ⅲ」では、「保育実習Ⅰ」の振り返りにより確認できた課題を中心に学びを深めていきます。そのため、「保育実習Ⅲ」を選択した場合には、明確な課題をもって実習に臨む必要があります。ただし、「保育実習Ⅰ」と同一施設に配属されるとは限らないこと、配属される施設により実習内容が異なることに留意しましょう。

1　「保育実習Ⅲ」の意義

入所施設[9]では、子ども（利用者）の立場から、親ではない大人に養育される体

*9　入所施設
「福祉の措置」に基づく滞在型の施設を指します[1]。後述のコラム①（p.25）も参照。

験を重ねる施設の生活が、子どもの生活を安定させることについて考えることができます。そのため、日常生活へのかかわりを通して、子ども（利用者）が直面する困難を知り、その困難を子どもが解決していくための手助けについて、実践を通して学ぶことができます。そのうえで、ともに暮らしていない親との家族再統合を視野に入れた親子関係再構築支援や、子ども（利用者）自身が主体的に生活する力を習得するために、意図的に行われる自立支援について学ぶ機会になります。とりわけ重要なのは、子ども（利用者）の日常生活の場に関与するという体験が、子ども（利用者）の生活を脅かし、権利侵害につながる危険性をはらんでいることを理解することです。そのため、プライバシーに配慮しながら個を尊重したかかわりの必要性を考え、行動することを心がけなければなりません。

　通所施設[*10]では、子ども（利用者）や家族・家庭の立場から、施設サービスを利用することが、虐待防止を視野に入れた子育て支援につながることについて考えることができます。また、障がい児（者）の施設での実習は、保育所保育士など家庭支援の場で働くことを志望する学生にとっても、障がい児（者）と出会う可能性を視野にいれると、そこで学ぶ意義は大きいといえます。さらに、専門職の連携について学ぶことは、多職種によるチームケア[*11]の一員として保育者が担う役割について考えることにつながります。

> *10　通所施設
> 滞在せず、その日のうちに帰るサービスを提供する施設を指します[1)]。後述のコラム①（p.25）も参照。

> *11　チームケア
> 多様な職種のスタッフが連携・協調して、利用者に援助を提供することをいいます。

2　「保育実習Ⅲ」の目的

　「保育実習Ⅲ」は、「実践」を通して「実際」を理解することに重点が置かれます。これは、「実践」すなわち理論に基づく行動を実習施設のなかでやってみることを通して、「実際」すなわち実習施設の支援や子ども（利用者）を理解するということです。つまり、「保育実習Ⅰ」の経験と履修した教科による理論から得られた知識・考え・方法をつなげる「実践」を通して、実際を理解することが「保育実習Ⅲ」の目的になります。

　したがって、この目的を遂行するためには、学んだ経験と理論を整理・補強し、活用可能な知識・考え・方法をもって、実際の場で意図的に確かめることが必要です。

>
> 「保育実習Ⅰ」の経験を「保育実習Ⅲ」でどのように活かしますか
> （➡実習 Q&A の Q12 へ）

②　「保育実習Ⅲ」の概要

1　施設の種類

　「保育実習Ⅲ」に該当する施設は、児童厚生施設または児童発達支援センターその他の社会福祉施設関係諸法令の規定に基づき設置されている施設であって、保育所実習を行う施設として適当と認められるもの[*12]（保育所及び幼保連携型認定こども園並びに小規模保育 A・B 型及び事業所内保育事業は除く）と規定されています。

> *12　対象施設については、巻末資料（p.194）を参照。

2　実習の内容

　「保育実習Ⅲ」では、入所施設、通所施設の特色を生かし、「保育実習Ⅰ」をベース

に「施設」「子ども（利用者）」「保育者」「自己」について深く知ることにより、理解を深めていきます。

① 「施設」を知る

入所施設と通所施設、施設の種別や対象年齢、機能や役割等による違いをふまえて、実践を通して配属施設について理解していきます。そのため、明確な実習目標と課題を設定して実習に臨む必要があります。

② 「子ども（利用者）」を知る

子どもの施設は0～18歳（20歳）、成人の施設は20歳以上と、異なる年齢の者がともに暮らしているため、できることや興味が大きく異なります。また、障がいや虐待、DV[*13]、貧困などにより、家族とともに暮らすことができない事情があることにも着目する必要があります。そのことが、子ども（利用者）の現在の困り感や行動にどのようにつながっているのかに関心をもち、理解していくことが求められます。つまり、異なる年齢や異なる家庭環境を背景にもつ子ども（利用者）で構成された施設の暮らしのなかで、子ども（利用者）から表出される言動や感情を多角的にとらえ、子ども（利用者）の"今"への理解を深める意欲が必要です。

③ 「保育者」を知る

保育士の子ども（利用者）への言動を観察し、まねて実践し、言動の意味をとらえていきます。また、施設保育士の仕事に対する価値観や倫理に対する考え方を知る方法として、ケースカンファレンスや打ち合わせの実際を観察することがあげられます。これにより、他職種との連携によるチームケアの実際にふれ、保育士の役割について理解することも大切です。

④ 「自己」を知る

子ども（利用者）を主とする日々のかかわりを振り返りながら、目標達成状況を把握します。そして、自己を知るという自己覚知により、自己課題を明確にすることが大切です。

▌演習問題：施設実習の前に

①入所施設で、子ども（利用者）とかかわる時に気をつけなければならないことについて、他の実習生と意見交換してみましょう。
②施設での実習は、保育士になるあなたの将来にどのようにつながっていきますか。

【引用文献】
1）山縣文治・柏女霊峰編『社会福祉用語辞典［第9版］』ミネルヴァ書房　2013年

*13 DV（ドメスティック・バイオレンス）については、第5章2（p.106）を参照。

第2章

施設実習における学びの概要

1 「施設」を知る

施設実習をはじめるに当たって、実習生は実習施設について正しく理解する（知る）ことが大切です。実習での学びを通してその理解をさらに深めましょう。

1 施設の「種類と機能」

施設実習の対象となる施設の種類と機能（社会的な役割）を正確に理解しましょう。実習施設は、以下のように養護系施設、障がい系施設、地域子育て支援施設の3種類に分類することができます。

1 養護系施設

養護系施設の特徴は、家庭環境上の課題により入所している子ども（保護者のいない子ども、保護者のもとで生活することが適切ではない子どもなど）を対象に養育・支援を行っていることです。子ども（利用者）は個別的な課題（発達障がい、愛着障がい、知的障がいなど）を抱えていることもありますが、入所理由の根底には家庭環境上の問題があります。養護系施設のうち、児童心理治療施設と児童自立支援施設は入所施設でありながら、通所の利用者も受け入れています（表2-1）。

表2-1　養護系施設の一覧表

施設名	施設の機能
乳児院	乳児（幼児）を入所させて養育する（児童福祉法第37条）
母子生活支援施設	女子およびその子どもを入所させて保護・支援する（児童福祉法第38条）
児童養護施設	要保護児童を入所させて養護し、自立支援をする（児童福祉法第41条）
児童心理治療施設	社会生活への適応が困難な子どもを入所・通所させて治療・指導する（児童福祉法第43条の2）
児童自立支援施設	不良行為のある子どもを入所・通所させて指導・支援する（児童福祉法第44条）
児童相談所一時保護施設	子どもの緊急保護、行動観察、短期入所指導をする（児童福祉法第33条）

障害者支援施設は、なぜ実習の対象施設なのでしょうか
（➡実習Q&AのQ1へ）

2 障がい系施設

障がい系施設は、障がいのある子ども（大人）を対象として、通所型の支援施設と入所型の支援施設に分類できます。施設により機能は異なりますが、障がいのある子ども（大人）の「療育」「自立支援」「生活介護」の役割が中心です。また、入所型の支援施設については、子ども（大人）の障がいが入所の要件ではなく、親（家庭）が充分に子ども（大人）の養育・世話ができないことが入所の理由となります。障がい系施設のうち、児童発達支援センターと障害児入所施設は、2012（平成24）年の児

22

表 2 - 2　障がい系施設の一覧表

施設名	施設の機能
児童発達支援センター	地域の障がい児を通所させて、発達支援をする（児童福祉法第 43 条）
障害児入所施設	障がい児を入所させて保護し、生活指導などの支援をする（児童福祉法第 42 条）
障害者支援施設	障がい者を入所させて、生活介護や自立訓練などの支援をする（障害者総合支援法第 5 条第 11 項）

童福祉法改正により新設された施設であり、障がい別に設置されていた従来の施設体系を改め、さまざまな障がい児を受け入れる機能を果たしています（表 2 - 2）。

3　地域子育て支援系施設

　地域子育て支援系施設は、子どもの健全な育成を主な目的として地域の子育て支援の拠点となる施設です。幅広い年齢の子どもの遊びや活動の場としての役割や家庭に対する子育て支援の役割も担っており、子育てサークルや地域の子ども会などの拠点となっています。地域子育て支援系施設で唯一、施設実習（「保育実習Ⅲ」のみ）の対象となるのが児童厚生施設です（表 2 - 3）。児童厚生施設の一種である児童館が実習現場となります。ここでは他の実習施設とは違い、子どもが自由に利用できます。

表 2 - 3　地域子育て支援系施設の一覧表

施設名	施設の機能
児童厚生施設	利用する子どもの健全育成の増進と親の子育て支援をする（児童福祉法第 40 条）

2）　施設の「特性」

　施設の「特性」とは、実習施設のもつ特徴のことです。同じ種別の施設（たとえば児童養護施設）であっても、施設によって生活環境や支援内容が異なることは多くあります。そのため、実習生は実習中の学び（観察や参加）を通して、実習施設の特徴について理解を深めることが大切です。たとえば、注目する「特性」としては、「ケア形態・養育単位」「地域支援」「里親支援」「専門職」などがあげられます。

1　ケア形態・養育単位

　養護系施設では、入所している子ども（利用者）に対して、より家庭的な養育環境を提供することが求められています。そのため、実習生は実習施設が提供している生活環境（ケア形態）と養育単位に注目する必要があります。ケア形態とは子ども（利用者）の生活環境のことを意味し、大きく大舎制施設[1]、中舎制施設[2]、小舎制施設[3]、ユニット形式[4]（アパート形式）、グループホーム[5]に分類することができます。一方、養育単位とは子ども（利用者）の生活集団のことを指し、より個別的な養育と支援を実現するため小規模グループケアの必要性が強調されています[6]。

[1]　**大舎制**
大舎制とは、20 名以上の子どもが同じ建物や生活空間を共有している生活環境のことを意味します。

[2]　**中舎制**
中舎制とは、13 ～ 19 名の子どもが同じ建物や生活空間を共有している生活環境のことを意味します。

[3]　**小舎制**
小舎制とは、12 名以下の子どもが同じ建物や生活空間を共有している生活環境のことを意味します。

[4]　**ユニット**
ユニットとは、アパートと同様に、小規模で生活に必要な設備（台所、食卓、お風呂など）がそろっている生活空間のことを意味します。定員はおおむね 6 ～ 8 名です。

[5]　**グループホーム**
グループホームとは、住宅地の一軒家やアパートでおおむね 6 名の子どもが生活する生活環境のことを意味します。

[6]　児童養護施設に限っていえば、小規模グループケアとは子ども 6 ～ 8 名の養育単位のことを意味します。

2 地域支援

　現在、施設養護では入所している子ども（利用者）や家族への養護や支援だけではなく、地域に住む家族への支援の必要性が強調されています。そのため、実習施設が地域支援を展開しているか、どのような内容になっているのかを把握しましょう。たとえば、親子の集いの広場、相談援助、子どもの夜間養護（トワイライトステイ）、子どもの短期入所（ショートステイ）などを行っている施設もあります。

3 里親支援

　2017（平成29）年、厚生労働省により「新しい社会的養育ビジョン」が示されたことに伴い、養護系施設による里親支援がますます求められています*7。地域支援の一貫として、里親が利用できる子育て支援や子どもの短期入所（ショートステイ）を提供している施設もあれば、まだ少ないですが総合的に里親を支援する「家庭養育支援センター」を設置している施設もあります。

＊7 「新しい社会的養育ビジョン」について、詳しくは、第5章3（p.110）を参照。

4 専門職

　保育所以外の児童福祉施設の特徴として、専門職が配置されていることがあげられます。施設で子どもや家庭への支援を適切に行うために専門職は欠かせません。また、保育士（児童指導員*8など）が他の専門職と協力・連携することも重要です。そのため、実習生は実習施設の専門職を把握することが大切です。施設で勤務する専門職には、家庭支援専門相談員、心理療法担当職員、里親支援専門相談員、自立支援コーディネーター（東京都のみ）、職業指導員、作業療法士などがあります。

＊8 児童指導員は任用資格であり、職務は保育士とおおむね同じです。ともに子どもの日常生活支援を行っています。詳しくは、本章3（p.30）を参照。

　このように、実習生は、実習の事前学習や実習中の学びを通して、実習施設の「種類と機能」や「特性」について把握することが大切です。養護系施設の「機能」について理解を深めるために、施設の運営指針や運営ハンドブックを一読するのもよいと思われます。施設の「特性」に関しては、同じ種類の施設であっても子ども（利用者）が経験する生活環境や支援内容が異なることを理解し、実習施設の特徴を把握する努力をしましょう。現在、施設の地域開放も求められており、実習施設はどのように地域との関係をつくり、理解を得るように努力をしているのか（ボランティアの受け入れ、行事の開催など）も把握する必要があります。

Q
施設によりその特性が違うのはなぜでしょうか
（➡実習Q&AのQ38へ）

┃演習問題：「あたりまえの生活」について

①社会的養護を必要とする子どもには、「あたりまえの生活」を保障していくことが重要です。この「あたりまえの生活」とは何かを考えてみましょう。
②実習後、以下の設問について考えてみましょう。
　(a) 実習施設の「子どもと地域の関係」、「子どもの生活環境」、「子どもと養育者の関係」にはどのような特徴がありましたか。
　(b) 実習施設の子どもは「あたりまえの生活」を送っていましたか。

コラム 1 **ともに生活を経験して学ぶことができる**

保育所と施設の違いの一つとして、施設形態の違いがあげられます。施設形態の違いとは、施設そのものが生活の形態を意味しているかどうかです。つまり、施設実習における施設には、乳児院や児童養護施設、障害児入所施設などの「入所型」と呼ばれる施設と、保育所などの「通所型」と呼ばれる施設があります。

「入所型」と「通所型」の大きな違いは、生活の拠点が「家（家庭）」なのか「施設」なのかということです。当然のことながら、保育所は通所施設ですから、子どもの生活の拠点は「家（家庭）」になります。しかし、児童養護施設や障害者支援施設に入所している子どもの生活の拠点は、その施設になります。言い換えれば、児童養護施設や障害者支援施設そのものが「家（家庭）」であることを意味します（最近、社会的養護施設などでは小舎制や家庭的な環境としての施設整備が進んでいます）。

このことは、本来の自分の生活の拠点となるはずの「家（家庭）」があるにもかかわらず、子どもはさまざまな理由によって、施設での生活を余儀なくされているともいえます。自分の本来の生活拠点であるはずの家庭や地域を離れ、別のところ（施設）で生活をするということは、たとえその施設が安全で安心な環境であっても、子ども（利用者）は少なからずストレスを感じることになります。このストレスには、主に生活環境の変化に伴う不安や戸惑いなどがあります。具体的には、集団生活のために守らなければならない施設のルールや行動上の制限などのストレス、家族以外の新たな構成員（子どもや職員など）との人間関係のストレスなどがあげられます。

施設実習における実習内容の一つに、「子ども（利用者）の理解」があります。そして、その学習内容には、①子ども（利用者）の観察とその記録、②個々の状態に応じた援助やかかわりとあります。これらの学習内容は、子ども（利用者）の心身の状態を理解することや、その状態に応じた適切な支援の方法を、教科書や実習中のかかわりなどにおいて学んでいくことになります。しかしながら、それらのことだけでは、本当の意味での子ども（利用者）の理解は不十分でしょう。つまり、施設という物理的な環境下における生活上のストレスなどを加味したうえで、子ども（利用者）を理解していく必要があるのです。

このような施設という物理的な環境下における生活上のストレスを理解する有効な方法は、「自分自身が、子ども（利用者）と同じような体験・経験をする」ことです。もちろん、施設の子ども（利用者）とまったく同じような体験や経験をすることは不可能ですが、それに近い経験をすることは可能です。その方法として、「宿泊実習」があげられます。宿泊実習は、親元や自身の生活環境を離れて実習を行うため、実習生には大きな不安やストレスを伴います。こうしたストレスは、施設の子ども（利用者）の心境と共通する部分もあるはずです。宿泊実習は、そのような自分自身の体験や経験といった視点からも、子ども（利用者）を理解するよい機会になります。

宿泊実習を通して施設の子ども（利用者）とともに生活することによって、いろいろなことを感じ得られることがあると思います。そして、そうした多くの貴重な経験は必ず自分自身の成長にもつながる意義のあることだと信じて実習に臨んでください。

「施設の子ども（利用者）」を知る

1 養護系施設で出会う子ども（利用者）

　養護系施設に入所している子ども（利用者）の一部は、家庭での虐待やネグレクト（育児放棄）に起因する障がいや特徴を抱えています。ここでは、子どもに見られる障がいや特徴のうち3つを取り上げます。実習生はこれらを理解して施設実習に臨むことによって、より正確に子ども（利用者）の言動をとらえることができます。

1　愛着障がい（アタッチメント障がい）

　愛着障がいとは、虐待やネグレクト（育児放棄）に起因する障がいで、親からの不安定な愛情により、大人との親密な人間関係（愛着関係）を避けることが特徴です。愛着障がいを抱えている子どもには、大人を過度に警戒する子どもと、無差別的に大人との関係を求める子どもがいます。後者は、親密な関係を築けないため、次々と他の大人との関係を求めます。愛着障がいを抱えている子どもは、大人からの愛情を素直に受け入れられません。そのため、愛情の欲求不満を抱え、その不満が子どもの自傷行為や他者への攻撃的な行動に発展することもあります。

2　自己肯定感の欠如

　自己肯定感とは、「『自分には価値がある』『自分は愛されている』といったように自分の価値や存在意義を前向きに受け止める感情のこと」[1] です。子どもの自己肯定感は、親の肯定的なかかわりや本人の成功体験の積み重ねにより育まれますが、虐待を受けて入所した子どもは低い自己肯定感を抱えています。自己肯定感の欠如は、新しい挑戦を避ける、物事に積極的に取り組まない、感情や衝動がコントロールできない、他人とうまくかかわれないなど行動上の問題につながります。施設の子ども（利用者）の多くは「自分は悪い子だから施設に入所させられた」と思い込んでいます。子どもの気になる行動の背景には、自己肯定感の欠如が潜んでいることが多いのです。

3　心的トラウマ

Q
愛着障がいや虐待を受けた子どもにどのように接したらよいでしょうか（➡実習Q&AのQ13・Q14へ）

　心的トラウマとは、「子どもがその生活のなかで、自分が対処できないほどの強い攻撃的な体験」[2] を受けたことにより、心の中にその攻撃的な出来事で経験した感情や記憶が残り、似たような出来事や刺激によりその感情や記憶が再経験されることです。施設に入所している子ども（利用者）の多くは、親からの虐待を経験しており、心的トラウマを抱えています。そのため、施設での生活のなかの刺激により心的トラウマ感情がよみがえることもあり、それが突然の攻撃的な行動の形で現れることがあります。施設では、子ども（利用者）の心的トラウマを浮上させる刺激が少ない生活環境を提供することが求められます。

2 　障がい系施設で出会う子ども（利用者）

　障がい系施設に入所している子ども（利用者）は、先天性または後天性の幅広い障がいを抱えています。実習生は子ども（利用者）の障がいについて学習したうえで、障がいにこだわりすぎず、その子の性格や個性に注意を向けたかかわりをするよう心がけましょう。

　なお、障がいは 5 つの区分に分類することができますが[*9]、障がい系施設の子ども（利用者）はそのうちの 4 区分の障がいを抱えています（表 2 - 4）。子ども（利用者）が 2 つ以上の障がいを抱えていることもめずらしくありません。

＊9　障がいの 5 つの区分
障がいを 5 つの区分、すなわち、①精神障がい、②発達障がい、③知的障がい、④身体障がい、⑤難病に分類することができます。

1 　知的障がい

　知的障がいは、知的機能の発達の遅れをいいます。具体的には知能指数が 70 未満であることを指し、軽度、中度、重度、最重度に分類されます。理解力や記憶力が乏しい、コミュニケーションがうまくとれない、物事を身につけるのに時間がかかるなどの特徴があり、日常生活に支障が出ます。実習生は、知的障がい児（者）に対して、わかりやすく意思を伝える、曖昧（あいまい）な表現を避ける、ほめることを意識するように心がけましょう。

2 　自閉スペクトラム症

　自閉スペクトラム症は発達障がいの一種で、主な特性は、周りからの情報を正しく理解できない、共感的なコミュニケーションがとれない、物事に強いこだわりをもち同じ行動を繰り返す、周囲のわずかな変化にも恐れや苦痛を感じやすいなどの特徴があります。また、言葉が出ないまたは不自然である、感覚がきわめて敏感または逆に鈍感である、遊びが上手ではないなどの傾向があるため、特に人間関係に支障が出ます。実習生は、自閉スペクトラム症のある子ども（利用者）とかかわるとき、簡単な言葉でゆっくりと静かに話す、急な予定変更を避ける、視覚的コミュニケーション（指や手）を使うなどを心がけましょう。

表 2 - 4 　障がいの区分

区分	その特徴	区分にあたる障がい
精神障がい	さまざまな原因により意識、知能、記憶、感情、思考、行動などの精神機能に障がいが生じ、行動の異常が出現する[3]。	うつ病、統合失調症、愛着障がい、行動障がいなど
発達障がい	先天性の脳の機能障がいが原因で乳幼児期に生じる発達の遅れをいい、知的障がいを伴う場合もある[3]。	自閉スペクトラム症、限局性学習症、注意欠如・多動症（AD/HD）など
知的障がい	記憶、知覚、推理、判断などの知的機能の発達に遅れがみられ、社会生活などへの適応が難しい状態をいい、18 歳までに生じるものを指す[3]。	知的障がい、ダウン症
身体障がい	先天的あるいは後天的な理由で身体機能の一部に障がいを生じている状態、あるいはそのような障がい自体のことをいう[3]。	肢体不自由、視覚障がい、聴覚障がい、内部障がい

障がいは個性？

よく障がいは個性かという話を耳にします。障がいや病気と個性は二分して考えるものなのでしょうか。障がいを除いた部分の個性だけを「個性」というならば、障がいは個性ではなくなります。一方、個性をその人らしさととらえるのであれば、障がい特性に起因するその人らしさはありますから、障がいは個性といえるでしょう。「障がいは個性ですか」と尋ねてくる人の中には、「個性は今後の努力で変更可能なもの」で障がいはその逆ととらえている人がいます。前述したように何をもって「個性」とするかによるわけですから、質問をしてくる人に「個性とはどういうことだと考えているの」「あなたの個性の定義ってなに」と聞いてみたくなります。

「障がい」という日本語にあたる英単語は1つではありません。「impairment」「disability」「handicap」とあり、あえて日本語に訳すならば「脳を含めた身体の器質的障がい」「能力的障がい」「社会的障がい」と訳すことができます。脳にある種の impairment があるというのはマイナスイメージばかりではありません。ある分野で優れた才能をもつ人はそれに該当するケースが少なくありません。特に研究者は他の職種に比べると多いのではないでしょうか。エジソン、アインシュタイン、スティーブ・ジョブズなどの有名な人たちもいますし、近年では非常に優れた研究をしている医師が自らの発達障がいを公表したりもしています。彼らは障がいによってストレングス（強み）をもっているといえます。

それなのに日本で「障害」という表記を見るとマイナスイメージがありますよね。やはり「害」という文字。この文字の印象がマイナスイメージですよね。そこで近年では行政が出す文書にも「障がい」というひらがな表記が増えてきました。研究者の中には「障碍」という表記を使う人もいます。

筆者の友人で目が見えない人がいます。たとえば、車に一緒に乗っているときに（筆者が運転）、「○○橋のほうからまわっているんですね」など地理的・空間的な認識力の高さにいつも驚かされます。見えている筆者はそんなに頭に入っていない！しかもカーナビに慣れてしまった最近はその能力は年々衰えているとさえ感じます。

また、ある幼稚園に難聴の先生がいます。右耳に補聴器をつけていて、右方向からであればある程度の大きさの音や1対1の会話は聞こえます。その先生が実習や就職をする際にこんな意見がありました。「そういう人が現場にいたら子どもに迷惑じゃないですか」。たしかに遠くで子どもが泣く声は聞こえません。しかし採用を決めた園長先生は言いました。「チームで子どもとかかわっているので、遠くの子どもの泣き声は必ず誰か他の先生に聞こえます。それよりもK先生は手話も口話もできる。しかも一人ひとりに丁寧にしっかりと向き合う。近年、聴覚に障がいをもった子どもやダウン症で聴覚障がいをもちマカトン（子どもが使う簡単な手話）を使う子どももいました。そういう子どもたちに対応する際にK先生は他の先生とは異なるタイプの貴重な戦力です」。

「そういう人が現場にいたら子どもに迷惑じゃないですか」「そういう人がいる園に自分の子どもを通わせたいと思いますか」という意見を聞いたので、自宅に帰り、ウチの小学生の息子に尋ねました。すると、「えっ、そういう人がいることを迷惑だなんて思うような人に育っちゃったらヤバいじゃん」と返ってきました。一安心。

3　「施設の保育者」を知る

1　施設保育士の役割と職業倫理

1　施設に配置される保育士

　保育士は、保育所だけでなくそれ以外の児童福祉施設においても最も多く配置されている専門職です。「児童福祉施設の設備及び運営に関する基準」では、保育士の配置を明確に義務づけている施設（保育所以外）として、児童養護施設、福祉型障害児入所施設、医療型障害児入所施設、福祉型児童発達支援センター、医療型児童発達支援センター、児童心理治療施設の 6 施設があげられています。

　なお、乳児院では、配置が義務づけられている看護師の代わりに、保育士の配置が可能となっています。また、母子生活支援施設の母子支援員や児童自立支援施設の児童生活支援員なども保育士資格が任用資格となっており、実際にそれぞれの施設で多くの保育士が配置されています。

2　施設保育士の役割

　施設保育士は、子ども（利用者）の日常生活をサポートしながら、同時にその心身のサポートを行います。また、その子ども（利用者）の自立に向けてのサポートを行い、並行して、児童相談所などと連携して親子関係・家庭環境の調整も行います。さらに、施設の退所後は、そのアフターケアも担います。

①　子ども（利用者）の生活のサポート

　日常的には、衣食住などを中心とした基本的生活を支えます。そして、生活上の基本的なリズムや習慣・ルールの涵養に努めます。また、担当保育士の継続的で安定的なサポートにより、施設の生活が子ども（利用者）にとって「安心・安全な生活」となるように努めます。さらに、将来の生活も考えて、施設の生活においても可能な限り「家庭生活のモデル」の提示ができるような配慮や工夫がなされます。

②　子ども（利用者）の心身のサポート

　担当保育士との継続的で安定した日常の「安心・安全な生活」の中で、互いの信頼関係に基づく愛着関係を築いていきます。それにより、子ども（利用者）の内に「自分は大切にしてもらえる価値ある存在であり、他者は自分の求めに応えてくれる信頼できる存在である」という自尊感情（自己肯定感）と他者への基本的信頼感を醸成していきます。こうした内面における主観的確信・実感こそが、心に傷を負った子ども（利用者）には、その心の傷への「生活の中での治療」につながっていくものといえます。

3　施設保育士の職業倫理

　専門職の職員が、職業上の社会的使命や責任において常に大切にし、守るべき倫理

（職業倫理）について自らその答えを見つけようとするとき、最も頼りになる手がかり（よりどころ）となるのが「倫理綱領」です。

施設保育士の場合には、保育士の倫理綱領である「全国保育士会倫理綱領」があります[10]。また、施設種別ごとの倫理綱領として、たとえば、児童養護施設の保育士ならば、「全国児童養護施設協議会倫理綱領」があります[11]。さらには、その職場ごとに倫理綱領や職員心得などが作成されている場合もあります。

なお、「全国児童養護施設協議会倫理綱領」を例としてみると、児童養護施設の職員（保育士）が入所する子ども（利用者）に対して守るべきこととして、次のような内容が盛り込まれています。原則として、「すべての子どもを（中略）かけがえのない存在として尊重」すること、使命として、「子どもたちが安全に安心した生活が営むことができるよう、子どもの生命と人権を守り育む責務」があること、「子どもの意思を尊重しつつ、子どもの成長と発達を育み、自己実現と自立のために継続的な援助を保障する養育」を行うことです。また、倫理として、「子どもをあるがままに受けとめ、一人ひとりの子どもとその個性を理解し、意見を尊重しながら、子どもとの信頼関係を大切に」すること、「子どもの自己決定と主体性の尊重」に努めること、「子どものプライバシーの尊重と秘密を保持」すること、「子どもへの差別・虐待を許さず、権利侵害の防止」に努めることなどがあげられています。「一人ひとりの子どもの最善の利益」を尊重する養育に努めることは、「全国保育士会倫理綱領」と重なり合う倫理であり、児童養護施設として「24時間365日の生活をとおして、（中略）専門性をもった養育を展開」することが示されています[12]。

実習に際しては、事前に上述の「施設保育士の役割」を理解すると同時に、保育士の倫理綱領と実習先の施設種別の倫理綱領の双方に目を通すことが望まれます。

4 職員間の役割分担や連携

① 施設内の職員間の連携・協力

子ども（利用者）に対する直接的な援助においては、主として保育士・児童指導員[13]の間で十分な連携・協力を図っています。それに加えて、養護系施設では、家族関係の調整に関しては家庭支援専門相談員、子ども（利用者）の心理的ケアに関しては心理療法担当職員、保健・医療に関しては看護師や嘱託医などと連携・協力しています。また、障害系施設では、医療サービスや医療的ケアに関して、医師や看護師、作業療法士、理学療法士、言語療法士などの専門職者との連携を密に図っています。

なお、多くの施設では、毎朝、当日の出勤職員全員によるミーティングを行い、職員間の連携・協力の徹底を図っています。

② 関係機関職員との連携

児童相談所や学校、医療機関など外部の関係機関・団体との連携も密接に行っています。特に乳児院や児童養護施設など（被虐待児などの）要保護児童を対象とする施設では、子ども（利用者）のケアは児童相談所を窓口とした行政権限（行政側の判断・決定・責任）により進められています（このしくみを「措置制度」[14]といいま

---

*10 全国保育士会倫理綱領については、巻末資料（p.192）を参照。

*11 このほか、「全国母子生活支援施設協議会倫理綱領」や「乳児院倫理綱領」などがあります。

*12 全国児童養護施設協議会倫理綱領については、巻末資料（p.193）を参照。

*13 児童指導員
児童指導員とは、児童養護施設や障害児入所施設などで生活する子どもたちの生活環境を整え、その生活指導や学習指導等を通して、子どもたちの心身の発達や自立の支援を担うところの任用資格であり、その職名です。

*14 措置制度
措置制度とは、行政庁が職権で必要性を判断し、利用者に提供するサービスや機関等を決定する仕組みのことで、社会福祉施設に入所させるなど、利用者に対する種々の処置を行うことを指します。

す）。つまり、児童相談所には子ども一人ひとりの担当ケースワーカーがいて、その指導監督のもとで、施設職員が入所してきた個々の子どものケアを担うという体制です。したがって、施設職員は、児童相談所の担当ケースワーカーと緊密に連絡を取り合い、随時指示も受けながら子ども（利用者）のケアに当たっています。このしくみを十分に理解しておく必要があります。

2 施設保育士の業務内容

1 見えにくい業務の全体像

施設実習を終えた後、次のような感想を述べた実習生がいたので、それをそのまま紹介することにしましょう。

> 施設での一日一日がとても長く感じて、正直だるい感じだったのです。なぜなら、毎日やっていたのは、洗濯や掃除、食事配膳などの家事や雑用ばかりで、子どもとのやり取りも中途半端で、正直、「自分は何をやっているのだろう」と思うことばかりでした。担当の保育士さんの動きもよく観察していたつもりですが、保育所のときとは違い、施設の保育士さんの動き（業務内容）は、どうもつかめない感じだったのです。

確かに、施設保育士の業務内容に関して、実習中に直接観察できる内容や実習生自身が体験できる内容にはどうしても限りがあるのかもしれません。なぜならば、保育士が行っている子どもの親とのかかわりや、児童相談所や学校など関係機関とのやり取りなどは、おそらく子どもたちや実習生のいないところで（見えないところで）進められているからです。子どもとの個別のやり取り（たとえば、こっそりとほめてあげることや、逆に問題行動にしっかりと向き合う場合など）は他の人（子ども）がいないところで行われているからです。

したがって、実習の事前学習においては、施設保育士の業務内容の全体像を、頭の中である程度は把握できるようにしておくことが望まれます。そうすることにより、実習中に観察したり体験したりする保育士の業務内容が、全体のどの部分に当たるのかを理解することが多少なりとも可能となるからです。

2 業務内容の全体像の理解

子ども（利用者）が施設に入所し、そこで生活し、退所していく一連のプロセスにおいて、保育士により展開される支援内容（業務内容）の全体像は、図 2-1 のようにまとめることができます。つまり、施設保育士は、常に「児童相談所等との連携のもと」で、次の①・②の支援内容全体を同時進行で展開しているのです。

① 子ども（利用者）へのケア──入所から退所まで

①　アドミッションケア……入所前後での分離不安の軽減や安心・安全な生活のための支援

②　インケア……入所中の平時における、子ども（利用者）の「生活のサポー

Q

わからないことがあったときは、いつ職員に質問すればよいでしょうか（➡実習 Q&A の Q 7 へ）

ト」と「心身のサポート」を中心とした日常の生活支援全般

③ リービングケア……退所前から退所時にかけての子ども（利用者）の退所後
の自立生活に向けての準備ケア

④ アフターケア……退所後の相談や「実家」（帰れる家・頼れる家）としてなど
の支援

② 親・家族への支援

児童相談所の担当ケースワーカーや施設内の家庭支援専門相談員などと連携しなが
ら、子ども（利用者）の親子関係・家庭環境の調整を行います。また、随時、親・家
族への相談援助や情報提供なども行います（図2-1）。

児童相談所等との連携のもとでの業務展開			
アドミッションケア→	インケア	→ リービングケア →	アフターケア
入所前後	入所中の平時	退所前・退所時	退所後
分離不安へのケア 安心・安全な受け 入れ体制	生活のサポート 心のサポート （その他日常の生活支援全般）	進路決定支援 自立生活の準備	相談援助 「実家」としての 機能
親子関係・家庭環境の調整／親・家族への相談支援など			

図2-1　施設保育士の業務内容の全体像

3　インケア（日常業務）の全体像

実習生として実際の観察や自分の体験によって学べるのは、施設保育士の業務内容
全体のうちインケア（日常業務）の内容が中心となるに違いありません。したがっ
て、実習においては、インケア（日常業務）の内容についての理解が特に大切であ
り、その業務内容の全体像についても十分に理解しておく必要があるといえます。

図2-2は、入所施設の保育士のインケア（日常業務）の全体像を示したイメージ
図です。この図をみると、施設保育士は、「児童相談所等との連携」のもとに、子ど
も（利用者）の「生活のサポート」と「心身のサポート」を主軸として、そのうえに
生活指導や自立支援などを、さらに学習指導や療育指導などを……というように、同
心円上に広がるイメージで日常業務を展開していることが理解できることでしょう。
また同時に、施設保育士は、子どもの保護者とも連絡を取りながら、その親子関係や
家庭環境の調整に努めていることも忘れてはなりません。

次に、施設保育士の業務内容全体とインケアの内容をふまえて、インケア（日常業
務）の主要業務であり、実習においては直接的な観察や体験の対象となる子ども（利
用者）の生活支援（日常生活支援）について、具体的な内容を見ていきましょう。

4　日常生活支援の実際

図2-2からもわかるように、日常生活支援については、衣食住などの基本的生活

や安心・安全な生活の保障のための「生活のサポート」と、担当保育士との日常の継続的で安定した生活による「心身のサポート」を土台としながら、基本的生活リズムや習慣・ルールの涵養（かんよう）などを図る生活指導がなされます。さらには、生活上の潤いにつながる、居室や食卓等の装飾などもなされ、学習指導や職業・進路指導、療育指導なども行われます。また、子どもの余暇の充実のために、日々の遊びはもとより各種のレクリエーションや行事なども実施されます。

① 生活支援と自立支援

① 生活の支援……日課にそった生活の営みへの支援など、子ども（利用者）の「今ここでの」生活の営みに寄り添い、見守り、支援することをいいます。たとえば、朝ならば、子ども（利用者）の起床時の支援、登校準備の支援などがあげられます。

② （生活の中での）自立支援……子ども（利用者）の「先々に向けた」支援をいいます。保育士との継続的で安定した生活の中で、信頼感や愛着を形成し、自己肯定感を育て、何事にも主体的に取り組む姿勢や意欲を育てることがなによりも大切です。日頃から本人の意思を尊重し、できることは自分でするように促すなど、日々の生活の中での自立支援に努めることが大切です。

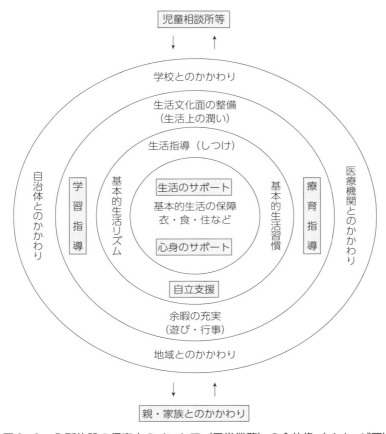

Q

家事が苦手なのですが、どうすればいいでしょうか（➡実習 Q&A の Q24 へ）

図2-2　入所施設の保育士のインケア（日常業務）の全体像（イメージ図）

② 日常生活におけるさまざまな支援

＊15 学習指導と療育指導については、このあとでそれぞれについて詳述します。

衣生活、食生活、住環境、保健・衛生、経済観念、余暇・行事、学習指導、療育指導などのそれぞれの支援について、その環境整備や子ども（利用者）への支援（働きかけ）の内容を、表2-5に示します＊15。

表2-5　施設保育士の日常におけるいろいろな支援内容

	保育士による環境整備		子ども（利用者）への働きかけ
衣生活	【常時必要なこと】 ・衣類タンスの整理整頓 ・衣類の点検（服上下・靴下・下着・靴など、サイズ適合、修繕、ネーム付け） ・衣類の交換・購入 ・衣類の洗濯 ・洗濯物たたみと子どもごとの仕分け ・寝具類の点検・管理 ・シーツ・枕カバーの交換	【学校関係】 ・制服、名札、靴、上履き、体操着、傘、カバン、各種袋（点検・購入・ネーム付け） 【季節ごとに必要なこと】 ・衣替え（夏物・冬物等、点検交換・購入） ・寝具の点検・交換 【行事等で必要なこと】 ・ユニフォーム、水着類、キャンプ・登山用衣類の用意等	・洗濯・修繕・アイロンがけ・整理整頓などを支援・指導する ・清潔への心掛けを支援する ・靴下や下着類などを中心とした衣服の自己管理を支援する ・衣類の自己選択など、衣服の購入を支援する ・学校の制服・体操着・名札等の準備・確認を支援する ・衣替えでの支援、寒暖による衣服の着脱に関する支援をする
食生活	【常時必要なこと】 ・献立表の掲示 ・食器・調理器具の点検 ・台拭き・手拭き・エプロンなどの洗濯・交換 ・食卓・ダイニングの片付け、飾りつけ（壁面など） ・配膳の当番決め ・嗜好の確認・調査 ・偏食・好き嫌いの把握 ・年齢別盛り分け量の検討 ・食器洗い・片付け ・食器・ふきんの漂白・洗浄	・おやつの在庫確認 ・おやつの個人分配・用意 ・手作りおやつの実施 ・誕生会実施 【学校関係】 ・弁当箱・箸・水筒・テーブルクロス・袋などの点検・準備 ・遠足・運動会等の献立検討 【各種行事で必要なこと】 ・ハイキング・七夕・キャンプ・夏祭り・お月見・クリスマス・正月・卒業お祝い会などの献立やおやつの検討・準備	・献立表などを見て、食への興味や楽しみをもつように促す ・食事のマナーを指導する ・調理やおやつ作りに参加・協力するように促す ・食の栄養についての基礎知識を伝える ・食中毒への注意を促し、手洗いの励行や台拭き・手拭きの洗濯・交換も励行する ・四季（の行事）おりおりのメニューやその食材についても興味・関心をもつように促す
住環境	【常時必要なこと】 ・建物内外・居室・リビング・台所・トイレ・お風呂等の掃除・点検 ・子どもの掃除分担決め ・建物内の整備（蛍光灯の交換、不用品の処分など） ・建物外の整備（花壇整備、除草作業、遊具の点検・整備） ・生活必需品の整備（洗剤、タオル、掃除用具などの用意）	・消防設備の点検（消火器、非常灯など） ・定期的な避難訓練の実施 【季節・時期ごとに必要なこと】 ・エアコンの点検、フィルターの定期的な掃除 ・網戸の点検・整備 ・蚊とり器など防虫対策 ・暖房機器の点検・整備 ・廃品回収・粗大ゴミ搬出 ・（年度ごとに子どもの部屋替えがある場合は）その準備と実施に伴う整理整頓など	・居室や身のまわりの整理整頓、掃除などを支援・指導する ・清潔で片付いた空間での生活が本来の普通の生活であることや、それが快適であることの認識をもつよう指導する ・他人の部屋やユニットへの入室時のマナーも守るよう指導する ・建物内の備品や生活必需品の整備にも気を配るように促す ・防災の意識を持たせ、避難訓練にもきちんと参加するよう指導する

保健・衛生	【常時必要なこと】 ・救急用品・医療品（常備薬）の点検・購入 ・消毒液やハンドソープなど衛生用品（消耗品）の在庫管理 ・身体の衛生チェック（頭髪、手足の爪、耳の中等） ・定期的な身体測定（身長、体重などの測定）とその記録・確認 ・定期健康診断の実施 ・手拭き・顔拭きタオルの点検・管理	・トイレの衛生管理（清掃、消毒や、備品等の点検・補充） ・風呂場の衛生管理（清掃、タオル・マット・洗面器等の点検） ・台所の衛生管理（漂白洗浄や熱湯消毒など食中毒の予防・対策） ・洗濯関係（布団干し、シーツ交換（とりわけ夜尿のもの）、洗濯機・乾燥機内の掃除） ・手洗い・うがいの徹底・点検 ・歯磨きの点検（歯ブラシ・コップ等の点検も）	・頭髪、爪、耳などのチェックや洗面、歯磨き、手洗い、うがい、入浴の励行など、子どもの身体に関する衛生管理を支援・指導する ・下着や靴下の取り替え、シーツ交換や布団干しなど、衣生活の衛生管理の意識を高めることを促す ・毎日の清掃など住環境の衛生管理の意識を高めることを促す ・食中毒の予防・対策など食生活の衛生管理の意識を高めることを促す
経済観念	【常時必要なこと】 ・子どもの貯金通帳の管理 ・毎月のお小遣いの支給 ・お小遣い帳の点検・管理 【その他として】 ・高校生通学定期代の支給・精算 ・学校のクラブ活動必要経費などの把握・対応	・衣料費の支給（衣料購入の付添い・買い物指導）・精算 ・高校生のアルバイト料の確認・管理指導 ・携帯電話の月額確認・管理 ・お年玉の支給・使途把握・管理（残金は貯金するように指導） ・就職支度金の管理・支給（購入の指導）	・お小遣い帳への記入を指導する ・衣料費での衣類購入を指導する ・アルバイト料の管理を指導する ・携帯電話の使用と月額負担に関する指導をする ・就職支度金による購入を指導する ・金銭価値やその使途計画に関する理解・習得など、金銭管理の方法について指導する
余暇・行事	行事の企画・準備・運営（例） （4月）・お花見会 　　　　・お楽しみ外食会 （5月）・子どもの日の集い 　　　　・里山ハイキング （6月）・映画鑑賞会 　　　　・グループお出かけ日 （7月）・プール招待 　　　　・サマーキャンプ （8月）・球技大会 　　　　・納涼夏祭り （9月）・手作り夕食会 　　　　・野外バーベキュー	（10月）・園内スポーツ大会 　　　　　・一日バスツアー （11月）・秋まつり・バザー 　　　　　・焼き芋大会 （12月）・学生の慰問行事 　　　　　・クリスマス会 （1月）・かるた・ゲーム大会 　　　　・スケート招待 （2月）・グループお出かけ日 　　　　・工場見学ツアー （3月）・遊園地招待 　　　　・卒業お祝い会	・こうした余暇・行事により、子どもの生活の中の「楽しさ」や「喜び」「気晴らし」などを大きく広げる ・それにより、子どもの心の癒しが促され、心の安定も深まることとなる ・そして、子どもの生活における意欲や活力も増進されることとなる ・子ども同士および子どもと職員との親睦も深まり、相互の関係性が深まることにもなる

5　学習指導

①　学習の大切さと施設の子ども（利用者）

　子ども（利用者）の進路のありさまにも大きくかかわることから、学習の十分な保障は、子ども（利用者）の社会的自立にも影響を及ぼす重要な問題といえます。

　しかしながら、入所前の家庭の諸事情から学習が十分に保障されてこなかった子ども（利用者）が多くいます。その子ども（利用者）の多くは、学力不振のために、学習への自信も意欲も失い、学習に対して拒否感や嫌悪感を抱いています。

②　学習指導のための重要な基礎的要件

　施設での学習指導は、まさにこうした子ども（利用者）を主な対象として考えていかなければなりません。では、第一に何を考慮すべきなのでしょうか。それは、学習への自信も意欲も失ってしまった子ども（利用者）を、どのようにして主体的に学習

に向かっていけるようにするのかということです。その根本を考慮せずして、いくら懸命に学習指導に取り組もうとも十分な成果は得られません。

　その根本にかかわる重要な鍵は何でしょうか。それは、日常の担当保育士との継続的で安定した生活の中で築かれていく信頼関係・愛着関係の中にこそあるのではないかと考えられます。そうした個別の深い関係性の中で醸成される自尊感情（自己肯定感）や基本的信頼感が下地となって初めて、何事にも自分から主体的に取り組む姿勢や意欲が育ってくるといえます。この点が施設保育士の業務の最も重要であり難しいポイントといえるでしょう。「生活のサポート」と同時に「心身のサポート」を強調することのゆえんです。それは、学習指導だけではなく、療育指導や自立支援など、施設保育士の業務全般の成否を左右する重要な基礎的要件といえるのです。

③　生活の中での学習指導の設定

　上記を十分にふまえて、子ども（利用者）の一日の生活の中に学習指導を位置づけていくことになります。まずは、学習のための環境づくりを行い、子ども（利用者）に学習の習慣をつけることを目指します。

　そこで、学習の時間をどう設定するのか。それは子ども（利用者）の年齢（小学生か中高生か）によって決まるかもしれません。学習場所はどうするのか。それも年齢や施設形態・設備など（大舎制施設かユニット形式か、学習室か個室か、建物や部屋のつくりとそれによる生活の仕方など）によっても違ってくるでしょう。また、個々の子ども（利用者）の学習に対する習熟度、学習への意識や態度も詳細に把握しておく必要があります。そのうえで、学習の内容をどのように指導するのかが検討されることになります。それを指導できる職員の人員体制も考えなければなりません。これらの要素を考慮し、必要に応じては学校の担任教師とも相談をしながら、子ども（利用者）にとってできる限り有意義なものとなるように、施設の生活の中に、学習指導を組み込んでいくことになります。

④　実習での学びのポイント

　実習において、学習指導に関しては、何をどのように学んでいくべきなのか、そのポイントについて考えてみましょう。実習をその初期・中期・後期の3期に分けてとらえるならば、各期において何を学びのポイントとすべきでしょうか。それを大まかな形でいえば、次のようになります。

①　初期は、現在行われている学習指導の実施方法・体制をありのままに把握することを目標とします。

②　中期は、現在のやり方を行うことになった理由（事情）やそこでの工夫や配慮などについて理解することを目指します。

③　後期は、（職員の率直な意見を聞きながら）現状についての評価とさらなる課題について考察すること（ただし、あまり批判的な評価にはならないようにすること）を意識します。

　これをもう少し詳しくまとめると、表2-6になります。

表 2 - 6　実習における学習指導に関する学びのポイント

実習初期	実習中期	実習後期
今の実施方法・体制をありのままに把握する ・（学習時間）設定された時間帯はあるのか（小学生と中高生の場合で異なるのか）。 ・（学習場所）どこの場所で行うのか（小学生と中高生の場合で異なるのか）。 ・（指導の人員体制）一人の保育士が担当しているだけなのか。それとも複数で担当しているのか。学習ボランティアの存在はあるのか。 ・（学習内容）一人ひとり異なる内容なのか。学校の宿題や勉強はどのようにしているのか。 ・（指導方法）個別指導中心か。どのように指導して進めているのか。	今の実施方法・体制をとる理由・事情やそこでの工夫・配慮について理解する ・（学習時間）今の時間帯となっている理由や事情はあるのか（小学生と中高生の場合で異なるのか）。 ・（学習場所）今の場所（部屋）となっている理由や事情はあるのか（小学生と中高生の場合で異なるのか）。 ・（指導の人員体制）保育士等の勤務体制（交代勤務、勤務時間帯、休憩・休日の取り方など／大舎制施設とユニット形式でも大きく異なる）と、学習指導の担当者の人員の状況（確保）はどうなっているのか。何かそこに工夫などはされているのか。 ・（個々の子どもの状況）学習の習熟度（学力状況）はどうなっているのか（学年相応の学力はあるのか）。 ・（学習内容）個々の子どもの学力状況などに応じて、どのような学習内容が用意されているのか。学校の宿題や勉強はどのようにしているのか。そこにどんな工夫や配慮がなされているのか。 ・（指導方法）複数人の子どもに対して限られた保育士などがどのように対応して指導しているのか。そこにどんな工夫や配慮がなされているのか。	職員の率直な意見も聞きながら、現状についての評価とさらなる課題について考察する ・（学習時間）今の時間帯で適切なのかどうか。 ・（学習場所）今の場所（部屋）で適切なのかどうか。 ・（指導の人員体制）今の人員体制で適切か。もしさらに改善が可能ならば、何をどのように改善すべきなのか。 ・（個々の子どもの状況）学習への取り組みの状況はどうか。学習を嫌がらずにしているか。学習の意欲は見られるのか。学習の習慣はできているのか。学習の成果は上がってきているのか。もしさらに改善が可能ならば、何をどのように改善すべきなのか。 ・（学習内容）今の内容で適切か。もし改善が可能ならば、何をどのように改善すべきなのか。 ・（指導方法）今の方法で適切か。もし改善が可能ならば、何をどのように改善すべきなのか。

6　療育指導

①　療育と療育指導とは

　「療育」とは、障がいのある子どもの発達を促し、より自立した生活ができるように援助する医療的・教育的な営みです。そして、その具体的な指導・訓練の取り組みが「療育指導」です。

②　療育指導と施設実習

　療育指導を専門的に行っているのは、障害児入所施設や児童発達支援センターなど、施設実習の対象でもある障がい児の施設が中心です。しかしながら、療育指導と一口にいっても、その内容は一つの確定した方法ではありません。子ども（利用者）の障がいは実にさまざまで、障がいの原因や発達の状況なども個々に異なっています。そのため、一人ひとりに対する療育指導もそれぞれに違いがあります。

　したがって、障がいのある子ども（利用者）の施設で実習する際には、個々の子ども（利用者）の「障がいの理解」がなによりも重要になってきます。障がいにより引き起こされる状態（症状）とはどのようなものなのかを、できる限りしっかりと理解することが大切です。そのためには、実習の事前学習での学びや、実習中の的確な観察、積極的な質問などが大切になります。そして、そのことがそのまま、そこで行わ

れている療育指導の内容への適切な理解へとつながっていきます。

　以下、さまざまな内容や方法で実施されている療育指導について、その理解をさらに深めるために、療育指導のある実施内容を例示していくことにしましょう。

③　療育指導としての環境整備

　発達障がいや知的障がいなどがある子ども（利用者）を対象とした多くの施設では、その一人ひとりの「生活の質（QOL）の向上」を目指しながら、次のような生活環境の整備を行っています。

（例）「生活環境の整備」

１．基本的生活リズムの保持

　起床、食事、排泄、運動、休憩、睡眠などスムーズで安定した生活の流れを保持し、基本的生活リズムを保持することにより、快適な生理的・心理的安定を図ります。

２．小集団での生活

　少人数で固定したなじみのあるメンバーでの生活が、安心・安全の基礎となります（そのためにも、メンバー同士の関係性については、つねに注意深い見守りを行っています）。

３．担当職員による個別化

　これまでも何度も述べてきたように、担当職員との日常の個別的で継続的・安定的な生活による信頼関係・愛着関係の形成が、安心・安全な生活のためのまさに源泉であり、よりどころとなっています。

４．生活の中への「構造化」の導入

　構造化とは、目で見て理解しやすくすること、やるべきことの手順を明確にして活動を助けること、刺激を整理して混乱を少なくすること、見通しをもたせて（いつ終わるかも伝えて）安心して活動できるようにすることなどです（構造化自体は手段であって目的ではなく、その目的は、本人が安心して自立的な生活が送れるように支援することにあります）。

---

④　個別の療育指導

次に、ある特定の子どもに対しての療育指導の内容（事例）を紹介しましょう。

<blockquote>

事　例

自閉スペクトラム症の K ちゃんへの療育指導

　現在小学 3 年生の K ちゃんは、3 歳のときに自閉スペクトラム症の診断を受けています。K ちゃんはコミュニケーションが苦手ですが、自分から先生に自分の描いた飼犬（ペット）の絵を見せながら話しかけようとすることもあります。しかし、どうしても「いぬ！」「コロ！」のように一語文だけの会話の繰り返しになってしまいます。幼児のときはそれでもあまり問題はなかったのですが、小学 3 年生となった今では、周りの反応も微妙になり、友だちがクスッと笑ったり、変な顔をしたりすることが多くなってきました。

　K ちゃんは、飼っている柴犬のコロが大好きで、時間があればコロの絵を描いています。実は絵を描くことも K ちゃんは好きで得意なのです。そこで施設では、好きなもの・得意なことに着目して、それを活かしたワーク（遊びや作業）による療育指導を始めることにしました。それは、K ちゃん用のお絵かきシートを用意して、そこにお絵かきをしてもらいながら、二語文の会話ができるように指導していこうというものです。

　最初は、先生が「K ちゃん、何の絵を描くの？」と聞くと、K ちゃんは「コロ！」と言って、コロの絵を描きます。次のシートに絵を描くときには、先生から「じゃあ次は『コロが走る』だね」と伝えると、K ちゃんはコロが走る絵を描いてくれます。描き終ったあとに、先生と一緒にどんな絵を描いたかを話しながら確認します。すると、K ちゃんは「コロ、はしる！」と今までの一語文ではなく、初めて二語文で話すことができたのです。

　K ちゃんもワークの流れがわかってくると楽しくなってきたようで、すかさず「コロ！」と、もう 1 回描きたい気持ちをアピールしてきます。次は、K ちゃんが自らコロが寝ている絵を描いてくれました。先生が「これはコロが何してるの？」と聞くと、「コロ、ねてる！」と言ってくれました。同じように「コロ、ないてる！」「コロ、たべてる！」などと、いろいろな二語文を話してくれるようになったのです。

　気がつくと、「わたし、うれしい！」「せんせい、みて！」などと、いろいろなことが話せるようになってきました。きっと、「気持ちが伝わって嬉しい。もう一度話したい」という思いを自分で体験できたことで、ますます言葉で伝える意欲が出てきたのだろうと思います。

　先生も、K ちゃんに「すごいね！」「お話上手になったね！」と嬉しそうにいっぱい声をかけています。

</blockquote>

　この事例は、その子どもの好きなこと・もの（柴犬のコロ）や得意なこと（絵を描くこと）に着目して、それを十分に活用しながら、子どものコミュニケーション能力や会話スキルの向上を目指した療育指導の一例です。

　一般に、療育指導の実施にあたっては、次のような指導の流れがとられます。

①　アセスメント……子どものことを十分に分析・理解して、最適な指導内容や方法を見つけます。

②　指導計画作成……アセスメントをもとに指導計画を作成します。

③　指導の実施……子どもが主体的に楽しく学べるように工夫しながら、目標達成

を目指します。

④　指導の更新……子どもの成長や環境の変化に合わせながら、毎回の指導記録を見直すことにより指導内容や方法を更新します。

⑤　**実習での学びのポイント**

実習において、療育指導に関して何をどのように学んでいくべきかを考えてみましょう。そこでまた、実習を初期・中期・後期の３期に分けて、その各期において何を学びのポイントとすべきかを考えてみましょう。その概要は次の通りです。

①　初期は、現在行われている療育指導の内容・方法をありのままに把握することを目標とします。

②　中期は、現在の指導内容・方法のもととなっている子どもの障がいのアセスメントや指導計画などの内容について十分把握することを目指します。

③　後期は、（職員の率直な意見も聞きながら）現状について評価し、療育指導における保育士と他の専門職者との連携やその役割について考察することを意識します。

これをもう少し詳しくまとめると、表２-７になります。

表２-７　実習における療育指導に関する学びのポイント

実習初期	実習中期	実習後期
現行の指導内容・方法をありのままに把握する ・（いつ）実施の頻度や、時間はどうなっているか。 ・（どこで）どこの場所（建物・部屋）で（だれが）担当するか。専門職者はいるか。 ・（なにを）どんな内容を、どんな方法で実施しているのか。 ・環境の設定（整備）はどうなっているのか。	障がいのアセスメントや指導計画などの内容について把握する ・（アセスメント）子どものもつ障がいについてのアセスメントの内容について把握する。 ・（指導計画）上記のアセスメントに基づく指導計画の内容について把握する。 ・（指導の実施状況）指導計画に基づく実際の実施状況について把握する。	職員の率直な意見も聞きながら、指導内容・方法の現状について評価し、療育指導における保育士の役割について考察する ・（現状の評価）アセスメントや指導計画の内容を再確認する。 ・現行の指導内容・方法の実際の効果・成果を確認・評価する。 ・子どもの側の満足度や達成感なども確認・評価する。 ・（保育士の役割）保育士と療育指導の専門職者との連携について考察する。 ・生活の中での療育指導の意義と保育士の役割を考察する。

> **▌演習問題：施設保育士の役割**
>
> 施設における担当保育士との継続的で安定した日常生活の中で形成される愛着関係は、子どもにとってどのような意義をもつのか考察しましょう。

コラム3　環境整備（ハウスキーピング）の意義

　子ども（利用者）の自立支援を行っていくうえで重要なことは、子ども（利用者）の衣食住を確保し、安心・安定して生活できる環境を整備し提供することです。整った生活環境で安心感・安定感を得ることは健やかに育つことにつながり、自立支援に向けての第一歩であり必要不可欠なことです。

　人的環境とは、施設で働く職員や生活している子ども（利用者）一人ひとりの行動や態度、相互関係から施設の雰囲気が決まり、その施設の雰囲気は子ども（利用者）の成長・発達に最も影響してきます。施設全体が明るく楽しい雰囲気であれば、子ども（利用者）たちもその影響を受け、のびのびと生活を送ることができるのです。

　物的環境とは、施設の中で浴室や手洗いなどの共有スペースや個人で過ごす部屋などに限らず、すべての設備、道具、遊具のことを指しています。常に安全性を確認し、清潔を保っていかなくてはいけません。

　また、自然に触れ合い、興味関心をもつことが自然環境につながります。植物を育てたり、緑の豊かな公園に出向くなど、身近な自然に触れ合う機会を作っていきます。

　施設で同じ時を過ごす職員との信頼関係をはじめ、その施設の人的環境・物的環境・自然環境の相互関係が、子ども（利用者）の人格形成や今後の生き方に直接影響してくるということを念頭におき、良質な生活環境を提供できるように心がけましょう。

　さらに、実習をさせていただいている施設は、子ども（利用者）にとって安心・安全に暮らせる生活の場でなくてはなりません。そのためには、ハウスキーピングが重要な役割をもち、掃除や洗濯などの日常生活業務は欠かすことができません。子ども（利用者）とかかわる一人の大人として、施設の掃除や洗濯、食器洗いなどを率先して手伝うことができるといいですね。普段から自宅でも率先して家事を手伝うなど、日常生活業務を身につけ、準備をしておきましょう。

- -

児童自立支援施設運営指針
５．支援のあり方の基本
（２）保護・養育・教育・心理的ケアのあり方
②生活環境づくり（場づくり）
・子どもが職員の支援を受動的に受ける上下関係ではなく、生徒会などの自主的な活動を活用し、施設全体が相互の人格を尊重した養育・教育を展開するための生活共同体として機能することが大切である。
・多くの子どもは、日常生活場面において、これまでの対人関係や感情体験を背景にして、職員への挑発行動など様々な行動上の問題を表出する場合が多い。
・このような子どもに有効に機能する雰囲気づくりや安心・安全な居場所づくり、人的・空間的・時間的・規範的な面などから構造化された「枠のある生活」など、効果的に影響を与える支援的・教育的・治療的働きかけとしての良質な生活環境（物的・人的・自然環境）を整備する。

コラム4　施設保育士の専門性

　第1章でも述べたように、大学等に入学して初めて、保育士が保育所以外の児童福祉施設でも必置の職員であることを学んだ人も多いでしょう。「子ども家庭福祉」や「社会的養護Ⅰ・Ⅱ」などの講義を通して施設保育士について学びを深め、実習に向けて準備することが大切です。保育士資格の取得を目指すための保育士養成校のカリキュラムは、乳幼児を対象とした学びが中心で、施設保育士や障がいのある成人についての学びは少ないかもしれません。それゆえ、福祉施設での実習を通して、改めて施設や施設で働く職員、施設保育士について深く考えるという実習生も多いと思います。

　では、施設保育士の専門性とは、どのようなものを指すのでしょうか。保育士資格は、名称独占の国家資格であり、保育所保育士であれ施設保育士であれ、「保育士」を名乗ることができる子ども家庭福祉の専門職です。どのような専門職であっても、仕事をするうえでの専門職としての社会的責任や役割をもっています。そして、仕事をするうえでの責任や役割を果たすために、自らの行動を律する基準や規範が存在します。それらを職業倫理といいます。第2章でも述べたように、保育士の職業倫理を示すものには、全体としては「全国保育士会倫理綱領」があり、施設職員に向けては、「全国児童養護施設協議会倫理綱領」、「乳児院倫理綱領」、「全国母子生活支援施設協議会倫理綱領」などがあります。

　施設実習は、利用する子どもやその家族、障がいのある人など、社会的な支援が必要であったり、特に権利を擁護する必要がある人を対象に行う場合が多いです。施設保育士は、なんらかの事情で保護者と一緒に生活することのできない子どもを社会全体で代替養育するという社会的責任をもち、障がいのある人に対しては、権利を守りながら、いかに生活を豊かにしていく環境を整えるのかを考える役割があります。

　本来であれば地域社会で暮らすことがニーズとしてありながら、施設というある意味閉鎖的な空間で生活しているなかで、地域との関係をいかに構築してともに暮らしていける社会を築くかという視点も大切になってくるでしょう。そのような広い視点で子ども（利用者）とかかわりつつ、現実的には施設の中で子ども（利用者）の「最善の利益」のために専門性のある養育や支援を展開する必要があります。そのためには、人権を擁護する考えをしっかりともち、自分自身をよく知り（自己覚知）、子ども（利用者）の自己実現や自立を支える存在としてかかわることが重要だといえるでしょう。

　実習施設の多くは、居住型の施設です。日々の生活を通して、子ども（利用者）が安心・安全な毎日、「当たり前の生活」を過ごすことができるよう支援していく視点も必要です。常に自己研鑽を積みながら、新しい理論や実践方法、法制度の動向などに注目し、自己の実践を振り返りながら、子ども（利用者）が生活の質を高めていけるよう専門的知識や技術を応用できる支援者になることを期待しています。

保育士に守られながらのびのびと遊ぶ子どもたち

4　保育者になるために「自己」を知る

1　「自己」を知ることの重要性

　実習は、保育士養成校で学習してきた知識・技術を、現場での実践を通してより深く、総合的に理解する、まさに理論と実践を結びつける機会といえます。それに加えて、現場における子ども（利用者）とのかかわりや職員の動きなどを通して、専門職者としての思考・行動・態度を身につけるための貴重な機会でもあります。

　保育実習の実施施設となる保育所、認定こども園、そして社会的養護関係や障がい児関係などの児童福祉施設は、それぞれ設置目的や利用対象者は異なりますが、いずれの現場も専門職者が子ども（利用者）の生活や成長・発達を支援するという点は共通しています。この保育・福祉の分野において、専門職者のかかわりは子ども（利用者）に対して大きな影響をもたらします。しかしながら、専門職者も人ですから、それぞれに価値観や行動パターンなどには特徴があり、得意・不得意なことにも違いがあります。だからこそ、専門職者は自分自身のことを深く理解したうえで、それを適切な形でコントロールしながら子ども（利用者）とかかわる、言い換えれば専門職者としてのあり方を身につける必要があるのです。

　このように、これから保育・福祉の分野に進もうと考えている実習生にとって、実習を通して自己を知ることは、知識・技術の総合的な理解と並んで、専門職者としての土台をつくるにあたっての重要な要素といえます。

▮ワーク：施設実習での学びを考える

現時点でのあなたの希望する進路（就職先）をふまえて、施設実習がその進路を目指すにあたって自分自身の成長にどのような意味（学び）をもたらすか、保育所・認定こども園・幼稚園での実習との共通点・相違点を考えながらまとめてみよう。

---

2 「自己」を知る方法

1 自己を知る足がかりとなる要素

　専門職者としての土台づくりといえる実習は、すべての場面が自己を知るきっかけとなりますから、日々の実習内容をきめ細かく振り返ることが大切です。以下に具体的な要素（言動）をあげましたが、あくまで一例としてとらえてください。

```
実習場面における自己を知るきっかけとなる要素（一例として）
　・子ども（利用者）との直接的なかかわり（表情、態度、言葉遣い、相手に合わせた援
　　助など）
　・職員とのかかわり（表情、態度、言葉遣い、連携・協働体制［報告・連絡・相談（ほ
　　う・れん・そう）］など）
　・子ども（利用者）に対する、職員と自分の動きの比較（トラブルへの対応方法など）
　・ハウスキーピングなど、直接的な子ども（利用者）の支援以外の業務の能力
　・実習日誌の記入力（日誌に書くべき要点をとらえる力、文章表現力など）
　・自己管理力（時間の管理、身辺の管理など）　※特に宿泊型実習の場合
```

　これらの要素（言動）には、その人のもつ価値観、倫理観、子ども観が影響しています。自己を知る際には、表面的な言動だけにとらわれず、「なぜ自分は（職員は）そのような言動をしたのか」という理由まで掘り下げて分析することによって、自分自身（または職員）のもつ価値観、倫理観、子ども観が理解できます。さらに、それをもとに「専門職者に求められる行動・態度、価値観・倫理観とは何か」を考えると、目指すべき専門職者像や、そこに到達するための自己課題が見えてきます。

2 自己評価と他己評価

　自己を知るにあたっては、自分自身での日々の振り返り（自己評価）が欠かせません。それは、実習期間中に限ったものではなく、保育士養成校内での事後指導や実習報告会とその準備などにおいても行うことができます。

　また、実習期間中の反省会や実習日誌のコメントなどから得られる現場の職員からの評価（他己評価）も、自己を知るための重要な足がかりとなります。自分では不得意だと思っていたことが職員からはプラスの評価を受けた、またはその逆のパターンなど、主観的な見方と客観的な見方に差が生じることもありますが、それを素直に受けとめる姿勢をもつことを心がける必要があります。

Q
失敗を注意され、自信をなくしたときは、どうしますか
（ ➡ 実習 Q&A の Q18 へ）

3 「自己」を知る際の視点

① 自己のマイナス面（弱み）を知り、今後の自己課題にする

　「自己を知る」といわれると、実習の中での自分のマイナス面（失敗したこと、できなかったこと、苦手と感じたことなど）を思い浮かべる人が多いと思います。

　このような自分のマイナス面は、単純にネガティブな要素としてとらえるのではなく、「どのように改善していけばよいか」というように、専門職者となるためのステップ（自己課題）としてとらえていくことが重要です。そのためにも、自分のマイ

ナス面から目を背けるのではなく、客観的かつ真摯に受けとめることが必要です。

　子ども（利用者）一人ひとりとの日々のかかわりや記録の作成など、すべての実習内容を100％完璧にこなせる実習生はいません。それこそ、「失敗から学び、成長する」という姿勢が実習生には求められるといえます。

②　自己のプラス面（強み）を知り、さらなる成長へつなげる

　自分のマイナス面（弱み）を明らかにすることと並んで、自分のプラス面（成功したこと、うまくできたこと、得意と感じたことなど）にも同時に着目していくことも、自己を知るうえでは重要になります。

　自分のプラス面を把握することは、専門職者を目指すにあたっての自信を得るための一助になるだけでなく、子ども（利用者）とのかかわりにおいて、相手のマイナス面ばかりを探そうとする、いわゆる「あら探し」のようなスタイルになることを避けるためのトレーニングにもなります。さらに、それは「ストレングスの視点」[*16] をもった援助を実践できるようになるためにも有益なものです。

　ただし、自分の「自信」がある要素（プラス面）を「過信」しないように注意しなければなりません。子ども（利用者）の側も実習生の側も、日々まったく同じ状況ということはあり得ませんから、実習の場において一度成功したことがこの先も毎回同様にできるとは限らないのです。そのため、自分のプラス面（強み）についても、現状で満足せずにより良いものとしていく姿勢をもつことが欠かせません。

　これは、「常に自らの人間性と専門性の向上に努め、専門職としての責務を果たします」という、全国保育士会倫理綱領の内容とも通じるものといえます[*17]。

＊16　ストレングスの視点
援助対象となる人自身、またはその人の周囲の環境がもつ「強み」「強さ」「良さ」に焦点をあてる考え方のことをいいます。ストレングスの視点に基づく援助（エンパワーメント・アプローチ）では、援助対象となる人の「強み」や「強さ」を引き出し、高めることで、援助対象となる人自身が主体的に問題解決できるようにするという視点をもちます。

＊17　全国保育士会倫理綱領については、巻末資料(p.192)を参照。

■ワーク：あなたの強みと弱み

施設実習を通して見出した、専門職者になるにあたってのあなたの強みと弱みの両方をまとめたうえで、強みをより強化し、弱みを改善する方法を考えてみよう。

〔あなたの強み〕

〔あなたの弱み〕

〔強みをより強化する方法〕

〔弱みを改善する方法〕

コラム5　母子健康手帳をみてみよう

◆母子健康手帳とは

　母子健康手帳は 1942（昭和 17）年の『妊産婦手帳』から始まり、1965（昭和 40）年の母子保健法から『母子健康手帳』と呼ばれて広く活用されている、世界でも最も優れた母子保健サービスの一つです。赤ちゃんのいる母親の健康状態や妊娠の経過、妊娠前後の赤ちゃんの健康状態や発育・発達を記録し、親子と保健医療関係者が妊娠時から就学前までの健康について、生涯を通じて把握するものです。特に、近年は健康を広い概念でとらえており、家族の健康は母親と子どもだけのものではないという考え方から、母子健康手帳と呼ばずに「親子手帳」と呼ぶ場合もあり、家族の関係など子どもを中心にした記録もされるようになってきています。

◆母子健康手帳の内容

　医療機関で妊娠の診断を受けた際は、住所地にある市役所や保健センターなどで妊娠の届出を行うと、母子健康手帳を交付してもらえます。母子健康手帳には、下記のとおり、妊娠中からの親子の健康状態のほか、予防接種歴など実習に向けた事前準備に活用できる項目も記録されています。

【母子健康手帳に記載されている主な項目】

① 出産の状況：出生日時、出産の経過、出生時の体重・身長・頭位・胸囲など

② 子どもの頃の発育・発達の経過や両親の育児についての想いなど：各年齢の健康診査記録、保護者の記録

③ 予防接種の記録

・ワクチンの種類：四種混合（2012 年 11 月より）、二種混合、BCG、麻しん・風しん、ジフテリア・破傷風、日本脳炎、水痘、おたふくかぜ、B 型肝炎、インフルエンザ、ロタウイルスなど

・ワクチンの接種年月日（年齢）、メーカー、接種者名など予防接種スケジュールの例

保護者の記録【1歳6か月の頃】（　　　年　　　日　日記録）

○ひとり歩きをしたのはいつですか。　　　　　　　　（　歳　月頃）
○ママ、ブーブーなど意味のあることばをいくつか話しますか。　　　　　　　　　　　　　　　はい　いいえ
○自分でコップを持って水を飲めますか。　　　　　　はい　いいえ
○哺乳ビンを使っていますか。　　　　　　　　　　　いいえ　はい
　（いつまでも哺乳ビンを使って飲むのは、むし歯につながるおそれがあるので、やめるようにしましょう。）
○食事や間食（おやつ）の時間はだいたい決まっていますか。　　　　　　　　　　　　　　　　はい　いいえ
〔幼児〕○歯の仕上げみがきをしてあげていますか。　はい　いいえ
○極端にまぶしがったり、目の動きがおかしいのではないかと気になったりしますか。*　　　　いいえ　はい
○うしろから名前を呼んだとき、振り向きますか。　はい　いいえ
○どんな遊びが好きですか。（遊びの例：　　　　　　　　　　）
○歯にフッ化物（フッ素）の塗布やフッ素入り歯磨きの使用をしていますか。　　　　　　　　はい　いいえ
○子育てについて気軽に相談できる人はいますか。　はい　いいえ
○子育てについて不安や困難を感じることはありますか。　　　　　　　いいえ　はい　何ともいえない
○成長の様子、育児の心配、かかった病気、感想などを自由に記入しましょう。

1歳6か月の頃の状況

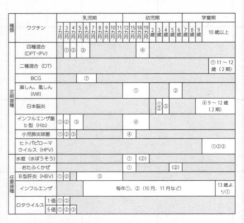

予防接種スケジュールの例

5　学習をより深めるための施設実習に向けて

1　目の前の直接的な学びから広がりのある深い学びへ
―ミクロの視点だけでなくメゾ・マクロの視点も―

　「保育実習Ⅰ」での学びは、観察や体験を通しての目の前の直接的な学びが中心といえます。全国保育士養成協議会編集の『保育実習指導のミニマムスタンダードVer.2』によれば、「保育実習Ⅰ」のこうした学びをいわば「ミクロの視点」での学びととらえています。それに対して、「保育実習Ⅲ」では、そうした学びに加えて、より広がりのあるいわば「メゾ・マクロの視点」での深い学び（＝保育士としての専門性をより深く、より豊かに獲得するための学び）が求められるとしています[18]。そして、次のように述べています[4]。

> すでに 2 回の実習（筆者注：「保育実習Ⅰ」のこと）を経験している実習生は、子ども（利用者）の関係性や直接的な保育（支援）の方法などについて学んでいる。いわばミクロの視点における学びの体験がある。「保育実習Ⅲ」では、メゾ、マクロの視点で施設や利用者をとらえる必要がある。具体的には、施設が地域の中で果たしている役割や、利用者の家族への支援、社会全体における役割などについて学ぶことが求められる。

　たとえば「施設機能の理解」に関していえば、「保育実習Ⅰ」では、子ども（利用者）の生活支援（＝ミクロの視点）を中心に学びます。それに対して、「保育実習Ⅲ」では、それに加えて、利用者の親子関係や家庭環境の調整など親子が分離し別居の状態にある家族への支援（＝メゾの視点）や、地域行事・活動への協力・支援、地域住民への子育て支援、ホームページでの社会一般の人への施設の現況報告やボランティアなどの募集、児童の虐待防止・障がい者の人権擁護の呼びかけなど、各種の情報発信や社会的活動の展開（＝マクロの視点）について、より広がりのある深い学びが求められているといえます。

2　4 つの「学びの視点」それぞれにおいて深められる学習内容

　「保育実習Ⅲ」でさらに深められる学習内容について、4 つの「学びの視点」のそれぞれにおいて、その内容を考察してみましょう。以下に、それぞれの「学びの視点」においてさらに深められる学習内容を示していきます。

1　「施設」を知る、において

　「保育実習Ⅲ」での配属施設は、「保育実習Ⅰ」と同じ種別の施設の場合もあれば、まったく異なる種別の施設になることもあります。いずれにしても、配属された施設が養護系か障がい系か、入所型か通所型か利用型か、対象となる子ども（利用者）の

*18　全国保育士養成協議会編『保育実習指導のミニマムスタンダード Ver.2』（中央法規、2018 年）では、ミクロ、メゾ、マクロについて、次のような説明がなされています。「ミクロ、メゾ、マクロについては明確な規定があるわけではないが、ここではミクロは利用者個人を対象に、メゾ、マクロはミクロよりも大きな人の集まり（集団、地域、社会、国）を対象としている」（p.91）。

状況（年齢構成や家庭状況、心身の状況など）、定員、施設形態、グループ構成はどのようなものかなど、その施設の概要や特徴を十分に把握しておくことは必須の事項です。その際、「保育実習Ⅰ」の施設との比較・対照や施設の把握において努力した経験などもすべて活かしながら、「保育実習Ⅰ」のときよりもさらに深く多角的に、配属施設の概要・特徴を把握することが望まれます。

① 子ども（利用者）への支援

「保育実習Ⅰ」では、子ども（利用者）の日常生活支援の理解が中心だったといえます。「保育実習Ⅲ」では、それをさらに掘り下げて、入所している子ども（利用者）のよりよい生活のための支援として、個々の利用者が安心して生活し、できる限りその人らしい生活を送れるようにしようとする「ソフト面」での支援と、施設のバリアフリー化や小規模化、居室の個室化などの「ハード面」での支援の両方がなされていることにもしっかりと着目する必要があります。

② 子ども（利用者）の家族への支援

子ども（利用者）の家族関係の調整など、親・家族への支援も施設の重要な機能・役割であり、そのために養護系施設では家庭支援専門相談員を配置していたり、児童相談所との連携に努めていることなども十分に理解する必要があります。

③ 地域・社会への支援

地域の行事・活動への協力・支援や、虐待相談、障がい相談などの対応、ショートステイやレスパイト・サービス（レスパイト・ケア）＊19 の実施、地域住民への子育て支援サービスなども、施設の重要な機能・役割として実施されていることを十分に理解しなければなりません。さらには、虐待防止や子どもの人権擁護などに関する各種の社会的活動（ソーシャルアクション）を展開しており、ホームページなどでその活動概要の紹介や広く社会一般の人に向けての虐待防止や人権擁護などへの呼びかけを行っていることなども、見落とさないようにすべきでしょう。

＊19 レスパイト・サービスについては、第5章8の2（p.139）を参照。

2 「施設の子ども（利用者）」を知る、において

「保育実習Ⅲ」で対象となる子ども（利用者）は、「保育実習Ⅰ」の実習とは異なるかもしれません。同じ種別の施設で、同様の年齢・人数の子ども（利用者）のグループ担当に配属されるという保証はないからです。したがって、前項の「『施設』を知る」において把握したその施設特性をふまえ、対象となる子ども（利用者）の概要や特徴（対象年齢や家庭状況、心身の状況など）について、できる限り周到な理解に努めることが求められます。そして、「保育実習Ⅰ」の子ども（利用者）との比較・対照や子ども（利用者）の理解において自分なりに取り組んだ経験なども活かしながら、さらに深く対象となる子ども（利用者）を理解することが望まれます。

① 子ども（利用者）の理解

「保育実習Ⅰ」では、日常における生活の実態や、その心情、ニーズ、行動などの理解、障がいのある場合には子ども（利用者）の障がいや個性についての理解などが学びの中心だったといえます。「保育実習Ⅲ」では、それをさらに掘り下げて、目の

前の子ども（利用者）の成育歴・生活歴や親子関係などの家族の状況にもできる限り目を向ける必要があります。特にその親・家族の現在の状況や課題、子ども（利用者）との関係性についての理解はたいへん重要といえます。また、こうした家庭背景などをふまえて作成された、個々の子ども（利用者）の個別支援計画（自立支援計画など）[20] についての理解も必要といえます。

* 20　個別支援計画（自立支援計画）について、詳しくは、第4章7 (p.96)を参照。

　ただし、個人情報保護を優先する理由から、実習施設のほうでも、子ども（利用者）の家庭背景や個別支援計画の開示に関しては、消極的になりがちといえます。場合によると、特別な開示はなく口頭での簡単な説明にとどまっていたり、モデルケースの事例における開示に限られたりするかもしれません。しかしながら、可能な限りにおいて、「子ども（利用者）の理解」においては、その家庭背景や過去から未来に向けてより広がりのある深い学びが求められているといえます。

②　子ども（利用者）の家族への理解

　配属施設で対象となる子ども（利用者）に関する個々の具体的な理解から、子ども（利用者）と親・家族に関する一般的・総括的な考察・理解へとつなげていくことが望まれます。たとえば、親子分離に伴う子ども（利用者）と親・家族の双方における心理的状態を考察・理解することや、虐待を受けた子ども（利用者）への虐待による心理的な悪影響やそれに対する適切な対処法について考察し、理解すること、対象となる子ども（利用者）がもつ障がいの種別についてより専門的に理解すること、障がい児の家族に課される障がい受容について深く理解することなどが望まれます。

3　「施設の保育者」を知る、において

①　「施設保育士の役割」については

　「保育実習Ⅰ」では、子ども（利用者）の「生活のサポート」と「心身のサポート」を基本とした日常生活支援が保育士の役割の中心だったといえます。「保育実習Ⅲ」では、子ども（利用者）へのそのような支援に加えて、親子関係や家庭環境の調整、障がい児の保護者への相談支援など、親・家族への支援も重視されることになります。さらには、地域や自治体の行事・活動への協力・参加や地域住民への子育て支援なども大切な役割としてとらえられます。

　「保育士の職業倫理」ということに関しても、「全国保育士会倫理綱領」の冒頭の部分にある次の3つの文、すなわち「私たちは子どもの育ちを支えます」「私たちは保護者の子育てを支えます」「私たちは子どもと子育てにやさしい社会をつくります」が、象徴的な倫理内容を端的に表現しているといえます[21]。つまり、「子ども支援」「保護者支援」「地域支援」の3つの支援すべてにしっかりとした責任を果たしていくのが、保育士の職業倫理であることを理解しなければなりません。

* 21　全国保育士会倫理綱領については、巻末資料(p.192)を参照。

②　「職員間の役割分担や連携」については

　「保育実習Ⅰ」では、子ども（利用者）に直接的な援助を行う保育士同士あるいは保育士と児童指導員の役割分担や連携についての理解が中心だったといえます。「保育実習Ⅲ」では、それに加えて、養護系施設では、家族関係調整は家庭支援専門相談

員、子ども（利用者）の心理的ケアは心理療法担当職員、保健・医療に関しては看護師や嘱託医などと、障害系施設では、医療サービスや医療的ケアにおいては、医師や看護師、作業療法士、理学療法士、言語療法士などの専門職者と連携を図っていることも見落としてはなりません。

　また、施設外においても、児童相談所や学校、病院などの関係機関と緊密な連携を図っていること、特に児童養護施設など要保護児童を対象とする施設では、当該児童のケアは、児童相談所を窓口とした行政の指導監督のもとで進められていることなどについての十分な理解が求められることになります。

③　「施設保育士の業務内容」については

　「保育実習Ⅰ」では、子ども（利用者）の支援における「インケア」（日常業務）についての理解が中心であったといえます。「保育実習Ⅲ」では、それに加えて、「アドミッションケア」（入所前後のケア）から「リービングケア」（退所に向けての準備ケア）、「アフターケア」（施設退所後のケア）までの一連のケアに対する理解も求められるでしょう[*22]。

　さらには、上記の「施設保育士の役割」でも述べたように、子ども（利用者）へのこうした一連の支援に加えて、その親子関係や家庭環境の調整、障がい児など利用者の親・家族への支援や、地域の行事・活動への協力・参加や地域住民への子育て支援などについても、施設保育士の重要な業務として理解することが求められます。

4　「自己」を知る、において

　「保育実習Ⅲ」の目的として、「実習における自己の課題を理解する」ことが明記されています[*23]。つまり、実習を自身で振り返ること（自己評価）により、実習における自己課題を明確化すること、そして、それを次の学びや実践につなげていくことが、「保育実習Ⅲ」における最終的な目的であるといえるでしょう。

　前述の『保育実習指導のミニマムスタンダードVer.2』によれば、「保育実習Ⅲ」の振り返りによる総括は、単にその実習での学びの総括ではなく、保育士養成課程の学び全体の総括でなくてはならないとされています[*24]。つまり、「保育実習Ⅲ」の学びの目的は、既習の教科目や保育実習をふまえ、施設現場で実践的に学ぶことにより、保育士の専門性をより深く、より豊かに獲得していくことにあるといえます。その意味では、実習全体としての学びは、それまでの保育士養成課程の学びの集大成ともいえます。よって、施設実習において、専門性に基づいた利用者支援等がどれだけ実践できたかを振り返り、自己評価することは、保育士養成課程の学び全体の総括にもつながるといえるでしょう。

　「保育実習Ⅲ」において自己評価すべき内容として、①「施設の役割・機能」について、具体的・実践的に理解できたか、②「子ども（利用者）支援」とあわせて、「家庭支援」のための知識や技術（判断力・対応力など）を習得できたか、③保育士の「業務内容」「職員間・関係機関との連携」「役割」「職業倫理」について、具体的・実践的に理解できたか、などがあげられます。とりわけ、「保育士の役割」として、

＊22　インケア、アドミッションケア、リービングケア、アフターケアについて、詳しくは、本章3（p.31）を参照。

＊23　厚生労働省「『指定保育士養成施設の指定及び運営の基準について』の一部改正について」（2018年）にあります。

＊24　『保育実習指導のミニマムスタンダードVer.2』では、次のように述べています。「保育実習Ⅲは保育士養成課程における最後の実習となる。（中略）実習体験はそれまでの養成校における学びの集大成である。だからこそ、そこで専門性に基づいた対応が利用者に提供できたかを検討することは、養成校の学びの総括になる」（p.92）。

子ども（利用者）の「生活のサポート」の支援業務は十分に把握し、実践できていたのか、「心身のサポート」の基礎となる子ども（利用者）との個別の関係性（信頼関係や愛着関係につながる関係性）は築けていたのかについては、保育士の専門性に深くかかわる部分でもあるので、より丁寧に自己評価することが求められるでしょう。

　このように自己評価をして、自分に「できたこと」「できなかったこと」を確認し、その理由についても考察することにより、今後さらに改善すべき点や学習すべき点などの自己課題が整理され、明確化することになるのです。

> ▌演習問題：「保育実習Ⅰ」と「保育実習Ⅲ」の違い
>
> 「保育実習Ⅰ」の学びと「保育実習Ⅲ」の学びの違いを 4 つの「学びの視点」のそれぞれにおいて整理してまとめましょう。

【引用文献】
1）Homesha「子どもの『自己肯定感』を高めるには？」2018 年（https://homesha-pj.jp/）
2）山縣文治・柏女霊峰編『社会福祉用語辞典［第 9 版］』ミネルヴァ書房　2015 年　p.218
3）Welbe「障害の種類と疾患」（https://www.welbe.co.jp/job_guide/guide_17.html）
4）全国保育士養成協議会編『保育実習指導のミニマムスタンダード Ver.2 「協働」する保育士養成』中央法規出版　2018 年　p.91

【参考文献】
・全国保育士養成協議会編『保育実習指導のミニマムスタンダード Ver.2 「協働」する保育士養成』中央法規　2018 年
・櫻井奈津子『子どもと社会の未来を拓く：社会的養護の原理』青踏社　2018 年
・山縣文治・柏女霊峰編『社会福祉用語辞典［第 9 版］』ミネルヴァ書房　2015 年
・西澤哲『子ども虐待：理解と支援のための包括的アプローチⅠ：虐待を受けた子どもの理解と支援、トラウマとアタッチメント（愛着）を中心に』2011 年
（https://www8.cao.go.jp/youth/suisin/pdf/soudan/04/）
・Homesha「子どもの『自己肯定感』を高めるには？」2018 年（https://homesha-pj.jp/）
・Litalico「自閉症とは」（https://junior.litalico.jp/about/hattatsu/autism/）
・Litalico「知的障害とは」（https://junior.litalico.jp/about/hattatsu/autism/）
・Welbe「障害の種類と疾患」（https://www.welbe.co.jp/job_guide/guide_17.html）
・伊藤嘉余子・小池由佳編著『社会的養護内容』ミネルヴァ書房　2017 年
・愛知県保育実習連絡協議会「福祉施設実習」編集委員会編『新保育士養成カリキュラム 保育士をめざす人の福祉施設実習［第 2 版］』みらい　2017 年
・大竹智・山田利子編『保育と社会的養護原理』みらい　2013 年
・辰巳隆・岡本眞幸編著『三訂　保育士をめざす人の社会的養護内容』みらい　2018 年
・小舘静枝・小林育子ほか『施設実習マニュアル——施設実習の理解と実践』萌文書林 2006 年
・児童養護研究会編『養護施設と子どもたち』朱鷺書房　2001 年
・発達障害—自閉症 .net「自閉症や発達障害の療育方法とその種類」
（http://hattatu-jihei.net/kind-of-ryouiku）
・Litalico ジュニア「成長事例」（http://junior.litalico.jp/about/hattatu/news/detail/pdd005/）
・Litalico 仕事ナビ「広汎性発達障害とは？自閉症スペクトラムとの違い、原因と症状、診

断、受けられる支援を紹介します」（http://snabi.jp/article/77）

・松本峰雄監修、藤京子・増南太志・中島健一郎著『より深く理解できる施設実習——施設種別の計画と記録の書き方』萌文書林　2015 年

・小原敏郎ほか編著『本当に知りたいことがわかる！保育所・施設実習ハンドブック』ミネルヴァ書房　2016 年

・鈴木佐喜子ほか編『よくわかる NEW 保育・教育実習テキスト［改訂第 3 版］——保育所・施設・幼稚園・小学校実習を充実させるために』診断と治療社　2017 年

・浦田雅夫編『考え、実践する施設実習』保育出版社　2017 年

・佐藤伸隆・中西遍彦編『演習・保育と相談援助［第 2 版］』みらい　2014 年

第3章

施設実習の基本

1 子ども（利用者）の観察

1 観察とは

「観察」とは物事や人を注意深く見ることを意味する言葉です。「見る」こと（to see）と「観察」すること（to observe）は意味が異なります。

見ただけでは観察したことになりません。「君はただ眼で見るだけで、観察ということをしない」。コナン・ドイル著、シャーロック・ホームズ「ボヘミアの醜聞」の一節です。ホームズは、友人であり相棒であるワトソンに対して言いました。「君は、玄関からこの部屋まであがってくる途中の階段は、ずいぶん見ているだろう？」。ワトソンは何回も見たと答えますが、何段あるかと問われると答えられません。ホームズは答えます。「そうだろうさ、心で見ないからだ。眼で見るだけなら、ずいぶん見ているんだがねえ。僕は 17 段あると、ちゃんと知っている。それは僕がこの眼で見て、そして心で見ているからだ」[1]。このように意識的に見て理解することが「観察」です。

ところで、観察者である自分と観察対象はどのような関係にあるでしょうか。観察には 2 通りがあります。盆踊りを例に考えると、観客として踊り手を観察する方法と自らが踊り手になって一緒に踊って理解する方法があります。前者を観察法、後者を参与観察法といいます*1。

観察において一番重要なことは、観察者である自分自身の感性をいかに研ぎ澄ますかです。実習中の子ども（利用者）とのかかわりの中で感じる驚きや発見、あるいは失敗したときに感じる反省などがなければ、目の前で起きている出来事を記録することはできないでしょう。

2 観察の実際と方法

1 観察実習と参加実習

保育実習では実習の形態に合わせて「観察実習」とか「参加実習」と呼ばれる段階がありますが、実際には観察だけで実習を終えることはありません。観察と実践は一体となっており、支援を実践することによって子ども（利用者）の心情を理解しながら観察が行われるのです。

支援の実践と観察は同時に行われることがほとんどであり、実習生は職員の支援の仕方を見ながら自分でも実践し、子ども（利用者）の反応や様子を見て自分のやり方を修正するということを繰り返します。この意味で、自分から実践しようとする心構えがないと技術の向上や学びに結びつかないといえるでしょう。

＊1　踊り手の「踊り」であったり「衣装」であったり観察する視点を定めて、第三者として客観的に観察するのが観察法です。それに対して、一緒に踊って踊り手の主観的な意味づけ（どうして踊るのかなど）を理解するのが参与観察の特徴といえるでしょう。参与観察は、観察者が五感（視覚、聴覚、触覚、味覚、嗅覚）で感じたことすべてが立論のもととなるデータになります。

2　参与観察の方法

　座学とは異なる実習の意義とは何でしょうか。子どもは大人の言動を観察し、模倣することによって学習しますが、このことを「社会化」あるいは「社会的学習」といいます。実習生にも同じことがいえます。学校で学んだ理論が実際にどのように実践されているのか、また施設の子ども（利用者）とのコミュニケーションや支援がどのように行われているのかについては、職員の支援の仕方を観察し、模倣することによって習得していくものです。

　社会科学の世界では、現地に出向いて調査を行うことを「フィールドワーク」といい、調査を行う人のことを「フィールドワーカー」といいます。実習生という立場はまさにフィールドワーカーに相当するものです。このフィールドワーカーは現地の当事者でなければわからない知識や情報を求めて現地の集団の一人として（準メンバーとして）参加することになります。準メンバーになるためには、その集団から「仲間」として認めてもらわなければなりません。そうでないといつまで経ってもアウトサイダー（部外者）のままであり、その集団に溶け込むことはできないでしょう。

　文字や数字のデータとは異なり、参与観察は観察対象である子ども（利用者）とのかかわりによって毎回異なる発見が得られる可能性があります。これまで自分が思っていた施設の子ども（利用者）像が、子ども（利用者）とのかかわりによって覆ることがあったり、再認識させられたりすることがあるでしょう。正解は一つではありません。子ども（利用者）とのかかわりによって毎日新たな発見をすることが、日誌の記録や考察につながります。

3　主観と客観

　実習日誌は、「○○と思いました」「……が大変でした」のような事実やたんなる感想だけの記録では不十分です。どのような状況に基づいて実習生がそのように思ったのか読み手が判読できないからです。観察したエピソードを書き起こすことは、観察者がどのようなエピソードを通して、なぜそのように思ったのかを理解してもらうためでもあります。事実（エピソード）とそれに対する学びの発見があって、初めて意味のある観察記録となるのです。

　逆に、客観的な情報（エピソード）を集めただけでは観察したことにはなりません。その情報に意味のある解釈を行うのが、観察者である自分（実習生）です。客観的な情報から自分がどう思ったのかをまとめてこそ意味のある分析になるのです。つまり、主観的な記録のみ、あるいは客観的な記録のみにとどまっていてはならないのです。

> **▌演習問題：実習で学びたいこと**
>
> 利用者とかかわることで、どのようなことを学びたいか具体的に書きだしてみよう。

対人援助職につく者の行動規範を示したものとして、アメリカの社会福祉学者バイステック（Biestek,F.P）が定義した相談援助の7原則があります。

　援助者は利用者や利用者の環境に働きかけて、利用者の潜在的な能力を引き出したり、環境との調整を図ったりしながら援助しなければなりませんが、利用者の意図に寄り添って援助することが大切です。その際の行動の指針となるのがバイステックの7原則です。

　①　個別化の原則

　一人ひとりの違いを認めたうえで、その人にあった対応をするという原則です。利用者の抱える問題や社会的背景は一人ひとり異なります。先入観や偏見にとらわれずに、その人が抱えている問題を理解しようと努めなければなりません。

　②　意図的な感情の表出の原則

　利用者の感情表現を大切にし、自由な感情表現を促すという原則です。利用者の感情を理解するためには言語以外の表現（表情や声の強さ・抑揚、しぐさなど）にも着目することが大切です。そのため、援助者は意図的に、利用者に対し率直に感情表現を促すことが求められます。

　③　統制された情緒的関与の原則

　利用者に対して自由な感情表現を促すのとは逆に、援助者自身は自分の感情をコントロールしなければならないという原則です。相手に暴言を吐かれたり、受け入れてもらえなかったりすると、人間だれでも嫌な気持ちになるものです。そうした時にも自分の感情をコントロールし、適切に対応しなければなりません。

　④　受容の原則

　受容することは同意することとは異なります。反社会的な行為をも受け入れるということではありません。その人がそこに至った気持ちについて理解して受け止めること。これが受容の原則です。

　⑤　非審判的態度の原則

　利用者の言動に対して、善悪を判定して批判的になると、利用者は援助者に心を閉ざしてしまいます。言葉の裏にある気持ちを受け止めるためにも、批判的な態度を取ってはなりません。

　⑥　自己決定の原則

　解決の方向性については、利用者の望む方向で支援しなければなりません。援助者と利用者の関係は対等であり、援助者は利用者に指導的にかかわったり、指示したりする立場ではありません。

　⑦　秘密保持の原則

　これは、福祉の仕事に携わるすべての業務において言えることです。特に相談業務においては利用者のプライバシーにかかわることを知る立場になります。援助者を信頼しているからこそ話してくれる内容もたくさんあります。業務上知り得た内容については、私的な場では、たとえ家族であっても話してはなりません。

　利用者と援助者の間で援助が展開されるためには、利用者と援助者の間で信頼関係が成立していなければなりません。たとえ面識のない人であっても、意識的に信頼してもらえるように働きかけるための行動指針を表したものがバイステックの7原則といえるでしょう。

2 子ども（利用者）とのかかわり方

1 子ども（利用者）を理解するために

幼児、小学生、中高生ではかかわり方に違いがあるでしょうか（➡実習 Q&A の Q17 へ）

　福祉の専門職である保育士にとって、子ども（利用者）を理解することは、その専門性の基盤となる重要なことです。専門職の第一歩を踏み出すための実習においても、目の前の子ども（利用者）の理解なくして、学びを深めることできません。そこで、子ども（利用者）とのコミュニケーション能力をもつことが、施設実習を行うために大切な要素となります。しかし、施設実習においてかかわるのは、意思の疎通が容易に図れる子ども（利用者）ばかりではありません。子ども（利用者）を理解するためのコミュニケーション能力が、より一層求められます。

1 コミュニケーションとは

　物事を説明するとき、自分の意見を言うときなど、人は「話す」行為によって、相手に何かを伝えようとします。受け手側は、「聴く」という行為によって情報を得ます[2]。このように「話す」「聴く」は、相手に向かって発する情報を伝達（受け渡し）する手段的な行為といえます。

　ここで、コミュニケーションとは何かを考えてみましょう。「共有物（common）」という言葉が語源とされるコミュニケーションは、「共有」することを目的とした行為です。言語や文字、視覚・聴覚に訴える（身振り・表情・声）などの手段によって人間が互いに意思・感情・思考などを伝達し、共有します。そのコミュニケーションの過程で生じる「心のふれ合い」「共通理解」などの関係性を築くことが、子ども（利用者）を理解する第一歩となります。

2 コミュニケーションのスキルとは

　コミュニケーションは、相手が意識的・無意識的に活用している言語や非言語[3]という情報を傾聴し受容することで、子ども（利用者）との間にラポール[4]（信頼関係）が築かれます。福祉専門職におけるコミュニケーションのスキルは、基本的には個人の性格に依存するものではありません。援助者にも外交的な人・内向的な人などいろいろなタイプがあります。コミュニケーションには、訓練することで上達するスキル（技術）とスキルを基本としながら実践などで工夫し、経験を積みながら獲得するアート（技巧）の二面性があります。コミュニケーションの基本となるスキルは、個人的に外向的であれ内向的であれ、訓練を積み重ねることで獲得できるものなのです。

3 コミュニケーションの基本的なスキル——積極的傾聴とペーシング

　コミュニケーションの基本的なスキルとして、相手からの言語的・非言語的情報を

＊2 「聴く」と「聞く」
「聴く」という行為は、「聞く」と表記することもありますが、一般的には、「聞く」は、音や声を感じとる、その内容を知るという意味で使われます。一方、「聴く」は、注意して耳に入れる、傾聴するという意味で使われます。

＊3 非言語コミュニケーション
会話や文字によらないコミュニケーションのことです。表情や身振りだけでなく、服装や距離感なども含まれます。

＊4 ラポール
ラポールとは、互いに信頼し合い、安心して感情の交流を行うことができる関係が成立している心的緩和状態を表します。ラポールは、どのような人間関係においても必要とされますが、意思疎通を図るための土台となっています。特定のコミュニケーションスキルにより意図的にラポールを築くことも可能です。

受け取るための積極的傾聴（active listening）があります。積極的傾聴は、心理学者のロジャーズ（Rogers, C.）によって提唱されました。ロジャーズは、聴く側の3条件として「共感的理解」、「無条件の肯定的関心」、「自己一致」をあげています＊5。

この積極的傾聴を実践するうえで必要なスキルとして、相手の言語・非言語に合わせるペーシング（pacing）があります。具体的には、相手の話を深く聴く、話し方や表情、姿勢、しぐさといった言葉以外の部分に注意を払う、相手が使っている言葉を盛り込みながら（ミラーリング）会話を進めるなどがあげられます。ペーシングを行うことで、相手の警戒心をとり、安心感を与えることができます。

＊5　ロジャーズの傾聴の3条件
①「共感的理解に基づく傾聴」とは、聴き手が相手の話を聴くときに相手の立場で共感しながら聴くことです。
②「無条件の肯定的関心を持った傾聴」とは、相手の話の内容が自分の価値観に反する内容であっても、初めから否定することなく、なぜそのような考えに至ったかに関心をもって聴くことです。
③「自己一致に基づく傾聴」とは、聴く側も自分自身の感情や価値観を大切にし、もし相手の話の内容に不明なところがあれば、そのままにせず聴きなおして内容を確認し、相手に対しても自分に対しても真摯な態度で聴くことです[2]。

2　共感的態度とアクノレッジメント

コミュニケーションを進めるうえで、共感的な態度で臨むことも関係性の構築のうえでは大切です。その具体的なスキルとしてアクノレッジメント（acknowledgment：承認）があります。アクノレッジメントの語源は、「気づいていることを示す」という「存在承認」の意味があります。アクノレッジメントには、相手の存在を認める存在承認、相手に現れている変化や違いに気づく行動承認、成長や成果にいち早く気づく成果・成長承認があります。これらの承認は、言語化して相手に伝える、非言語的な態度で示すことで成立します。

アクノレッジメントの一つである存在承認を例にすると、言語的なコミュニケーションとしては、挨拶する、子ども（利用者）の名前を呼ぶなどの基本的なコミュニケーションも含まれます。また、非言語的コミュニケーションとしては、視線を合わせる、相手のほうに体を向けて会話することや約束の時間を守って行動することなどの当たり前のようなことも含まれます。

3　質問の工夫

子ども（利用者）について本人に聞きたいことがある場合、会話の内容に不明な点がある場合、質問することで情報を得ます。この質問の代表的な方法として、クローズドクエスチョン（閉ざされた質問）とオープンクエスチョン（開かれた質問）があります。

クローズドクエスチョンは、相手が「はい、いいえ」または「AかBか」の択一で答えられるように、回答範囲を限定した質問方法です。相手の考えや事実を明確にしたい場面などで有効な質問方法です。これに対してオープンクエスチョンは、相手が自由に考えて答える質問の方法です。クローズドクエスチョンのように「はい」「いいえ」などの選択肢がなく、「なぜそう思いますか」という質問のように回答の範囲を制限しません。

これらの質問方法を適宜組み合わせることで、会話をさらに展開させ、お互いの理解や思考を深めることができます。

■ワーク：コミュニケーションスキルの確認

2人1組になってワークシートの課題に取り組んでください。

①自分の語りたいことをまとめてください（5〜10分程度）
　テーマは、自己紹介、学校のこと、アルバイトのこと、本や映画や音楽の話、趣味の話、その他なんでもかまいません。

【メモ】

....

....

....

....

②二人一組になって、向かい合って座ってください。話し役と聞き役も決めてください。

③用意したテーマに従って、話し役は話を始めてください。

④聞き役は以下のことを行ってください。それぞれを数分間程度（1〜2分）行ってください。
・無表情で目線もそらして、無反応・無関心な態度で話を聞く。
・否定的な表情（嫌悪、嫌々、軽蔑、懐疑）で目線もそらし、態度も否定的な状態（足や腕を組んだ状態。体の向きを合わせない）で聞く。
・受容的な態度表情・態度（相手に合わせてうなづく、自然な笑顔、話の内容に合わせた表情）で聞く。
・時間がある場合は、聞き役が質問して、話し役からさらに新しい情報を引き出してください。

【メモ】

....

....

....

....

⑤聞き役と話し役を交代して、④を実施してください。

⑥お互いに感想を述べてください。

保育士の支援対象は子ども？ 大人？

　保育士資格は児童福祉法で定められた児童福祉施設で働くための国家資格です。資格の名称が保育士なので、保育所で働くための資格と一般的に考えられがちですが、保育士資格で働くことのできる職場は幅広くあります（第2章1を参照）。

　このように子どもの福祉に関する多くの施設で働くことができる保育士資格ですが、保育実習では児童福祉法で定められた施設以外も実習施設に含まれます。障害者総合支援法で定められる「障害者支援施設」や「指定障害福祉サービス事業所」です。子どもの福祉に関する施設で働くための資格である保育士資格を取得するのに、なぜ成人を対象とした施設も保育実習先に定められているのでしょうか。

　保育士養成における施設実習の意義について考察した矢野洋子は次のように述べています。「現実に保育所でも障がいを持つ子どもの受け入れは増加しており、障がいに対する知識などももちろん必要ではあるが、成人した障がいを持つ方と触れ合うことは、幼児期の教育の在り方について考えさせられる良い機会となる。幼児期から成人期まで長いスパンで障がいを持つ子どもを見るということが今後の幼児教育者や保育者に求められる視点であり、そのための一助となるのではないだろうか」（矢野洋子「保育士養成における施設実習の意義と事前指導に関する検討」『九州女子大学紀要』第48巻1号　2011年）。

　施設で暮らしている利用児・利用者にとっては、施設は生活の場です。入所する利用児・利用者は家庭で養育ができない事情があり入所してきた人です。児童福祉法では18歳未満を児童と規定していますが、18歳を境にして、これまで慣れ親しんできた施設での暮らしを移行することは困難です。このため、切れ目のない継続的な支援が求められます。

　また、保育士にとって大人を相手にする仕事は障害者入所施設に限りません。子どもの保護者を相手にした相談業務も保育士の重要な仕事の一つです。保育所保育指針でも保育所の社会的責任として、「地域社会との交流や連携を図り、保護者や地域社会に、当該保育所が行う保育の内容を適切に説明するよう努めなければならない」としています。

　さらに、児童養護施設や乳児院においては、家庭復帰へむけた保護者支援も大切な仕事です。

　近年、児童虐待通報件数が急増していることは知っていると思います。その背景には家庭を取り巻く環境が変化していることがあげられます。全世帯に占める子育て家庭の割合は減少する傾向にあります。加えて、子どもの数は年々減少している中で、経済的困難、母親の孤立、離婚率の上昇などによる家庭での養育機能の低下が問題になっています。

　子育てはいつの時代も家庭の中だけで行われるわけではありません。子育てを支えるのは親族だけでなく、知人・友人、近隣の人といった人的資源や、法や制度といった社会的資源です。地域で暮らす一員として生涯にわたる生活を支える仕事が福祉の仕事であり、その専門職の一つとして保育士が位置づけられているのです。

3　記録

1　子ども（利用者）の記録

1　記録とは

　記録とは、一般的に「のちのちに伝える必要がある物事を書き記した文書」と解釈されています。子ども（利用者）は、施設での日々の生活の中でさまざまな活動を通して、多様な経験をしています。保育士が日々の活動を振り返るうえで、その日々の様子を記録すること自体が子ども（利用者）の理解につながり、活動そのものを読み解くことにもなります。保育所保育指針においても「保育士等は、保育の計画や保育の記録を通して、自らの保育実践を振り返り、自己評価することを通して、その専門性の向上や保育実践の改善に努めなければならない」と、記録を通して振り返り（省察）を行うことで、保育の改善に努めることが求められています。

　ハミルトン（Hamilton, G.）は、記録を「処遇を助けるもの」と位置づけています。保育士は、記録によって子ども（利用者）の姿をとらえながら、自らの活動を振り返ることができ、それをふまえて、子ども（利用者）の処遇の改善につなげていくことができます。

2　記録の目的

　実習記録を作成する際には、子ども（利用者）と施設職員・保育士に焦点をあてて施設における活動をとらえることが求められます。子ども（利用者）に焦点をあてるとは、一日の活動の中で、子ども（利用者）一人ひとりの様子を振り返り、施設における生活の様子を思い返してみることをいいます。また、施設職員・保育士に焦点をあてるとは、一日の活動の中で、その活動を適切に行えたか、実習生自身の保育実践はどのようであったかを振り返ってみることをいいます。たとえば、その日に設定した実習のねらいや目標は適切であったか、援助は適切であったかなど、記録の作成を通して改めて見直すことが大切です。

　近年、保育の分野においても重視されている業務の効率化や製品・サービスの質の向上の手法として PDCA サイクル*6がありますが、この手法も記録によって支えられて機能しています。施設実習も、実習前の実習計画の作成（P）、日々の実習における実践と記録（D）、実習先における反省会等の記録・総括（C）、実習を終えて次の実習に向けての改善点の明確化や事後学習の計画（A）など、記録をベースとして学びを深めていきます。日々の実習記録においても、その日の実習の目標（ねらい）を立て（P）、実践とともに実習の日課やエピソードの記録を作成し（D）、1 日を振り返り（C）、今後の目標をふまえて改善点などを考察する（A）などの PDCA サイクルがあります。このように日々の実習および実習期間全体の双方に PDCA サイクルに基づく実践があり、そのベースに記録が位置づけられるのです。

＊6　PDCA サイクルは、Plan：計画、Do：実践、Check：点検評価、Action：改善のサイクルを意味します。

3　記録の役割

　実習記録には、このほかにも大切な役割があります。それは、記録の作成を通して、実習という実践の場で新たに体験したことについて学びを深めることです。実習生は記録を作成する過程で、実習中に体験したことの言語化[*7]を行います。この過程で、実習中には気づかなかったことや無意識に行っていたことに改めて気づき、実習を振り返る（省察）ことができます。また、記録を作成するために必要な観察力（情報を感知して収集する能力）も、実習ならびに記録の作成を通して習得・向上させることができます。

　さらに、実習においての記録は、実習生と実習指導者との情報伝達を確かなものにする大切な役割も担っています。実習中には、子ども（利用者）とのかかわり方や支援の方法について、実習指導者は実習生に対してリアルタイムに適宜助言・指導することができます。しかし、それだけでは十分な指導は行えません。実習生の着眼点や観察力、理解できたこと・できなかったことなどについて、実習生の作成した記録を手がかりにして、１日の日課を終えてから指導します。実習指導者は、記録から得た情報をもとに、実習中に理解が不十分であった事項の補足や改善点について適切な助言を書面で行います。また、数日分の記録を通して、実習プログラムが適切かを判断するためにも実習生の記録は活用されています。

2　文書作成の基本

　正確な実習記録を作成するためには、日本語の基本についても理解する必要があります。以下に、日本語の文法（文の構成）について概説します。

1　言葉の単位

　言葉は表現の基本です。その基本の言葉には単位（大きさ）による区分があります。大きい順に文章・段落・文・文節・単語の５つのレベルに分けられます。

①　文章

　文章は、言葉の単位のなかで最も大きいものです。１つのまとまった内容を表した言葉の集まりをいいます。たとえば、一編の小説も、その小説全体が１つの文章になります。文章は単なる段落や文の寄せ集めではなく、それぞれの段落や文がなんらかの論理的関連性（起承転結など）をもって書かれたものでなければなりません。しかし、つながりがあればよいというものでもありません。たとえば事実を羅列しただけの文では、内容的なまとまりはあっても、論理的な構造が弱くなってしまいます。

②　段落

　文章が長くなると、いくつかのまとまった内容に分割して区切ります。これを段落と呼びます。文章中の段落の区切りは、改行して、次の段落の最初の１字を空けます。

③　文

句点「。」によって区切られたひと続きの言葉を、文と呼びます。日常的に「文」は「文章」を同じような意味で使われることが多く見受けられます。日本語の文法では、「文」と「文章」の両者をはっきりと区別しています。

④　文節

文は、さらに小さな文節に分けることができます。文節とは、「文を実際の言語として不自然にならない程度にできるだけ短くなるように区切ったときの一区切り」と定義されています。文節は、音声の面からも区切ることができるという特徴があり、文節分けは、「ネ」や「サ」を挿入できる箇所で区切る方法によって行います。たとえば、「利用者を見守りながら、このように考えた」という文を文節に分けると、「利用者を（ネ）見守りながら（ネ）、このように（ネ）考えた（サ）」と4つの文節に分けることができます。

⑤　単語

文節をさらに小さく分けた最小の言葉のまとまりが単語です。単語を機能別に分類したものを品詞といいます。品詞には、動詞[8]・形容詞[9]・形容動詞[10]・助動詞[11]・名詞[12]・副詞[13]・連体詞[14]・接続詞[15]・助詞[16]などがあります。

2　文節の働き

文節には、文中での働きによって、主語・述語・修飾語・接続語・独立語といった種類があります。これらの文節の働きや種類は、文法を学ぶうえで欠かすことができない重要な知識です。文は、文節の組み合わせから構成されます。

「私は作業グループAと同じ席に座った」という文を例にあげると、主語は「私は」であり、述語は「座った」になります。「作業グループAと」「同じ席に」は述語の「座った」に係る修飾語となります。

①　主語（主部）

主語とは、文の中で文の主題を示す部分で、「何が・誰が」に相当する文節です。名詞のなかでも「は」「が」「も」などの助詞とセットになって主語になっている場合が多くあります。

②　述語（述部）

述語とは、主語（主部）について述べる部分です。文中では、「どうする・どんなだ・なんだ・ある（いる・ない）」にあたる文節です。述語は、文末にあることが多く、主語を説明しています。

③　修飾語（修飾部）

修飾語とは、述語（述部）を詳しく説明する文節です。修飾語によってくわしく説明される文節を被修飾語といいます。

④　接続語（接続部）

接続語とは、前後の文や文節をつなぐ働きをする文節です。言い方を変えると、接続の関係とは、接続語がつなぐ文と文の関係のことをいいます。

*8　動詞
動詞とは、物事の動作・作用・存在などを表す語です。自立語で活用がある用言で、言い切りの形が「う」段で終わるという特徴があります。

*9　形容詞
形容詞は性質や状態などの意味をくわしく説明します。自立語で活用がある用言で、言い切りの形が「い」で終わるという特徴があります。

*10　形容動詞
形容動詞は物事の性質や状態をくわしく説明します。自立語で活用がある用言で、言い切りの形が「だ」で終わるという特徴があります。

*11　助動詞
助動詞は、用言・体言などに付属して意味をそえる働きがある語です。付属語で活用があります。

*12　名詞
名詞は、物事の名称を表します。体言ともいいます。名詞は自立語で活用がなく単独で主語になります。

*13　副詞
副詞は、主に用言を修飾して意味をくわしく説明する語です。自立語で活用がなく、主に連用修飾語になります。

*14　連体詞
連体詞は、体言（名詞）を修飾して意味をくわしく説明する語です。自立語で活用がなく、主に連体修飾語になります。

＊15　接続詞
接続詞は、前後の語や文をつなぐ語です。自立語で活用がなく、単独で接続語になります。

＊16　助詞
助詞は、語に意味を添えたり、語の関係を示す語です。付属語で活用がなく、それだけでは文節を作れません。

＊17　恣意
その時々の気ままな思いつきや自分勝手な考えを恣意といいます。

⑤　独立語（独立部）

　独立語とは、文中のほかの部分から独立している他の文節とは直接関係がない文節のことです。独立語とそれ以外の文節の関係を、独立の関係といいます。

■ワーク：文章の成り立ちを理解する

❶　次の文章を文節で区切ってください（/ で区切ってください）。

　①　学校から帰って、すぐに宿題に取り組んだ。

　②　このパンは、ホームベーカリーで焼きました。

　③　君が言うことはすべて聞きます。

❷　次の文章の主語（あるいは主部）には二重線の下線、述語（あるいは述部）には下線を記入してください。

　①　Ａ君は朝食の前に毎日ジョギングをする。

　②　私は、Ａグループに対して本日の作業内容を朝礼で説明した。

　③　この日のＡさんは、何もしないで上の空の状態であった。

❸　次の主語と述語が対応していない文章を修正してください。

　①　彼は人づきあいが苦手で、損させていた。

　②　初対面では、私はどんな人物なのか相手もお互いによくわかりません。

　③　私は実習中、一人の子が「この花きれいだよ」と言いました。

---

③　文章表現

1　客観的な表現

　客観的とは「主観の恣意＊17を離れて普遍的妥当性をもっているさま」といわれています。「主観的」が個人の価値観で判断しているのに対し、「客観的」は、個人の価値観を離れて、誰もが納得する基準や根拠をもとに判断するものです。主観は人によってとらえ方に変化が生じるものであるのに対して、客観は誰が見ても同じとらえ方ができる事実でなければなりません。

　たとえば、「今日はとても暑かったので、午前中の散歩は中止になった」という文の中の「暑かった」という感覚は、人によって異なります。「暑かった」という表現を誰もが納得する基準で言い換えると、「今日は外気温が35度を超えたので、午前中

の散歩は中止になった」のようになります。同様に、「今日はＡさんとたくさん会話ができた」という文では、「たくさん」という表現は、どの程度を「たくさん」というのか判断基準はまちまちです。「今日は、昨日と比べてＡさんと会話する時間が増えた」と比較することで、「昨日より増えた」ことを伝えることができます。

　また、エピソードなどを「ひとくくり」で形容する言葉については、使用するときに十分注意しなければなりません。「夕食後、子どもたちは、寮でいろいろなことをしていました」という文では、子どもたちがそれぞれの時間を過ごしていることは理解できますが、どのように過ごしているかは明確ではなく、記録の読み手がさまざまなことを想像できます。この場合、「夕食後、小学生のグループは、リビングでテレビを見ていました。中学生は、各自の部屋に戻り、宿題や受験勉強をしていました」と具体的に記述することで、その場の風景をより丁寧に記録することができます。

2　「事実の記録」と「解釈の記録」

　記録文には、「事実の記録」と「解釈の記録」があります。事実の記録は、実習中のエピソードを克明に描写しなければなりません。前節で述べたように、記録を書く目的を理解したうえで、起こっている事柄を端的に記述しなければなりません。一方で、解釈の記録は、事実の記録に基づいて分析を行うものです。どちらの記録も、誰が読んでもわかりやすいよう、具体的かつ簡潔に、まとまりよく書く必要があります。また、原則として一文の中に事実の記録と解釈の記録を混在させてはいけません。客観的視点で記録された文と主観的視点で記録された文は、分離されていなければなりません。

　たとえば、「作業終了後に手洗いをしているＡさんが、指を切ったみたいで痛そうだった」という表現では、解釈と推測が混在してしまいます。「作業終了後に手洗いをしていると、Ａさんが眉間にしわを寄せて痛そうな表情をしていた。指先を見ると軽い切り傷を確認することができた。作業前には何も異変がなかったことから、作業中に指先を切ったものと思われる」と客観的事実を述べたうえで推察を記載します。

3　不適切な表現

①　使役の助動詞

　ある行為を他人に行わせることを使役といいます。使役の助動詞「（さ）せる」には、ＡがＢに働きかけてその結果Ｂがある行為を行う、「ＡがＢにある行為を強いる」という意味があります。使役の助動詞については、表現が命令調となり、実習記録としては不適切な表現となります。たとえば、トイレまで誘導の介助を行った場面で「トイレに行かせる」と記述すると、「行かせる」という使役の助動詞によって、介助ではなくトイレに行くように命令しているという意味となってしまいます。「トイレまで付き添った」あるいは「トイレまで誘導・介助を行った」とすると、事実通りに付き添いや介助を行ったと表現できます。

② 俗語や流行語

会話などを忠実に記録する逐語記録*18 を行う場合を除き、記録文において俗語や流行語の使用は避けるべきです。「食事介助の場面で、やらかしてしまった」の「やらかした」は失敗した・うまくいかなかったなどの意味合いの俗語です。「食事介助の場面では、○○についてスムーズにできなかった」と表現すると明確な場面の描写ができます。さらに、「今日はAさんとバズっている○○の話題で会話が盛り上がった」。この「バズる」という言葉は最近の俗語であり、知らない人には意味が通じません。「今日はAさんと最近ネット上でも急激に広まっている○○の話題で会話が盛り上がりました」とすることでわかりやすい文となります。

実習の目標やねらいには、「子どもが話しかけてきたときに、適切な応答ができるようにしたいです」という文が見受けられます。これは、いわゆる「タラちゃん言葉」が使われた文で、不適切な表現の一つとなります。「タラちゃん言葉」とは、漫画のサザエさんに登場するタラちゃんが使っている言葉です。「行って来るデス」「タマはご飯を食べたデスか」と幼児語を表現するために使われています。しかし、文法上は「です」という述語に対して「たい」という活用語は、原則として接続しません。「子どもが話しかけてきたときに、適切な応答ができるようにする」あるいは「子どもが話しかけてきたときに、適切な応答ができるように心がけて行動する」とすることで、記録にふさわしい表現になります。

■ **ワーク：不適切な表現を修正してみよう**

❶ 次の文を不適切な表現部分を指摘して修正してください。

① Aさんは食事中にウロウロしていた。

② 職員に怒られた。

③ 食事を食べさせる。

④ 利用者に作業を続けさせる。

⑤ 子どもたちにちゃんと伝わるように話したいです。

❷ 以下の記録文で、不適切な部分や改善が必要な部分はどこか下線を引いてください。また、何が不適切であるか列挙してください。

今日は利用者と会話がはずんですごくうれしかった。でも、利用者をトイレまで連れて行くのはやっぱり大変だった。ごはんを食べさせるのにも、一人ひとりに応じた関わりが大切だと教りましたが、食事中にFさんが席から離れてウロウロし、職員に怒られていて、私は何をしていいかわかりませんでした。食後にMちゃんに歯みがきをしてあげたときには、職員にダメ出しをされてしまった。

*18 逐語記録
逐語記録は、支援者と子ども（利用者）の会話を一言一句もらさないように文字に起こす記録です。会話のなかでの相づちや表情などの非言語も文字として記録します。

4　評価

1　評価とは

　一般的に評価とは、「物の善悪・美醜などを考え、価値を定めること」と解釈されており、評価対象となる「物」、評価基準となる「善悪・美醜など」、評価基準を当てはめて評価結果を定める「価値を定めること」という３つの要素から成立しています。したがって、評価という行為は、評価対象に基準をあてはめて、その価値を測定することといえます。

　評価には、自己評価と他者評価があります。自己評価は、自らを評価対象として自ら評価基準にあてはめて評価を行います。自己評価は、評価対象が自分自身であることから、評価のための情報が質的にも量的にも多いという点で優れています。また、課題点が見出された場合は、自分自身で改善に向けた活動が行えるので、フィードバックの効果も期待できます。しかし、評価基準と照合する過程において、主観的な判断に陥りやすいという欠点もあります。一方、他者評価は、主観が入りにくく、客観的な評価が期待されます。定量的な評価基準（目標やゴール）が明確な場合や結果などを評価する場合には、優れた評価方法となります。しかし、結果を出すまでの過程など、質的な評価に関しては、評価者の専門性（経験やスキルなど）に左右される部分もあります。

2　実習における評価

　実習の定量的な評価の多くは、１〜５のように５段階の尺度を用いて数値化されます。実習の評価は、評価項目に対して「１：まったく達成できなかった」、「５：十分達成できた」のように、大小関係（順序関係）をもった順序尺度を用いた基準によって評価されます。また、数値では表すことが難しい部分（定性的な部分）については、コメントなどの文章によって補足されます。

　評価によって対象の価値が定められると、評価そのものは終了します。実習においては、自己評価ならびに実習施設・機関からの評価を合わせ、評価は終了します。評価終了後は、評価で明らかになった課題を改善するための対処をします。評価を受ける側にとっては評価結果そのものも大切ですが、それ以上に評価結果をふまえて改善に向けて対処できるか否かが重要です。

　保育士を含めた福祉の専門職は、保育士養成校などでの学習によって、知識や技術を身につけることができます。しかし、現場における援助実践では、知識や技術をベースにした技巧が必要になってきます。技巧は、身につけた知識や技術をもとに工夫をして、改善活動を通して積み重ねていくものです。実習においての評価活動は、今後の評価・改善活動の礎となるものです。したがって、実技試験で合否を出すよう

な一過性のものではありません。評価と改善は、福祉の専門職としての技巧に磨きを
かけ、成長し続けるための大切な活動になります。

【引用文献】
1）コナン・ドイル（延原謙訳）「ボヘミアの醜聞」『シャーロックホームズの冒険』新潮文
　庫　1953 年　p.13
2）Rogers,C. R.（伊東博編訳）「セラピーによるパーソナリティ変化の必要にして十分な条
　件」『ロジャーズ選集（上）』岩崎学術出版社　2001 年

【参考文献】
・佐藤郁哉　『フィールワークの技法　問いを育てる、仮説をきたえる』新曜社　2002 年
・大谷信介ほか編著『新・社会調査へのアプローチ──論理と方法』ミネルヴァ書房　2013
　年
・岡村茂雄　『ケースワーク記録法　その原則と応用』誠信書房　1965 年

第4章

施設実習の準備

1 実習生に求められるもの

1 施設実習に臨むにあたっての心構え

　保育士の資格取得のために実習が認められている児童福祉施設や障害者支援施設などでは、保育士だけでなく、社会福祉士、精神保健福祉士を目指す幅広い年齢の学生が実習を行うため、施設はさまざまな実習生を受け入れています。しかし、施設を利用している子ども（利用者）にとっては、実習生は自分たちの生活や活動の場に突然現れて、去っていく人ということになります。

　また、地域や外部の人は、職員と実習生を区別できず、実習生を新しい職員だと思うかもしれません。実習生が不適切な言動をとると、施設の信用を損なうことにもなりかねません。それでも子ども家庭福祉や社会福祉をともに担う人を育てるために、施設は実習生を受け入れているのです。

　そのため、施設で実習する際には、学ばせていただくという謙虚な態度で臨むこと、子ども（利用者）とのかかわりや職員からの指示に誠実に取り組むこと、礼儀正しく、積極的なコミュニケーションを心がけること、挨拶、感謝、お詫びなどを適切に相手に伝えること、実習生でも組織の一員として責任感をもつことなどが求められます。これらのことは、突然できるようになるわけではありません。日ごろから、基本的な態度やマナーなどを身につけるように意識してください。

2 実習に取り組む姿勢

1　プライバシーの保護と守秘義務

　施設では、なんらかの理由により家庭で養育することが困難な子どもや、安全な暮らしを脅かされた母子、障がいのある子どもや成人などの支援を行っており、乳児院、児童養護施設、母子生活支援施設、障害児入所施設、児童自立支援施設、児童心理治療施設、障害者支援施設など、多くの入所施設が「生活の場」として機能しています。通所施設であっても、そこでの活動が日課となっている利用者にとっては、生活の一部であり、自分の居場所であるともいえます。

　そこで課題となるのが、プライバシーの問題です[*1]。全国保育士会倫理綱領は、プライバシーの保護について、「私たちは、一人ひとりのプライバシーを保護するため、保育を通して知り得た個人の情報や秘密を守ります」と述べています。つまり、保育の専門職を目指す実習においてもプライバシーを保護することが強く求められ、実習を通して知り得たことをもらさない「守秘義務」が課せられているのです。

　近年、ソーシャルネットワークサービス（SNS）が日常的なコミュニケーション手段となっています。SNSでは、日常の出来事を手軽に発信でき、当たり前に使っているかもしれませんが、その手軽さゆえに、プライバシーへの配慮を欠いてしまいが

Q
実習にあたって特に大切なマナーは何でしょうか
（➡実習Q&AのQ3へ）

＊1　プライバシーと守秘義務については、第1章3（p.17）も参照。

ちとなり、トラブルとなるケースが増えています[*2]。SNSは、誰がどのような目的で閲覧しているかわかりません。情報をたどれば人物や場所の特定も可能となる場合もあり、いったん拡散されると完全に消し去ることは事実上不可能です。

　実習施設や施設を利用する子ども（利用者）、関係者、作品、活動に関することなど、実習を通して知り得たことは、すべて個人情報として扱う必要があります。口外したりSNSに投稿したりすることは、守秘義務に違反することとなり、実習の中止も起こり得ます。誰よりも傷つくのはプライバシーを侵害される人であることを強く意識してください。

＊2　SNSの使用については、第1章3（p.17）も参照。

Q
実習中に子どもからプライベートやメールアドレスを尋ねられたらどうしますか
（➡実習Q&AのQ33へ）

2　実習生の態度と行動

　実習生は経験がないために、施設実習を不安に感じることでしょう。しかし、たとえ経験はなくても、最大限に努力し、持てる力を尽くし、誠実に真剣に取り組むことがなによりも大切です。具体的には以下のことが求められます。

①　挨拶（コミュニケーション）

　コミュニケーションの基本は挨拶です。自分から職員、子ども（利用者）、家族、ボランティア、他の実習生にも、分け隔てなく明るい表情で挨拶することを心がけましょう。重い障がいのある子ども（利用者）も、声の調子や表情から多くのことを感じ取ります。非言語コミュニケーションを大事にしてください[*3]。

＊3　非言語コミュニケーションについては、第3章2（p.57）を参照。

②　主体性（やる気）

　初めは慣れない環境で戸惑うかもしれませんが、自分から職員に「何かすることはありませんか？」や「こうすればよいですか？」など積極的に質問し、できることが増えるように努力する前向きな姿勢が大事です。職員から、「実習生が、わからないことを自分から質問してくれたことがよかった」と聞くことがよくあります。指示待ちの実習態度はやる気がないと思われて敬遠され、職員とのコミュニケーションも難しくなり、有意義な実習にはなり得ません。

③　協調性

　施設にはその施設が目指す目標や方針があり、同時に職場として守るべき規則があります。施設の目標や方針に対して職員が共通理解をもち、職場の規則を守ることでチームとして子ども（利用者）の生活を支えています。勤務体制、就業規則、業務上の役割分担や具体的な手順や方法などが、文書や慣例に基づいて展開されています。実習生もチームの一員として実習施設の規則を守り、「報告・連絡・相談」（ほう・れん・そう）を徹底することが肝要です。

④　人権の尊重

　施設の子ども（利用者）には、自分の思いや気持ちを伝えることが困難な人も多くいます。だからといって、けっしてその人が何も感じていないわけでも、意思がないわけでもありません。その人に応じた丁寧なコミュニケーションを心がけ、その人の意思や思いをくみ取り、尊重できるようにします。

　言葉遣いは丁寧語を原則とし、年下であってもくだけた言葉遣いは適切とはいえま

Q

施設に宿泊するときの心構えはどんなことでしょうか
(➡実習 Q&A の Q 4 へ)

せん。同様に、服装や身だしなみも、そこで生活する人や働く人の存在に配慮し、だらしなくならないように気をつけます。

　また、実習中に困ったことがあれば、一人で抱え込まずに施設の担当職員や保育士養成校の実習担当教員に相談することも大切です。

③　実習に対する不安の軽減と課題の明確化

　施設実習への不安を軽減するには、なによりも実習施設を知ることが大切です。施設の目的、根拠法、設置基準、施設の沿革、特色や方針、職員配置、利用者の様子、活動、支援内容などについて、教科書や施設のパンフレット、広報誌、ホームページ、過去の実習生の記録などから調べ、できる限りの知識と技術を身につけましょう。実習で何を学びたいのかが徐々に明らかになり、同時に不安よりも実習への期待がふくらむはずです。目的を明確にせず実習に行くと、気づきを得ることのない、内容の薄いものになってしまいます。

④　健康管理

Q

急な腹痛や嘔吐などでどうしても実習を休みたいときはどうしますか
(➡実習 Q&A の Q20 へ)

　施設を利用する人の中には、医療的ケアが必要な人、免疫力が弱い人など、体調管理の必要な人が多くいます。また、集団生活では、いったん感染症が持ち込まれると、感染の拡大を食い止めることが困難で、ウィルスや感染に弱い人にとっては深刻な問題です。そのため、冬季に実習を行う場合は、インフルエンザの予防接種を受けていることが実習の受け入れの条件になることがあります。

　また、施設実習では、慣れない環境での宿泊実習や変則勤務などがあり、さらに勤務後には実習日誌の記録等があるため体調管理が大変かもしれませんが、意識的に睡眠、食事、休息を取り、生活のリズムをつかむようにしましょう。万が一体調が悪くなった場合は、早めに申し出て迷惑をかけないようにしましょう。アレルギーや持病など日常生活で特に留意する必要がある場合は、必ず事前に保育士養成校の実習担当教員に相談をするようにしてください[*4]。

＊4　特に宿泊型の実習の場合には朝・昼・夜の食事を施設でとることになるので、食物アレルギーへの対応などについて、実習生、保育士養成校、実習施設の間で事前に話し合っておく必要があるでしょう。

> **▌演習問題：施設についての理解と実習の目的**
>
> 実習を行いたいと思う施設について、その施設の目的、役割、子ども（利用者）、職員の職種、活動内容や生活の流れなどを調べて、何を学びたいか考えましょう。

2　実習先の決定と事前学習

1　個人票の作成と実習先の決定

　実習先に提出する個人票は、保育士養成校によって形式が違う場合も多くあります
し、実習先提出用と学内の担当教員提出用に分けている保育士養成校もあります。こ
こでは、実習先に提出する個人票について説明します。

1　個人票とは

　個人票とは、実習生に関する情報を実習先に書面で伝えるために作成するもので
す。書面で伝えるということは「正確に伝えるということ」という意味も含まれてい
ます。保育士養成校によって記載内容に違いはありますが、実習生がどこから実習施
設に通い、どのような実習経験があるのかなどを伝える最初のツールと考えてくださ
い。

2　個人票で伝えること

　個人票で記載する内容、つまり伝えるべき内容は実習生の個人情報です。住所、施
設までの交通機関の経路、これまでの実習経験など、実習生が施設実習に臨むにあた
り、実習先が配慮するべきことを考える資料となります。たとえば、保育所での実習
を経験せず、施設実習に臨んだ場合、部分実習をどのような形式で行えばよいかな
ど、実習先は個人票をもとにプログラムを考えることとなります。

表4-1 実習個人票（例）

●●学部　　　●●学科　　　●●●●コース	3×4写真貼付 スーツ着用 正面

学籍番号	ー　　　　　　　　　　番
フリガナ	
氏　　名	

生年月日	年　　月　　日生　　歳（　　　年　　月　　日現在）

現　住　所	〒　　－ 　　　　　　　　TEL　　　　　　　携帯

緊急時 連絡先	氏名　　　　　　　　　　　　本人との続柄 連絡先　　　　TEL　　　　　　　携帯

実習施設までの利用交通機関と所要時間	自宅→ 　　　　　　　　　　　所要時間：　　　時間　　　分

実習経験	実習先名称	実習種別	実習期間		
1			年	月	日
			～　　年	月	日
2			年	月	日
			～　　年	月	日
3			年	月	日
			～　　年	月	日
4			年	月	日
			～　　年	月	日
5			年	月	日
			～　　年	月	日

備考欄

> **▌演習問題：個人票の作成**
>
> 表4-1の個人票の例をもとに、個人票を作成してみましょう（別途、保育士養成校で使われている様式がある場合はそれを用いてもかまいません）。

② 事前学習

1　事前学習の必要性

　実習先が決定したのち、実習が開始されるまでの期間を利用して、実習生は事前学習を行います。事前学習では、実習先はどのような種別の施設であり、どのような子ども（利用者）がいて、どのようなサービスを展開しているかを調べます。これを行うことが、実習先で「何を学ぶか」ということにつながります。実習というと、実習での現場体験が重要で、実習を経験するだけで十分だと思う人もいるかもしれません。しかし、それでは、ただ実習先に「行っただけ」となってしまい、実習という「学び」につながりません。目的や目標を達成するには、自分がどのような場所で実習を行い、どのような人が対象となるのかを学習し、事前に知っておく必要があります。

2　事前学習のポイント

　では、事前学習では何を学べばよいのでしょうか。それは、今まで保育士養成課程の授業等で学んだ知識をフルに活用するものとなります。実習施設にはサービスを提供する根拠となる法律があり、施設ごとに対象とする子ども（利用者）がいて、子ども（利用者）にはそれぞれ特徴、特性があります。これらのことを学んで（あるいは学びなおして）整理し、最終的に「実習で学びたいこと」や「実習に向けてやるべきこと」を自覚することが事前学習のポイントとなります。

> **▌演習問題：実習先についての理解**
>
> 次のワークをもとに、実習先がどのような施設であるかを調べましょう。そして、最終的には何を学びたいかという点を明らかにしてください。

■ワーク：配属の実習施設について理解しよう

1．配属の実習施設の根拠法は何ですか。何条に規定されているかまで記入してください。

2．配属の実習施設の種別は何ですか。また、その実習施設はどのような人が利用していますか。

3．配属の実習施設には、保育士以外に、どのような職種の人がいますか。

4．配属の実習施設では、保育士の役割は何だと思いますか。

5．配属の実習施設で学びたいことは何ですか。

6．実習するにあたり、事前にやらなければならないことは何ですか。

3　事前指導（オリエンテーション）

1　事前指導日までの流れ

1　電話連絡

　多くの場合、実習生から施設に電話連絡を入れ、事前指導（オリエンテーション）の日程調整を行います。事前指導は実習開始の約１か月〜２週間前に実施されることが多いため、電話連絡は余裕をもって実習開始の１か月半前ごろに行うとよいでしょう。

2　電話連絡での確認事項

　電話連絡の時点では、事前指導の際の持ちものや提出物を確認します。事前指導を実習初日に実施する（実質的に事前指導がない）施設もありますが、その場合は、電話連絡の時点で持ちものや注意事項等を確認しておく必要があります。

　また、事前指導で施設に伺う際の交通手段についても確認しておきましょう。都市部であれば公共交通機関の乗り継ぎや徒歩が一般的ですが、施設が山間部に位置するなど、交通の便が悪い場合には自家用車での訪問を許可される場合もあります。必ず施設に確認を取り、保育士養成校からも許可を得ておくことが必要です。

3　電話連絡時の注意点

①　連絡の時間帯

　電話連絡は、施設職員が多忙な時間を避けて行いましょう。たとえば、児童養護施設や障害児入所施設などの入所型の施設では、食事の時間帯や登下校の時間帯は多忙です。また、児童発達支援センターのような通所型の施設では、朝９時頃や午後３〜４時頃は送迎のタイミングと重なるため、これも避けるべきです。施設のホームページに日課表が掲載されている場合があるので、参考にするとよいでしょう。

②　調整がつかない場合

　施設職員の多くはローテーション勤務のため、電話連絡時に実習担当者が不在の場合があります。その場合、基本的には実習生から再度電話を入れますが、施設から連絡がある場合もあるため、自分の時間割や都合を把握したうえで電話を入れましょう。

2　事前指導の当日

1　余裕をもって臨む

　多くの実習生にとって、実習施設に伺うのは事前指導日が初めてです。あらかじめ交通手段を確認しておくのはもちろんですが、途中の事故や交通機関の遅延に備え、十分な時間的余裕をもって向かうことで、気持ちの余裕も生まれます。なお、やむを得ず遅刻の可能性が生じた場合には、速やかに施設に連絡を入れましょう。

Q　事前指導に遅刻しそうになったら、どうすればよいでしょうか（➡実習Q&AのQ５へ）

事前実習へはどんな服装で、何を持っていけばよいでしょうか
（➡実習 Q&A の Q10 へ）

2 複数人での訪問はそろってから

　複数の実習生が同じ実習施設に行く場合、事前指導は同じ日程で一括して行われることが一般的です。事前に実習生同士で連絡先を交換しておき、最寄り駅などで集合して、一緒に向かうようにしましょう。自家用車や徒歩の場合は、施設で集合する場合もありますが、バラバラと訪問することは避けるべきです。

　なお、先に述べた通り、交通機関の遅延等で一部の実習生が遅刻する場合には、実習生同士で連絡を取り合ったうえで、訪問できる人は予定通りに訪問し、遅れる実習生について「A さんが電車遅延のため遅刻します」などと実習施設の職員に遅れる理由を申し出ておくと安心です。

3 持ちものや服装など

　保育士養成校からの書類（実習生調書など）に加え、事前指導での注意事項を記録するためのメモ・ノート等は必須です。電話連絡時に指定された持ちものがあれば、忘れずに持参しましょう。事前指導の際、子ども（利用者）と一緒に過ごす機会が設けられ、活動に適した服装の準備などを事前に指示されることもありますので、実習施設の職員に「特に必要な持ちものはありますか」と確認しておくと安心です。

　服装は、基本的にはスーツ着用です。実習本番と同様に、華美な化粧やアクセサリー類は避け、清潔感のある装いを心がけましょう。

> ▌演習問題：事前指導の持ちもの
>
> 事前指導で必要な持ちものについて、具体的に考えてみましょう。

③ 事前指導の終了後

1 早めの振り返りを

　事前指導の後は、必要な準備を整え、万全の体制で実習に臨むことができるよう、メモ等を早めに整理して、実習に向けた準備をスタートさせましょう。特に、複数人で事前指導が行われた際には、実習生同士で内容を確認しあい、共通理解を図っておくことが大切です。早めに準備を始めれば、質問し忘れたことや不明な点が出てきた場合にも、余裕をもって施設に確認することができます。

2 課題や準備に取り組む

　事前指導の際、実習に向けた課題やレポートが課されることがあります。それらは保育士養成校での実習事前指導の一部と考え、早めに取り組みましょう。

　実習が宿泊型で行われる場合は宿泊に必要な持ちものを指示されたり、夏の実習では水遊びやプールに行くために水着の用意を指示されることもあります。衣服などの生活物品を必要に応じて購入するなど、早めに準備を始めることが大切です。

4　実習計画

1　実習計画を立案する意義

　施設実習は、保育士資格を取得するために今までの学びを実践し、新しい知識や課題を見つける場であると同時に、実際に施設を利用している人、施設で働く人と日常を共に体験する貴重な機会です。この貴重な機会において、実習を意味のあるものにするためには、事前にしっかりと自分自身が何を学びたいのか明らかにしておくことが大切です。自分自身がどのような保育者になりたいのか目標を立て、目標を達成するための課題や取り組みについて体系的にまとめていくことが、実習計画を立てることの意義です。

　特に実習中は、実習計画をもとに、施設の実習指導者や保育士養成校の実習担当教員などから助言を得ながら、実習生が主体的に学び、活動する機会です。実習計画の立案が不十分な場合は、学ぶべき視点も定まっていないため、実習中に何をすればよいのかわからないまま過ごすことになり、日誌を書くうえでも大きな苦労をすることになります。また、「この学生は、何を学びたいのか」「どのような学びの機会を提供すべきか」と、施設から適切な指導を受けることも難しくなり、実習に臨む学びの姿勢さえ問われかねません。

　実習計画は、事前指導（オリエンテーション）や実習の状況、学びの進度に合わせて書き直していくものです。実習中は、実習目標の達成状況を確認するため学びの振り返りとして使い、日々の実践の「ねらい」を考える際にも活用します。実習終了後には、全体の振り返りを行い、学びの総括や自分自身の課題を考察する際に活用します。

2　実習計画の作成方法

　実習計画の作成にあたり、施設実習の目的を明確にすることから始めましょう。つまり、自分が目指すべき保育者像をイメージし、そのために施設の現場で「何を学びたいか」を整理することです。その際、「なぜ、自分が保育者になりたいと思ったのか」「なぜ、保育士養成校に進学したのか」、また「なぜ、保育者として実習が必要なのか」などを改めて振り返り、モチベーションを上げることも意識しましょう。実習を終え、保育者としてどのような成長を遂げたいのかをイメージし、あげた項目が実習目標を考える基礎になります。次の①と②のワークを行い、施設実習の第一義的な目的を明確にしましょう。なお、保育士養成校により実習計画書の様式はさまざまですが、基本的な計画の作成方法、目標、課題の設定の考え方は、共通点が多いので、参考にしてください。

Q
実習計画を立てるうえで、事前指導では何を聞いておけばよいでしょうか。
（➡実習 Q&A の Q 6 へ）

■ワーク①：施設実習の目的を明確にする

①施設実習を行う理由を考え、あげてみよう。

------

②どのような保育者になりたいのか考え、あげてみよう。

------

③①と②のワークでの意見をグループで共有しよう。

------

④③のワークを踏まえて、施設実習で学ぶべき、取り組むべきことにはどのようなものがあるかを考えてみよう。

------

⑤④でのワークを踏まえて、事前学習が必要な事柄を各自でまとめてみよう。

▌ワーク②：施設実習の支援を考える

施設で生活する子ども（利用者）を支える保育者による日常的な支援はどのようなものがあるだろうか。

①どのような日常生活支援があるかあげてみよう。

_____

_____

_____

_____

②グループで意見を共有してみよう。

_____

_____

_____

_____

_____

③グループでの意見をもとに、日常生活支援に取り組むにあたり、実習中に具体的に何を学ぶべきかを考えてみよう。

_____

_____

_____

_____

_____

④③でのワークを踏まえて、事前に準備しておくべきことはなにか。各自でまとめてみよう。

_____

_____

_____

_____

_____

実習の目的が明確になったところで、次に、実習の配属先にあった目標を検討していくことになります。実習の配属先が決定したら、下記の１にあげた方法で施設の情報を収集し、下記の２に沿って情報を整理し、具体的な目標を設定し、計画を立てていきます。その際、第５章の施設の内容なども参考にしましょう。

1　情報収集
以下のような方法を通して情報を収集しましょう。
- ・授業の振り返り
- ・テキストを読む
- ・実習指導担当の教員に話を聞く
- ・映像資料の視聴
- ・先輩などの体験談を聞く
- ・施設のホームページを見る
- ・事前指導（オリエンテーション）に行き、話を聞く

2　情報の整理
得られた情報を以下の項目で整理しましょう。
- ・施設の種別（入所型、通所型の確認など）
- ・施設の機能と役割
- ・施設の事業内容（どのようなサービスを提供しているのかなど）
- ・施設の沿革、理念、方針
- ・子ども・利用者について（人数、年齢、性別、施設利用の理由など）
- ・子ども・利用者の特徴（発達の程度、障害の特性など）
- ・施設の人的環境（どのような専門職がいるのかなど）
- ・施設の物的環境（どのような立地にあるのか、建物、設備など）
- ・職員の業務内容（支援内容など）
- ・勤務体制
- ・地域との連携（地域とのつながり、イベントやボランティアの活動など）
- ・生活の流れ（子ども・利用者の一日の過ごし方など）

　では、③のワークで情報の整理を実際に行ってみましょう。

▌ワーク③：目標を達成するために具体的な方法を学ぶ

下記①〜④の４つの「学びの視点」を用いて情報の整理をしよう。
①「施設」を知る→施設の機能・役割から関心をもったことは何か？

----

②「施設の子ども（利用者）」を知る→子ども（利用者）の姿で特に理解したいと感じたことは何か？

----

③「施設の保育者」を知る→施設保育者の援助方法、かかわりの内容で特に理解したいと感じたことは何か？

----

④「自己」を知る→自分自身の生育歴、考え方の傾向などを振り返り、援助者を目指すにあたり学びを深めるためにどのようなことが必要だろうか。

----

3 目標の設定

配属先の施設の種別によって実習の目標も変わります。各施設の実習内容や実習先の情報を参考にして、目標を設定します。以下、実習目標の例です。

- ・施設で働く保育者の業務内容を学ぶ
- ・援助を通じて子ども理解を深める
- ・保育の計画・観察・記録について具体的に学び理解を深める
- ・子どもや利用者、それぞれの状況に応じた対応の仕方や支援を学ぶ
- ・子どもの家庭や保護者に対する支援のあり方を学ぶ
- ・専門職の役割、専門職同士の連携について学ぶ
- ・施設保育士を目指すにあたっての自己課題を見出す
- ・記録をもとにした省察、自己評価について学ぶ

表4-2 実習計画例（「保育実習Ⅰ」）

学校名：○○短期大学		学籍番号：19800602	氏名：○○みらい
施設種別：児童養護施設		施設名：海山学園	

実習目標①
・児童養護施設での子どもの生活について理解する。
・児童養護施設で生活する子どもの状況に応じた対応や声かけを学ぶ。
・施設に入所している子どもの家庭に対する支援を学ぶ。

	実習課題②（具体的に取り組みたいこと）	自身の行動③（課題達成のための取り組み）
実習初期（一日～三日）	・1日の生活の流れを理解する。 ・子どもの名前を覚える。 ・子どもと職員のかかわりを通して、子どもへの声かけ、働きかけを観察し、学ぶ。 ・入所の理由など一人ひとりの背景を理解する。 ・職員の指示を得ながら、日常生活支援（家事、生活指導、学習指導、余暇活動支援、健康管理など）を補助し、業務を経験する。	・施設の生活の流れやルーティーンを知る。 ・子どものペースに合わせて関係づくりを積極的に行う。 ・疑問に思ったことは、積極的に質問する。 ・職員の指示を得ながら、日常生活業務の補助を行う。 ・家事労働を積極的に担い、環境整備、安全、安心への配慮を学ぶ。
実習中期（四日～七日）	・一人ひとりの個性や特徴を理解する。 ・子どもの生育歴・家族関係について理解する。 ・子ども一人ひとりに合った職員の対応を参考に、できることを実践してみる。 ・日常生活支援に積極的に取り組み、実践から学ぶ。 ・子どものニーズを知る。	・養護に必要な技術を身につける。 ・子どもの心身の発達やそれぞれの課題について、可能な範囲で説明を受ける。 ・子どもと関係を深めるように丁寧にかかわる。 ・記録を活用し、援助のあり方を分析する。
実習後期（八日～十一日）	・これまでの実習を振り返り、課題を探る。 ・特定の子どもとの個別的なかかわりを通して、ケースワークの技術を実践する。 ・施設の役割や保育者として必要な知識や技術などについて考える。 ・専門職同士の連携について理解する。 ・家庭への支援について理解する。 ・保育士の職業倫理について理解する。	・児童相談所などの関係機関との連携、保育士以外の専門職の役割について学ぶ。 ・施設の社会的な役割について理解する。 ・権利擁護、守秘義務等の取り組みを知る。 ・実習目標の達成ができているか振り返り、終了に向けて、課題を明らかにする。 ・最終的な自身の課題を見つける。

4　立案するうえでの留意点

　ここでは、表4-2の実習計画例をもとに、立案するうえでの留意点を解説していきます。

　まず、実習目標（表4-2の下線部①）を作成するときのポイントは、実習期間内に達成できるものであること、目標を設定した理由を説明できること、目標を達成するための課題が提示できること、目標を達成するための具体的な取り組みがイメージできることがあげられます。これらのポイントをふまえて、自分の実習目標を立案しましょう。

　次に、実習課題（表4-2の下線部②）は、実習の状況、学びの進度によって考える必要があります。

　初期は、実習施設の生活の流れを理解すること、子ども（利用者）の名前や特徴を知り、関係をつくることを中心に課題を設定しましょう。中期は、施設での日常生活支援等の流れを理解し、子ども（利用者）とのかかわりに少しずつ慣れてくることをふまえて課題を設定しましょう。実習の後半にあたる後期の課題は、それまでの実習で得た気づきや学び、指導を振り返り、実習目標を達成するためにやるべきことを考えて、課題を設定しましょう。

　また、自身の行動（表4-2の下線部③）は、課題を達成するために具体的にすべき取り組みを指します。自身で設定した課題を達成するために必要な取り組みや活動を考えましょう。

5　学習をより深めるための施設実習に向けて

　ここでは、学習をさらに深めるために「保育実習Ⅲ」における実習計画の意義、実習計画の作成について学んでいきます。

　実習計画の意義は、本章4の1で述べたように、実習を行ううえで自身の目標を設定し、目標を達成するために課題を作成し、実践で活用することです。実習計画の作成のプロセスも前述の通りですので、今までの実習経験、「保育実習Ⅲ」で学ぶべき課題を踏まえて、ワークを再度行い、実習の目的を明確にし、実習施設の情報を整理し、実習計画の立案を行いましょう。

　次の表4-3に「保育実習Ⅲ」のカリキュラムにおける目標と習得すべき内容を記載しますので、実習目標を考える際の参考にしてください。

表4-3 「保育実習Ⅲ」の目標と内容

＜教科目名＞　保育実習Ⅲ　（実習・2単位：保育所以外の施設実習）
＜目標＞ 1．既習の教科や保育実習の経験を踏まえ、児童福祉施設等（保育所以外）の役割や機能について実践を通して、理解を深める。 2．家庭と地域の生活実態にふれて、子ども家庭福祉、社会的養護、障害児支援に対する理解をもとに、保護者支援、家庭支援のための知識、技術、判断力を養う。 3．保育士の業務内容や職業倫理について具体的な実践に結びつけて理解する。 4．実習における自己の課題を明確化する。
＜内容＞ 1．児童福祉施設等（保育所以外）の役割と機能 2．施設における支援の実際 　（1）受容し、共感する態度 　（2）個人差や生活環境に伴う子ども（利用者）のニーズの把握と子ども理解 　（3）個別支援計画の作成と実践 　（4）子ども（利用者）の家族への支援と対応 　（5）各施設における多様な専門職との連携・協働 　（6）地域社会との連携・協働 3．保育士の多様な業務と職業倫理 4．保育士としての自己課題の明確化

出典：厚生労働省「指定保育士養成施設の指定及び運営の基準について」（平成30年3月27日改正）

　これらをふまえて、自分自身の考える「保育実習Ⅲ」にふさわしい課題を設定していくために下記の演習問題を行いましょう。

> **▌演習問題：「保育実習Ⅲ」の課題を設定する**
>
> ①今までの保育実習で自身の目標が達成されたことをあげてみよう。
> ②今までの保育実習で自身の課題として残っていることをあげてみよう。
> ③今までの保育実習で得た学びをあげてみよう。
> ④①～③のワークをふまえて、次の実習で活かしたいこと、取り組みたいことをあげてみよう。

コラム
8-①
「保育実習Ⅰ」の実習計画例

　「保育実習Ⅰ」では、実習目標に記載してあるように、施設の役割や機能について、観察や実体験を通して理解することが重要になってきます。

実習計画（保育実習Ⅰ）

学校名　○○短期大学	学籍番号　＊＊＊＊－＊＊＊＊		氏名　○○　○○子
施設種別　　福祉型障害児入所施設			
施設名　△△△△法人　○○○○園			
実習目標 ・観察やかかわりを通して子どもへの理解を深める。 ・既習の教科内容をふまえ、子どもの保育および保護者の支援について総合的に理解する。 ・施設の役割や機能を具体的に理解する。 ・施設における保育士の業務内容や職業倫理について具体的に理解する。			

	実習課題（具体的に取り組みたいこと）	自身の行動（課題達成のための取り組み）
実習初期（一日～三日）	①子どもの顔や名前を覚える。 ②子どもの一日の生活の流れを知る。 ③保育士等、職員の日常業務を知る。 ④子どもの生活実態を把握する。 ⑤子どもへの援助の実態を知る。	①②実習初めの緊張や不安に負けず、明るく穏やかな態度で接する。 ③④日常生活支援や療育を職員と共に行うことで支援技術を習得する。 ⑤日常生活支援や療育の支援の一端を担えるよう、自ら進んで行動する。
実習中期（四日～七日）	⑥保育士等、職員の行う日常生活の支援の意味を理解する。 ⑦子どもの生育歴や家族関係について理解する。 ⑧保育士の役割について深く理解する。 ⑨子どもとのコミュニケーションの方法について考える。 ⑩他の専門職との連携について理解する。	⑥「なぜそのようにかかわることが必要なのか」、支援の意味を考えながら行う。 ⑦記録やプライバシーを慎重に扱う。 ⑧保育士の行う生活支援や療育の支援以外の業務に対して目を向ける。 ⑨個々の子どもに応じたコミュニケーション方法を学び、担当保育士に意見を求めながら積極的にかかわりをもつ。 ⑩他の専門職との連携を具体的場面から学び、積極的にかかわりをもつ。
実習後期（八日～十一日）	⑪保育士としてあるべき姿を考察する。 ⑫施設に対する理解を深める。 ⑬実習の振り返りを行い、今後の自己課題を考察する。	⑪保育士の倫理を再確認し、施設で働く保育士の役割を考えながら行動する。 ⑫実習施設の役割について考える。 ⑬日誌を読み返し、実習目標や課題は達成できたか、達成できなかったとしたらどこに問題があったのかなど、反省会で振り返りができるよう準備する。

※表の中に「子ども」と表記してありますが、成人の方もいる場合、「利用者」と読み代えて理解してください。

コラム
8-②

「保育実習Ⅲ」の実習計画例

「保育実習Ⅲ」では、施設の役割や機能について、「実践を通して理解を深める」ことが重要になります。

実習計画（保育実習Ⅲ）

学校名	○○短期大学	学籍番号	＊＊＊＊－＊＊＊＊	氏名	○○　○○子
施設種別	福祉型障害児入所施設				

施設名
　△△△△法人　○○○○園

実習目標
・既習の教科や実習経験をふまえ、施設の役割や機能について実践を通し理解する。
・保護者支援、家庭支援のための知識、技術、判断力を習得する。
・保育士の業務や職業倫理について、具体的な実践に結びつけて理解する。

	実習課題（具体的に取り組みたいこと）	自身の行動（課題達成のための取り組み）
実習初期（一日～三日）	①子どもの日常の支援を行うだけでなく、障がいを持つことが生活や人生に与える影響を考える。 ②障がい児の家族が子どもの障がいをどのように受容しているか、それに対してどのように支援するかを考える。	①②子どもや家族に対する保育士の対応の様子を観察したり、話を聞くなどして学び、その学びを自分の実践や記録にも反映させる。
実習中期（四日～七日）	③子どもの日常の支援を行うだけでなく、障がいを持つことが生活や人生に与える影響を理解する。 ④障がい児の家族が子どもの障がいをどのように受容しているか、それに対してどのように支援するかを理解する。 ⑤部分実習（責任実習）のための保育計画を作成し、実践・評価を行う。	③④子どもや家族に対する対応において、既習の学習や経験を活かし、担当保育士の助言を仰ぎながら積極的に実践に取り組む。 ⑤担当保育士から部分実習のための指導を受け、保育計画を作成し、実践・評価を行う。
実習後期（八日～十一日）	⑥施設の役割について、今回の実習で深められた点について考える。 ⑦施設の保育士の役割について、今回の実習で深められた点について考える。 ⑧実習の振り返りを行い、学べたことを整理するとともに自分に不足している点は何かについて分析し、課題を整理する。	⑥⑦施設や施設保育士としての役割について、今回の実習でさらに深化させて考えられたことを整理する。 ⑧日誌を読み返し、実習目標や課題は達成できたか、達成できなかったとしたらどこに問題があったのかなど、反省会で振り返りができるよう準備する。

※表の中に「子ども」と表記してありますが、成人の方もいる場合、「利用者」と読み代えて理解してください。

コラム 8 - ③　　部分実習の保育計画例

　医療型障害児入所施設において、肢体不自由と軽度の知的障がいをあわせ持つ子どもを対象にした指導案です。

日時	○○○○年○月○日　○曜日　時間（10：30～11：15）		
テーマ	春風を感じよう		
ねらい	春の自然を疑似体験しながら、季節を楽しむ		
対象者	幼児6名（車椅子の子ども2名、不安定歩行の子ども4名）	場所	プレイルームとベランダ

時間	活動内容	留意点	準備品
	春にちなんだBGMを会場に流しておく。	・実習生が正面に見え、半円形に着席できるよう、椅子を配置しておく。車いすで参加する子どものスペースも確保しておく。保育士は実習生のほか2名が補助として子どもの中に入る。	CDデッキ CD 「DOUYOU」 ピアノ
10：30	テーマソング「笑ってこんにちは」を歌いながら挨拶・呼名をする	・言葉かけと身体接触を図りながら、一人ずつ呼名をして挨拶ができるようにする。	
10：35	はっきりと目覚めた体になろう！ 「ふれあいリラックス体操」	・子ども一人ひとりとの身体接触を通して、身体の緊張をとり、心地よく遊びを体験できる準備をする。	CD 「ふれあいリラックス体操」
10：45	「こいのぼり」を探しに行こう！	・車いす使用の子ども、歩行が不安定な子どもの移動の安全に配慮しながら、BGMが流れている間、室内やベランダを散策し、宝探しのようにこいのぼりを探してくる。	
10：55	探してきた「こいのぼり」を見せ合いミニゲーム	・「大きいのはどれかな」「赤い色のこいのぼりはどれかな」など、遊びの中で物の大小や色の違いを学習できるようにする。	「紙で作ったこいのぼり」 （子どもの人数分より少し多めに）
11：05	こいのぼりの歌で季節を体感する。	・実習生が「こいのぼり」をピアノで曲想を変えて演奏し、子どもたちがそれに合わせてこいのぼりを揺らせるようにする。	
11：15	さよならの歌「○○ちゃんバーイ」を歌って、終わりを認識する。	・次の活動に期待を持たせて終わる。	

6 実習日誌

1 実習日誌の意義

実習生が書く日誌には、次のような3つの意義があります。

1 実習内容の文章化による学びの整理

実習生が自らの保育や支援内容を記録することで、支援の内容を文章化する訓練を行います。実習全体を通してその内容と学びについて記録することにより、実習生が受けた指導内容を改めて深く理解したり、行った支援や観察した内容についてその意味を考える素材となります。また、実習で自分自身が実践したことを振り返り、不明な点を明らかにしたり、学びを体系化して整理する目的もあります。

2 実習内容を他者と共有し、保育内容を振り返る

支援内容を文章化することは、無意識の行動を意識化したり、新たな気づきをもたらしたりします。子ども（利用者）とのかかわりを振り返るなかで、その支援が適切であったか疑問に思うこともあるでしょう。あるいは、施設の実習指導者より得られたアドバイスの意図が、その場ではわかりにくい場合もあるでしょう。このような点も記録に起こすことで明確化され、不明な内容を実習指導者に質問して指導を受けることもできます。また、記録内容を他の実習生と共有したり、実習指導者や保育士養成校の教員と共有してさまざまなアドバイスを得ることができ、専門性を理解するうえでも新たな知見が得られます。実習における実践を実習日誌に記録することが、学びを深める効果をもつのです。

3 子ども（利用者）と実習施設・指導者、そして自分を守る

実習日誌はその日の配属先や目標、行った実習の主な内容をタイムレコードに沿って記録し、子ども（利用者）の日課ではなく、実習生の動きとしての時間の節目であることが必要です。記録内容は実習生自身の取り組みを中心に、事実の事柄や観察した内容、目標に基づく場面や子ども（利用者）の様子、気づきなどを具体的な内容として記述します。今日あった出来事を日記のように、思ったことをそのまま書くだけの行為とは意味が異なるため、実習内容に加えて指導していただいた内容、行った保育内容の評価・考察を深めて記述する必要があります。

また、けっしてあってはならないことですが、実習中に事故に遭遇した場合、施設や自分を守るためにも、正確で誠実な記録を書くことが求められます。実施していない内容を書いてはいけません。

2　実習生が書く記録とは

　実習生が書く記録は、①実習前の準備段階に書く記録、②実習中に書く記録、③実習終了後の振り返りとして書く記録、の3種類があります。

　実習期間中に書く記録は、主に②の実習日誌が中心になります。

1　実習前の準備段階に書く記録

　実習前の準備段階に書く記録には、実習施設の概要と実習内容を把握して、確認するために記述します。実習施設の名称や所在地などから、どのような地域にある実習施設なのか、実習施設の種別や沿革、職員構成や実習施設の特徴などの基本情報を把握し、限られた期間での実習を円滑に実施するために記入します（表4-4）。

　特に保育士は、他職種と連携して子ども（利用者）と家族を地域で支援する必要があります。実習施設の特徴や職員構成などの基本情報を事前に把握しておくことは、実習を通して他職種の専門性が理解できるようになるためにも必要な情報です。

表4-4　実習施設の概要例

実習施設名		種別		定員	名	現員	名
所在地				電話番号			
施設長名				実習指導者名			
職員構成	施設長　　　名、事務職員　　　名、児童指導員　　　名、保育士　　　名、栄養士　　　名、家庭支援専門相談員　　　名、心理療法担当職員　　　名、里親支援専門相談員　　　名、個別対応職員　　　名、嘱託医　　　名						
建物概要	敷地面積　　　㎡、建物構造　　　造、グループホーム　　　棟　総　　　棟　　　階、　　　棟						
施設の基本方針							
法的根拠							

2　実習中に書く記録

①　記録を書くための基本的なルール

　実習中に書く記録は、まず「書く」という作業をしなければなりません。実習生は実習日に日課を記載して、内容を記述します。実習の日課は子ども（利用者）の日課ではなく、実習生の動きとして時間を入れます（タイムレコード）。実習内容には実習生の取り組みや事実の事柄、気づいたことなどを記入し、同時に自分の実習を振り返りながら、行った支援を把握して自己評価を行い、全体の支援計画を理解できるように記入するのが理想です（表4-5）。

表4-5　実習日誌（例）（おもて面）

年　　月　　日　　曜日　天候		実習生氏名	
実習 施設名		担当クラス	
実習目標 （ねらい）			
時間	実習の日課	実習内容	
8：30			
	子どもの日課ではなく、 実習生の動きとして時間を 入れる（タイムレコード）	実習生の取り組みや事実の 事柄、気づいたことなど	

　実習の事前・準備段階および実習中、事後に書く記録は、すべて第一には「誠実に」書かなければなりません。当然、やってもいないことをやったように書いたり、多分そうだっただろうという曖昧な事柄は書いてはいけません。記録は、自己の実習内容の考察や評価、振り返りだけではなく、法的根拠になり得る場合もあるため、できるだけ具体的に、読み手に意図が伝わるよう誤解のない言葉で、わかりやすく記述しましょう。

　また、客観的な立場に立って記入する視点と主観的な視点を分けて記入する必要があります。実習生の考えや行動がわかるように、その場にいなかった施設職員にも、なぜ自分がこの行動をとったのかがわかるよう、誤解を避けるためにも正確に記入することが求められます。

②　記録を書くための重要なルール

　実習生にとって記録とは、すべて自分の実習における学びの考察と評価を行うためのものです。しかし、すべての実習は相手があって行うものであり、自分勝手に自己の目的だけを追求するものではありません。実習生の学びの場である実習を受け入れてくださる施設があり、自分の時間を割いて指導してくださる先輩や指導者がおられ、なによりも実習生を受け入れてくださる子ども（利用者）や家族、地域の人の協力のうえに成り立っていることを忘れてはいけません。つまり、記録には「個人情報の保護」と「倫理的配慮」が必要になります。

　実習期間中は、実習施設や施設職員、子ども（利用者）や家族について知り得た情報を保護しなければなりません。実習前や実習中、実習終了後の友人との会話やメール、公共交通機関での会話から個人が特定されたり、SNSのインフォーマル・グループでの内容が転送されてしまうなどの危険性もあるので、特に注意が必要です。個人情報の保護は記録だけに限りませんが、特に記録は文字として残る文書ですので、記録物の取り扱い（カバンの中の記録が丸見えだった、伏せ字を使用していなかったなど）や紛失（電車やバス、喫茶店などに置き忘れた）などには注意が必要です。

　また、実習や保育実践活動などを実施および公表する際には、基本的人権につねに

表4-6　記入例

事実がわかりにくい表現	５Ｗ１Ｈ	記入例
子どもと練習できて嬉しかった。	誰が、いつ、何をして、どのようになったか	運動会の練習をした際に、子どもから「一緒に走ろう」と声をかけてくれたので、子どもに受け入れられたような気持ちになり、緊張がとれて嬉しくなった。
Ａちゃんが泣き止んだのでホッとした。	誰が、いつ、何をして、どのようになり、私はどうしたか	Ａちゃんがｂくんとけんかして泣いていたが、Ｃ保育士がＡちゃんとＢくんの気持ちの両方を丁寧に聞いていた。「○○○だったのね」「○○○だよね」……お互いに仲直りできた後、Ａちゃんが納得して泣き止むことができ、自由遊びにも参加することができた。私もこれからはこのように二人の心をつなぐような支援がしたい。

配慮しなければなりません。特に、子ども（利用者）の最善の利益を損なうことがあってはなりません。全国保育士会倫理綱領[*5]などに基づき、情報管理を徹底して、実習や記録を行ってください。記録は成績評価のためだけではなく、自己の責任が伴うことを忘れず、事実を正確に記入してください。

＊5　全国保育士会倫理綱領については、巻末資料（p.192）を参照。

③　記録を書くための手法①──プロセスレコード

　記録を書くための手法の一つとして、プロセスレコードがあります。プロセスレコードは、自己や利用者を理解するために、支援を通じて相互理解を促すための記録手法の一つです。1952年、米国の看護学者H. E. ペプロウによって提唱され、看護臨床における対人関係理論、特に看護者と患者間の相互作用に関する理解と評価のための記録のあり方から始まりました。この記録方式は、1972年にI. J. オーランドによって内省的な観察を加えた記述方法へと改良され、現在は医療看護領域だけではなく、精神保健や社会福祉、介護や保育分野など、ソーシャルワークの専門性が問われる分野でも使用される記録方法です。

　プロセスレコードを使用した記録の特徴は、すべてをプロセスレコードで記入するという方法もありますが、むしろ相互理解を深める場面や、あるいは相互理解が深まった場面を取り上げて、対象者がどのような発言や行動を行ったのか、その行動から支援者（実習生）がどのように感じ、その場面展開から子ども（利用者）と支援者の言動について理論的に考察を加えて評価する記録の方法です。その場面を選択した理由と記録の中での考察内容や理解が深まったこと、学んだことなどを内省的に理解するためのツールの一つです。

　現在の保育実習の記録様式は保育士養成校によって異なりますが、おおむねプロセスレコードの形式に沿った記録方法が使用されることも多く、実施した内容と子ども（利用者）の反応や言葉から自分が行った支援についての振り返りや考察を加えたうえで、相互理解を深める記録内容を導き出す方法となっています。

④　記録を書くための手法②──エピソード記録

　記録を書くためのもう一つの手法に、エピソード記録があります。エピソードとは心理学用語の一種で、ある人物や物事についての興味深い話や内容のことです。同じ

Q

実習日誌を書くために、実習中にメモをとってもよいでしょうか
（➡実習Q&AのQ9へ）

心理学用語にエピソード記憶という記憶の一部があり、時間や場所、そのときの感情などが含まれ、その記憶は物語にたとえることもできます。

　エピソード記憶は脳の中枢である海馬と同様に脳の前頭前野（特に左脳）が使用され、あるエピソードを一度体験しただけで記憶できるものがその記憶といわれています。たとえば、脳の海馬が使用できなくなると、ピアノ演奏など「体が覚えている」状態の手続き記憶は意識しなくとも使うことができますが、その間のイベントやエピソードを記憶することができないといわれています。

　現在、保育や教育の分野で積極的に使用されるエピソード記録は、事象を書いただけのたんなる記録とは異なり、保育やソーシャルワークを行う日常の過程の中で、感動した内容や困った事象、悩んだことに対する対処の仕方など、そのときの子どもの様子や感情を中心に書き出し、評価・考察するものです。たんなる実習記録とは異なり、ある場面を切り取り、そのエピソードに沿った実践内容について、実習生がとらえた子ども（利用者）の様子や自分が対応した行動について、他者（実習中であれば、実習指導者や保育士養成校の教員など）に伝えられるよう記述する内容です。鯨岡は保育過程において、エピソード記録を通して自らの保育を振り返ることができ、保育の質を高めることができると推奨しています[1]。

■ワーク①：自宅から施設までの経路

実習施設の名称と所在地、最寄り駅（バス停）からの経路を地図に書いてみよう。地図が書けたら、自宅からの交通手段と所要時間を入れてみよう。

┃ワーク②：施設の特徴と職員構成

実習施設の特徴と職員構成を書いてみよう。事前にわかる範囲で書いておき、事前指導（オリエンテーション）で、どのような専門職がどのような専門性を発揮しているのか、施設職員に聞いて書き加えてみよう。下記の例のように、配属の実習施設について以下に記入しよう。

【例】○○児童養護施設：家庭的な雰囲気を大切にするため、5 つの一軒家にユニットを組み、年齢や男女の構成なども考慮しながら家族のような温かい雰囲気の中で暮らしており、ユニット同士の交流や夏祭りや冬休みの行事などを大切にして、地域の人たちとも交流を続けている。
　　職員構成：（法的根拠）「児童福祉施設の設備及び運営に関する基準」第 42 条
　　：児童指導員 4 名（子どもの頼れるお兄さんのような存在として……）
　　　保育士 3 名、家庭支援専門相談員 1 名、嘱託医師 1 名

自立支援計画と個別支援計画

1 自立とは

「全て児童は、児童の権利に関する条約の精神にのっとり、適切に養育されること、愛され、保護されること、その生活を保障されること、その心身の健やかな成長及び発達並びにその自立が図られることその他の福祉を等しく保障される権利を有する」（児童福祉法第1条）。

自立[*6]には「生活自立、心理的自立、市民的自立、経済的自立があると言われています」[2]。たとえば児童自立支援施設では、子ども（利用者）の健全育成（発達・成長権の保障）を目的とし、他者と同様に健全な社会生活を営めるように、よりよい家庭的な養育環境の中で基本的生活習慣や社会性を習得できるよう入所または通所している子ども（利用者）に対し、一人ひとりが必要としているニーズや発達段階に合わせた自立支援を行います。

> ▌演習問題：自立の意味
>
> 「自立」とはどういうことなのか。あなたがイメージする「自立」について、書き出してみましょう。

2 自立に向けての子ども（利用者）とのかかわり

児童自立支援施設、乳児院、母子生活支援施設、児童養護施設、障害児（者）入所施設、児童発達支援センターに入所または通所している子ども（利用者）は、生活環境や家庭環境に恵まれずに育った子ども（利用者）や、障がいのある子ども（利用者）など、さまざまな背景事情を抱えています。入所前に児童相談所からその子ども（利用者）に関する情報を提供してもらい、できるだけの情報を得ることで、施設での生活をよりスムーズに始めることができます。施設に入所する前から入所中、そして退所後と継続して支援を進めていくことが望まれます（表4-7）。

3 自立支援計画・個別支援計画の考え方

自立支援計画とは、家庭に代わり子ども（利用者）を養育する場である施設において、子どもの権利を保障し、適切な養育を行うために、一人ひとりの子ども（利用者）の心身の発達と健康の状態およびその置かれた環境を的確に実態把握・評価（アセスメント）して立てたケアプランです。子ども（利用者）の成長や発達に影響を及ぼすので、しっかりとアセスメントを行い、作成する必要があります。

*6 自立
「自立」とは、「他の援助を受けずに自分の力で身を立てること」という意味をもちますが福祉分野では、人権意識の高まりやノーマライゼーションの思想の普及を背景として、「自己決定に基づいて主体的な生活を営むこと」、「障害を持っていてもその能力を活用して社会活動に参加すること」の意味としても用いられています[3]。

表 4 - 7　支援の過程

アドミッションケア	一人の子どもが施設入所に至るまでに多くの課程を経る。児童相談所から入所を検討している子どもの情報提供をしてもらうが、複数対応で提供者からより細かな情報を得るようにする。また、情報提供の場では、児童相談所に施設での支援の方向性を確認しておくことが必要である。
インケア	入所当日までに措置機関との相談により入所日を決定する。それを受けて、施設内での受け入れ寮、担当者を協議し決定する。決定した事項を関係者（配食担当 措置関係 寮担当 学校の学籍、教務担当等）に伝える。受け入れ寮は、寮舎で新入生の受け入れのための準備（世話役や部屋の決定、必要物品の準備等）をできる限り行い、当日を迎える。
リービングケア	退所がある程度見えるようになったときから、児童自立支援施設の枠のある生活から、自分の意志で決定して行動しなければならない社会での生活を想定し、意識した取り組みが求められる。それには子ども自身の課題だけでなく、子どもを取り巻く環境に対処できるだけの力を身につける必要がある。施設に入所する直接の原因となったことに対する振り返りができているか、同じことを行わないためにはどのようなことを身につける必要があるか、自分自身の不安感を直視し、避けるのではなく誰かの助けを借りることで乗り越えられるという良い意味での大人への甘えができるようになることも重要である。大人に助けを求めることができることは自立心の成長と捉えられる。
アフターケア	退所が支援の完了ではなく、その後継続される子どもとその家族の暮らしが少しでも当人にとって幸せなものとなるように子どもや家族を支援することが、その後の良好な生活につながる。

出典：厚生労働省「児童自立支援施設 運営ハンドブック」2014 年より筆者作成

　自立支援計画の「長期目標」は、おおむね 6 か月〜 2 年程度で達成可能な目標を設定し、「長期目標」を達成するためにより具体的な目標として、おおむね 1 〜 3 か月程度で達成したり進展するような「短期目標」を設定します。子ども（利用者）や保護者がどのようなニーズを持ち、どのような支援・治療を望んでいるのかを可能な限り聴取し、具体的に記入します（表 4 - 8）。

　個別支援計画とは、発達支援の内容と目標を記載するものです。施設責任者や教職員が子ども（利用者）や保護者の意向をふまえ、何を目標としてその子ども（利用者）にかかわっていくのか、適切な支援方法は何かなどを検討し示します。

　個別支援計画を立てる際に気をつけることは、子ども（利用者）ができないことを目標にしないことです。1 年間で達成できるものを目標とし、今できそうな行動（芽生え）に注目します。また、できないことを細分化し、「これをできるようにするにはどこからスタートするべきか」「できない理由はどこにあるか（身体的な理由以外）」を考え、計画に反映していきます。

　ここでは、幼稚園に通う発達障がいのある子どもへの個別支援計画を例にあげています（表 4 - 9）。幼稚園と療育センターを並行通園している場合、幼稚園での支援計画は幼稚園の担任、療育センターでの支援計画は療育センターの担任が作成しています。この場合、互いに連携をとりながら子どもの様子を把握しあい、子どもの成長を支えていきます。

Q
自立支援計画や個別支援計画を立てるのはどうしてですか
（➡実習 Q&A の Q36 へ）

┃演習問題：自立支援計画と個別支援計画

表 4 - 8・表 4 - 9 の記入例を参考に、自立支援計画・個別支援計画を作成してみましょう。

表4-8　自立支援計画（記入例）

フリガナ 子ども氏名	ミライ　コウタ 未来　幸太	性別	○男 女	生年月日	○年○月○日 （　□歳）
保護者氏名	ミライ　リョウ 未来　良	続柄	実父	作成年月日	×年×月×日

主たる問題	被虐待経験によるトラウマ・行動上の問題
本人の意向	母親が自分の間違いを認め、謝りたいといっていると聞いて、母に対する嫌な気持ちはもっているが、確かめてみてもいいという気持ちもある。早く家庭復帰をし、出身学校に通いたい。
保護者の意向	母親としては、自分のこれまで行ってきた言動に対し、不適切なものであったことを確認し、改善しようと意欲がでてきており、息子に謝り、関係の回復・改善を臨んでいる。
市町村・学校・保育所・職場などの意見	出身学校としては、定期的な訪問などにより、家庭を含めて支援をしていきたい。
児童相談所との協議内容	入所後の経過（3ヶ月間）をみると、本児も施設生活に適応し始めており、自分の問題性についても認識し、改善しようと取り組んでいる。母親も、児相の援助活動を積極的に受け入れ取り組んでおり、少しずつではあるが改善がみられるため、通信などを活用しつつ親子関係の調整を図る。

【支援方針】本児の行動上の問題の改善及びトラウマからの回復を図ると共に、父親の養育参加などによる母親の養育ストレスを軽減しつつ養育方法について体得できるよう指導を行い、その上で家族の再統合を図る。

第○回　支援計画の策定及び評価　　　次期検討次期　△年　　△月

子ども本人

【長期目標】　盗みなどの問題性の改善及びトラウマからの回復

	支援上の課題	支援目標	支援内容・方法	評価・内容・期日
【短期目標（優先的重点的課題）】	被虐待体験やいじめられた体験により、人間に対する不信感や恐怖感が強い。	職員等との関係性を深め、人間に対する信頼感の獲得をめざす。トラウマ性の体験に起因する不信感や恐怖感の軽減を図る。	定期的に職員と一緒に取り組む作業などをつくり、関係性の構築を図る。心理療法における虐待経験の修正。	年　　月　　日
	自己イメージが低く、コミュニケーションがうまくとれず、対人ストレスが蓄積すると、行動上の問題を起こす。	得意なスポーツ活動などを通して自己肯定感を育む。また、行動上の問題に至った心理的な状態の理解を促す。	少年野球チームの主力選手として活動する場を設ける。問題の発生時には認知や感情の丁寧な振り返りをする。	年　　月　　日
		他児に対して表現する機会を与え、対人コミュニケーション機能を高める。	グループ場面を活用し、声かけなど最上級生として他児への働きかけなどに取り組ませる。	年　　月　　日
	自分がどのような状況になると、行動上の問題が発生するのか、その力動が十分に認識できていない。	自分の行動上の問題の発生経過について、認知や感情などの理解を深める。また、虐待経験との関連を理解する。	施設内での行動上の問題の発生場面状況について考えられるよう、丁寧にサポートする。	年　　月　　日

家庭（養育者・家族）

【長期目標】　母親と本児との関係性の改善と図ると共に、父親、母親の協働による養育機能の再生・強化を図る。また、母親が本児との関係でどのような心理状態になり、それが虐待の開始及び悪化にどのように結びついたのかを理解できるようにする。

	支援上の課題	支援目標	支援内容・方法	評価・内容・期日
【短期目標（優先的重点的課題）】	母親の虐待行為に対する認識は深まりつつあるが、抑制技術を体得できていない。本児に対する認知や感情について十分に認識できていない。	自分の行動が子どもに与える（与えた）影響について理解し、虐待行為を回避・抑制のための技術を獲得する。本児の成育歴を振り返りながら、その時の心理状態を理解する。そうした心理と虐待との関連を認識する。	児童相談所における個人面談の実施（月2回程度）	年　　月　　日
	思春期の児童への養育技術（ペアレンティング）が十分に身に付いていない。	思春期児童に対する養育技術を獲得する。	これまで継続してきたペアレンティング教室への参加（隔週）	年　　月　　日
	父親の役割が重要であるが、指示させたことが行うもののその意識は十分ではない。	キーパーソンとしての自覚を持たせ、家族構成や養育への参加意欲を高める。母親の心理状態に対する理解を深め、母親への心理的なサポーターとしての役割を取ることができる。	週末には可能な限り帰宅し、本人への面会や家庭における養育支援を行う。児童相談所での個人及び夫婦面談（月1回程度）	年　　月　　日

地域（保育所・学校等）

【長期目標】　定期的かつ必要に応じて支援できるようネットワークの形成（学校、教育委員会、主任児童委員、訪問支援員、警察、民間団体、活動サークルなど）

	支援上の課題	支援目標	支援内容・方法	評価・内容・期日
【短期目標】	サークルなどへの参加はするようになるものの、近所とのつきあいなどはなかなかできず、直立ぎみ。	ネットワークによる支援により、つきあう範囲の拡充を図る。	主任児童委員が開催しているスポーツサークルや学校のPTA活動への参加による地域との関係づくり	年　　月　　日
	学校との関係性が希薄になりつつある	出身学校の担任などと本人との関係性を維持、強化する。	定期的な通信や面会などにより、交流を図る。	年　　月　　日

総合

【長期目標】　地域からフォローアップが得られる体制のもとでの家族再統合もしくは家族機能の改善

	支援上の課題	支援目標	支援内容・方法	評価・内容・期日
【短期目標】	母親と本人との関係が悪く、母子関係の調整・改善が必要。再統合が可能かどうかを見極める必要あり。	母子関係に着目するとともに、父親・妹を含めた家族全体の調整を図る。	個々の達成目標を設け、適宜モニタリングしながら、その達成に向けた支援を行う。	年　　月　　日
			通信などを活用した本人との関係調整を図る。	年　　月　　日

【特記事項】　通信については開始する。面会については通信の状況をみつつ判断する。

出典：厚生労働省「社会的養護における自立支援に関する資料」2017年

表 4 - 9　個別支援計画（記入例）

氏名	生年月日	保護者の願い		関連機関	担任
B	○年　○月　○日	皆と集団行動ができるようになってほしい。			D
					コーディネーター
＜長期目標＞　集団の中で活動できる時間を増やしていく。					E、F、G

学期(月日)	内容	現在の状況	目標	具体的な手立て・配慮	家庭での様子・取り組み	他機関との連携	支援の評価・反省
7月X日	落ち着き集団参加	保育の中で自分の興味のあること（製作）は参加できるが、興味のないことには取り組むことができない。また、活動の間の間が待てず立ち歩いてしまう。	苦手なことを把握し、少しでも興味がもてる方法を考える。	一日の流れを本児に伝え（視覚で）、見通しがもてるようにする。苦手なことを達成できた際にはできたという喜びを味わえるようにしていく。		(巡回)苦手意識があるので「できなくてもいいよ」「できなかったら手伝うよ」などと伝え、できないときにはサインを出してもらうとよい。	
	こだわり過敏症	臭いや気温、感触に敏感である。嫌なことを言葉で発したり、床に寝転がったりしている。	どのようなときに床に寝転がるのかを把握し、その場合どのような対応をすれば落ち着くのか、また妨げる方法はないか方法を考える。	場合によっては、部屋を出て気分転換をさせる。落ち着ける環境をつくるようにする。		肌がかゆいのか？苦手な活動なのか？動く理由が必ずある。	興奮したり、落ち着きがなくなったりした際には、静かな部屋に連れていくことで落ち着けるようになった。
	対人関係	自分の思うようにいかないと友達に対して手を出したり（たたく、押す、ひっかく）暴言を吐いたりする。	どのようなことが嫌なのか原因を探っていく。	何が嫌だったのか話を聞き、本児の気持ちをくみ取る。	弟や友達と接していて自分の思うようにいかないと発狂したり、手を出したりする。言葉で伝えてもわからないときには手を出す（たたく）。		日を増すごとに少しずつ手を出す回数が減ってきた。
	理解	活動中、立ち歩いたり床に寝転がったりする。	立ち歩く理由を考える。少しでも長い時間座っていられるようにする。	活動の流れを紙に書き（黒板、本児の机の2か所）、一日の流れを把握できるようにする。見通しがもてるようにする。			次に行うことが視覚を通してわかることで、少し見通しがもてているようだった。達成感が味わえるように、できた活動には○印をつけていった。

資料提供：学校法人至誠学園相模ひまわり幼稚園主事　川井越彦先生

4　自立支援計画や個別支援計画についての保護者への説明

　児童相談所の職員や保護者からのプロフィールシート、施設の教職員記入のアセスメントシートなどをもとに、自立支援計画や個別支援計画を立案します。教職員が計画を記載した後、支援コーディネーターと話し合いを行い、相互に加筆し、保護者への説明と確認を行います。自立支援計画や個別支援計画は、教職員のほか支援コーディネーターなど関係機関の専門職者と作成し、支援を行っていきますが、保護者へ

の説明と確認を行うことで子ども（利用者）や保護者の願いやニーズを十分に聞くことができ、その意見を尊重し、反映させていきます。さらに、保護者の参画を促すことで、保護者も支援者の一人として子ども（利用者）の成長・発達をともに見守っていきます。自立支援計画や個別支援計画で設けた目標が年度の途中に達成した場合は、再度、自立支援計画や個別支援計画を見直し、新たな目標を立て直します。

　なお、自立支援計画や個別支援計画の書式は施設や幼稚園それぞれで異なりますが、多くの施設は保護者や教職員が見やすく簡潔に書けるものを用い、具体的な内容となるよう意識して記入を行っています。

【引用文献】
1）鯨岡峻「エピソード記述を通して保育の質を高める」『保育学研究』47（2）　2005年　pp.237-238.
2）厚生労働省「児童自立支援施設 運営ハンドブック」2014年　p.39
3）厚生労働省「社会福祉事業及び社会福祉法人について（参考資料）」2004年

【参考文献】
・阿部和子ほか編『保育実習』ミネルヴァ書房　2014年
・早坂聡久ほか編『相談援助実習・相談援助実習指導』弘文堂　2014年
・喜多一憲・児玉俊郎監修、吉村美由紀・吉村譲編『五訂　福祉施設実習ハンドブック』みらい　2019年
・松本峰雄監修、藤京子・増南大志・中島健一朗著『より深く理解できる施設実習――施設種別の計画と記録の書き方』萌文書林　2015年
・小野澤昇ほか編著『保育の基礎を学ぶ福祉施設実習』ミネルヴァ書房　2014年
・愛知県保育実習連絡協議会「福祉施設実習」編集委員会編『保育士をめざす人の福祉施設実習［第2版］』みらい　2017年
・小野澤昇ほか編著『保育の基礎を学ぶ　福祉施設実習』ミネルヴァ書房　2014年
・厚生労働省「社会的養護における自立支援に関する資料」2017年
・厚生労働省「子ども・若者ケアプラン（自立支援計画）ガイドライン」2018年
・鯨岡峻『エピソード記述入門』東京大学出版会　2005年
・小泉裕子『実習場面と添削例から学ぶ！保育・教育実習日誌の書き方』中央法規出版　2016年
・汐見稔幸・無藤隆ほか『〈平成30年施行〉保育所保育指針 幼稚園教育要領 幼保連携型認定こども園教育・保育要領 解説とポイント』ミネルヴァ書房　2018年
・浅原千里ほか『ソーシャルワークを学ぶ人のための相談援助実習』中央法規出版　2015年
・増田まゆみ「保育の質の評価」『保育学研究』46（2）　2008年　pp.369-372.
・茗井香保里『幼稚園・保育所・施設実習――子どもの育ちと安全を守る保育者をめざして』大学図書出版　2017年
・文部科学省『指導と評価に生かす記録――平成25年7月』チャイルド本社　2013年

第5章

各施設における
ケアの特徴と
実習プログラム

1 乳児院

1 乳児院の概要

1 「施設」を知る

① 乳児院とは

　乳児院は、保護者による養育を受けることができない事情を抱えた乳児を入院（入所）させて養育するとともに、退院（退所）した子どもに対する援助を行う施設です。1947（昭和22）年に児童福祉法制定とともに設置されました。

　設置当初は、主に戦災孤児の救済や当時の劣悪な栄養事情を反映して、感染症にかかった子どもや栄養失調の子どもの保護が主な目的とされていました。その後、高度経済成長期を経て一時は入所児童数が減少傾向にあったものの、近年では社会的養護のニーズの高まりから、入所児童数、施設数ともに増加しています[*1]。

　乳児院の基本的な役割として、主に、①保護者の貧困などによって入所した子どもへの一般的な養育機能、②被虐待児や病弱児、障がい児など特別な支援を必要とする子どもへの専門的養育機能、③乳児院を退所し家庭復帰した子どものアフターケアと保護者への支援機能、④児童相談所が乳幼児を一時保護した際に乳児院が一時保護委託を受ける機能、⑤一般家庭からの育児相談対応や市町村を経由したショートステイ対応等の子育て支援機能という5つの機能があります。

② 乳児院の現状と今後のあり方

　これまで乳児院をはじめとする社会的養護の施設は、被虐待児や障がいのある子どもに個別的なケアを提供するため、ケア単位の「小規模化」に努めてきました。特に乳児院においては、愛着関係形成の必要性から、5〜6人程度で1つのユニットを構成するユニットケアの導入のほか、養育担当制を導入し、特定の大人との間に濃密な愛着関係が形成されるよう取り組んでいます。

　さらに2016（平成28）年の児童福祉法改正により、家庭養護優先の原則が示されたことから、乳児院にはこれまで培ってきた専門的養育機能を発揮するとともに、子

*1　乳児院の入所児童数や施設数については、巻末資料(p.203)を参照。

Q

どんなに努力しても赤ちゃんがなかなか懐いてくれないときはどうすればいいでしょうか
（➡実習Q&AのQ22へ）

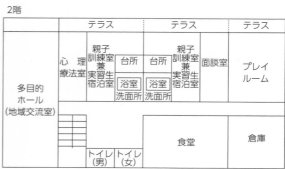

図5-1　乳児院の配置図（例）

どもの家庭復帰支援と親子関係再構築、里親委託や里親支援、養子縁組の推進といった取り組みが求められるなど、「多機能化」が期待されています。

2　「施設の子ども（利用者）」を知る

　乳児院は制度上、小学校就学前まで入所することができます。子どもの家庭環境としては、両親健在かひとり親の子どもが9割以上（両親健在が5割、実母のみが4割）と、身寄りのない子どもはごくわずかです[1]。退所後については、子どもの約5割が家庭復帰、残りの子どものうち約6割（全体の約3割）が児童養護施設等への措置変更となっています[2] [3]。

　なお、乳幼児は自らの意思表示が困難なことから、疾患やアレルギー等の情報に留意することが重要です。

3　「施設の保育者」を知る

①　乳児院の職員

　乳児院では、保育士・児童指導員・看護師が養育の中心を担っています[*2]。このほか、栄養面の管理を担う栄養士、子どもの早期家庭復帰を支援する家庭支援専門相談員、嘱託医などが配置されています。近年では、里親委託先の開拓と推進ならびに里親委託児童のアフターケアを中心的に担う里親支援専門相談員や、子どもならびに保護者への心理支援を行う心理療法担当職員の配置（増配）[*3]も進んでおり、乳児院の職員に求められる役割と機能は、より高度化かつ専門化しているといえます。

②　乳児院で働く保育士とその役割

　乳児院は、子どもにとって愛着関係形成にきわめて重要な時期を過ごす場であることから、保育士には子どもとの個別かつ濃密なかかわりが求められます。また乳児は、その生活において周囲の大人からの支援（衣食住）が必須であることから、生活全般への目配りと、「快（心地よい状態）」をつくり出すための支援が求められます。

Q　赤ちゃんのオムツ交換をした経験がないのですが、大丈夫でしょうか（➡実習Q&AのQ21へ）

*2　職員と子どもの比率は、0、1歳児で「1.6：1」、2歳児で「2：1」、年少児（3歳以上児）で「4：1」以上であることが義務づけられていますが、多くの乳児院が各種加算（予算措置）の活用や経営努力によって、これを上回る人員を配置しています。

*3　増配
乳児院など児童福祉施設の職員数は、「児童福祉施設の設備及び運営に関する基準（設備運営基準）」と、各自治体が設備運営基準をもとに定める最低基準により定められています。しかし、被虐待児や障害児など細やかな対応が求められる子どもが増加していることから、そのための人材確保や育成のため、「社会的養護処遇改善加算実施要綱」に基づき、施設の業務内容を評価し、処遇改善加算として補助金が支出されています。これにより、より高いレベルの支援を目指す施設において、設備運営基準を上回る職員配置を実現することができます。

6	7	8	9	10	11	12	13	14	15	16	17	18	19	20	21 (時)
起床・着替え・洗面	検温	朝食・授乳	検温・健康チェック	夜勤者から申し送り・朝礼	室内遊び（必要のある子ども 通院・散歩・外気浴）	おやつ	昼食準備・調乳、健康チェック 昼食・授乳		午睡		目覚め、検温	目覚め、沐浴・入浴（目覚めに応じて） 室内遊び・散歩等		夕食・授乳 室内遊び	就寝

0歳児授乳は、約4〜6時間おき（15分程度）

乳幼児突然死症候群の対策として睡眠時・午睡時は10〜15分おきの呼吸チェック

図5-2　乳児院の日課（例）

② 乳児院での実習における学びの内容

1 「施設」を理解するために

まずは、「乳児院」という施設の概要を理解しましょう。実習施設の成り立ち（沿革、根拠法、入所する子どもについて）を理解することは、子どもや子どもに対する専門的支援を理解する基礎となります。

また、乳児院は乳幼児のための施設であることから、建物の設備や器具類にも特徴があります。子どもの快適な生活環境の確保と事故防止の観点から、他の施設では見られないさまざまな設備面の工夫や配慮がなされています。専門職としての視点でこれらを深く考察し、理解することが大切です。

最終的には、実習を通して乳児院の中で展開される養育内容だけでなく、その社会的な位置づけや期待される役割を理解することを目標に取り組みましょう。

2 「施設の子ども（利用者）」を理解するために

乳幼児は、その生活と生命維持のためにさまざまな支援が不可欠であり、授乳や沐浴といった個別の支援もその一つです。これらの支援について、その方法だけでなく目的や健康面に与える影響について、あわせて理解することが大切です。

また、罹患傾向や障がいのある子どもが比較的多いことから、各種疾患や障がいの特徴の理解に努めましょう。揺さぶられっ子症候群[*4]や乳幼児突然死症候群[*5]など乳幼児に特徴的な疾患については、治療対応や予防の取り組みを理解することが大切です。実習生であっても、子どもの生活にかかわり支援する立場にあることは変わりませんから、不適切なかかわりはケガなどの事故につながりかねません。

実習終盤になると、子どもとの関係もある程度形成され、個々の子どもの特徴や性格の違いも把握できるでしょう。実習生自身が獲得した情報に加え、日誌や自立支援計画などの記録物を通じ、専門職としてのより深い理解と考察に結びつけましょう。

3 「施設の保育者」を理解するために

実習開始当初は、乳幼児への支援技術・支援方法に着目し、実践的な技術や知識を獲得できるよう疑問点を積極的に質問しつつ、子どもとかかわるよう努めましょう。

実習中盤には、支援の個別具体的な行為のみならず、その根拠や意図、目的に着目することが大切です。支援の背景や目的についての理解が深まれば、その支援方法を選択する理由や、支援の際に留意すべき点など、さらなる深い理解につながります。

保育士をはじめとする専門職は、子どもへの直接支援のみならず、保護者への支援や地域への支援、関係機関との連携といったさまざまな役割を担っています。実習終盤では、このような施設職員の多様な専門性に目を向けることが大切です。

実習の総括として、乳幼児の養育支援における自分自身の知識や技術について振り返り、自身が不得意とする支援内容や知識不足を感じた分野について、実習事後指導などの機会を活用して考察しておくことが大切です。

＊4　揺さぶられっ子症候群（SBS）
揺さぶられっ子症候群とは、赤ちゃんを抱きかかえて激しく揺さぶった場合や首の据わっていない赤ちゃんを激しく「高い高い」した場合などに、脳が大きく損傷することを指します。医学的な診断においては虐待性頭部外傷とも呼ばれ、①硬膜下血腫またはくも膜下出血、②脳浮腫、③眼底出血という3兆候が基準とされていますが、急激な意識低下や嘔吐、硬直が見られた場合には、速やかに医療機関を受診する必要があります。

＊5　乳幼児突然死症候群（SIDS）
乳幼児突然死症候群とは、睡眠中の赤ちゃんが、何の予兆もなく突然死する病気です。生後2〜6か月に多く、12月以降の冬季に発症しやすいといわれています。原因はまだわかっていませんが、①あおむけに寝かせる、②できるだけ母乳で育てる、③保護者や養育者が喫煙しない、という3つを守ることで、その発症リスクを低く抑えることができるとされています。

4　実習期間の段階区分別にみる目標や課題設定の例

	目標	課題	視点
実習前半	・乳児院の概要を理解する。	・施設の沿革、根拠法、入所児童の背景と特徴、建物の設備や器具類を知る。	・乳児院についての基礎的理解を行う。
	・子どもの氏名と月齢（年齢）、特徴を把握する。	・なるべく早く名前を覚え、特にアレルギーや重篤な疾患について把握する。	・保育士のかかわり方、支援方法を参考に、声かけの仕方や情報把握の視点の理解に努める。
	・「沐浴」を理解する。	・沐浴の意図、注意点、温度管理、準備物について把握する。	・安全かつ子どもにとって快適な沐浴（方法と注意点）を理解する。
	・「授乳」を理解する。	・調乳、授乳の意図、月齢（年齢）および体重に応じた適量を知る。	・単なる栄養摂取ではなく愛着関係形成としての授乳を理解する。
	・月齢（年齢）に応じた「健康管理」を理解する。	・発育発達段階、標準身長および体重を理解する。	・上記を総合した「健康の維持管理」とはなにかを理解する。

（留意点、備考等）
　実習前半では、まずは乳児院という施設の概要を知り、子ども（乳幼児）についての基本を理解することから始めましょう。子どもは日々の生活において養育者の支援が不可欠であることから、実習生は、支援の目的・意味・注意点を十分理解できるよう、保育士やその他の専門職のかかわりを参考に、実践に取り組むことが大切です。

	目標	課題	視点
実習中盤	・月齢（年齢）に応じた「遊び」を理解する。	・原始反射、粗大運動、微細運動を理解する。	・子どもの発達に応じた適切な遊びの提供を考える。
	・基本的生活習慣の獲得を理解する（食事と排泄）。	・総合的な栄養管理、離乳食プログラム、排尿排便に見る特徴を把握する。	・臓器の発達と食事の変化、排尿排便の変化、トイレットトレーニングを理解する。
	・基本的生活習慣の獲得を理解する（着脱と睡眠）。	・体温管理、発汗の特徴、睡眠時間とリズム、乳幼児突然死症候群（SIDS）を理解する。	・適切な衣服とその着脱、睡眠時の快適および安全確保を考える。
	・疾患および障がいを理解する。	・乳幼児の特徴的な疾患、各種障がいと虐待との関係を理解する。	・疾患の特徴と対応、服薬、揺さぶられっ子症候群（SBS）を理解する。
	・乳児院に勤務する専門職種を理解する。	・看護師、児童指導員、家庭支援専門相談員、里親支援専門相談員、心理療法担当職員について知る。	・各専門資格、専門職の成り立ちと専門性、他職種（多職種）連携を理解する。

（留意点、備考等）
　実習中盤では、子どもについての基本的理解を踏まえ、子どもそれぞれの発達段階に目を向けましょう。特に子どもの生命維持と健康増進について、各種疾患や障がい、乳幼児突然死症候群（SIDS）、揺さぶられっ子症候群（SBS）などの理解が重要です。また、子どもの養育支援にあたるさまざまな専門職種についても理解を深めましょう。

	目標	課題	視点
実習後半	・日々の記録を理解する。	・記録の目的、記録方法、要点を理解する。	・必要な項目、記録手法を学ぶ。
	・自立支援計画を理解する。	・目的、意味、子どもにかかわる専門職および関係者を理解する。	・子どもの将来展望、家庭復帰とその後に必要と考えられる支援を考える。
	・退所を見据えた支援計画を理解する。	・家庭支援専門相談員および里親支援専門相談員の役割を理解する。	・入所の経緯、退所への見通しなどについて、児童相談所との連携を考える。
	・退所後の支援を理解する。	・アフターケアプログラム、措置変更後（主に児童養護施設）の連携を理解する。	・保護者が抱える課題の理解（家庭復帰時）、新たな施設での発育発達についての理解（措置変更時）。
	・地域における乳児院の役割を理解する。	・ショートステイ、トワイライトステイを理解する。	・市町村の制度、利用状況、内容を理解する。
	・苦情解決と保護者対応を理解する。	・第三者委員、第三者評価、苦情解決制度を理解する。	・施設の取り組みの実際を学ぶ。
	・乳児院の社会的役割を理解する。	・求められる社会的役割を理解する。	・小規模化、多機能化、里親および養子縁組の支援について学ぶ。
	・自身の得意とする支援内容について理解する。	・実習反省会や日々の振り返りにおいて優れた点・成長できた点を確認する。	・実習生自身のストレングス視点、自己評価と他者評価を比較する。
	・自身の不得意とする支援内容について理解する。	・日々の振り返りや実習反省会において翌日への課題や実習全体としての課題を確認する。	・PDCAサイクル、自己評価と他者評価を比較する。

（留意点、備考等）
　実習後半は、実習中盤までの学びをふまえて、「その専門的実践をどのように記録し、検証し、次の養育に活かすか」という視点で取り組みましょう。各種記録物の作成方法・意味・目的を理解するとともに、子どもの退所（家庭復帰・措置変更）を見据えた視点で子どもとかかわり、支援を考えることが大切です。実習を通して得た経験を広い視野で振り返り、特に「保育実習Ⅲ」においては、乳児院の社会的役割や、今後の展望などについて総合的な考察を行い、実習を総括できるよう取り組みましょう。

2 母子生活支援施設

1 母子生活支援施設の概要

1 「施設」を知る

母子生活支援施設は、1997（平成9）年の児童福祉法の改正により、母子寮から母子生活支援施設に名称を変更した施設です。児童福祉施設の中で、唯一、母子が一緒に入所でき、①保護する、②自立の促進のために生活を支援する、③退所後の相談・援助をすることを目的としています。

2011（平成23）年、虐待が社会問題として深刻化するなか、母子生活支援施設は社会的養護関係施設として社会的養護の役割を担うこととなり[*6]、親子関係再構築支援が求められることになりました[4]。つまり、母子が世帯ごとに生活する日常生活の場において行われる支援の特徴から、DV[*7]被害者保護の役割に合わせて、児童虐待の防止の役割を担っているのです。さらに、ひとり親家庭や特定妊婦[*8]の増加に対応すべく、2016（平成28）年児童福祉法改正により、家庭養育優先をふまえた代替養育に準ずる形として、母子生活支援施設には、妊娠期から産前産後のケアを含む多様なニーズに対応できることが求められています。

母子生活支援施設の利用手続きは「福祉事務所で行われますが、児童虐待防止やDV被害者保護の役割があることから、児童相談所や配偶者暴力相談センター[*9]と連携・協働しながら、その支援機能を果たしていくことが重要」とされています[5]。

2 「施設の子ども（利用者）」を知る

母子生活支援施設では、世帯ごとに居室（台所、風呂、トイレがありおおむね1DK）があり、母子で生活をしています。

入所理由をみると、DVが約5割と最も多く、心身の不安定、入所前の家庭環境の不適切が約3割となっています[*10]。これらを合わせた約8割の入所世帯は、経済事

*6 「社会的養護には、保護者と分離している場合と分離していない場合の両者を含むが、分離している場合を代替養育と呼ぶ。…母子生活支援施設も社会的養護に含め、貧困やひとり親家庭の増加や特定妊婦の増加などから、代替養育に準ずる形を担う」と明記されています[6]。

*7 DV（ドメスティック・バイオレンス）とは、「配偶者や恋人など親密な関係にある、又はあったから振るわれる暴力」（内閣府男女共同参画局）を意味し、「一時保護は、婦人相談所が自ら行い、又は厚生労働大臣が定める基準を満たす者に委託して行うものである」（DV防止法第3条の4）とあるように、母子生活支援施設は配偶者からの暴力を受けた母子を一時保護する委託先の一つとなっています。

*8 児童福祉法第25条の七を参照。

*9 「配偶者からの暴力の防止及び被害者の保護等に関する法律」（DV防止法）第3条を参照。

*10 母子生活支援施設への入所理由については、巻末資料（p.204）を参照。

母子生活支援施設の一例

母子室の一例

図5-3 母子生活支援施設の配置図（例）

情や住宅事情以上に深刻な状況を抱えています。それは、DVや貧困等の家庭環境や体験の機会の乏しさによって、母親が養育、生活、コミュニケーションに必要なスキルを十分に習得できていないことなどです。さらに、障がい（可能性も含む）のある母親が3割程度います[7]。このような母親の状況をふまえて、不適切な養育場面への介入を可能とする、子どもと母親双方との関係構築に努めることが大切です。とりわけ、心理的虐待[*11]の被害者である子どもが二次被害を受けないために、子どものSOSをキャッチできる身近な大人として、職員が子どもに認知されることは重要です。

＊11　心理的虐待
言葉による脅し、無視、きょうだい間での差別的扱い、子どもの目の前で家族に対して暴力をふるう（面前DV）などの行為をいいます。

Q 仕事をしていないお母さんは、日中、何をしているのでしょうか
（➡実習Q&AのQ23へ）

＊12　学童保育
保育および学童保育の常設か必要が生じたとき、または、学習支援など一部のみなど、施設により異なります。

3 「施設の保育者」を知る

① 母子生活支援施設の職員

自己肯定感の低さやコミュニケーションの特徴から、子どもと母親は、職場や学校、友人、地域住民等とのつながりにくさを感じているかもしれません。そのことをふまえ、生活主体者としての子どもと母親双方の考えや思いを聴き、表出された困り感の要因を解決する過程に寄り添う職員構成は、次のようになっています。

施設長、母子支援員、少年指導員、保育士、心理療法担当職員（心理療法を行う必要があると認められる母子が10人以上いる場合）、個別対応職員（DVによる特別な支援を行う必要があると認められる母子がいる場合）、調理員、嘱託医が配置されています。

② 母子生活支援施設で働く保育士とその役割

母親の仕事等や心身の状態により、保育所を利用できない期間に保育の必要が生じたとき、子どもを保育するための、①施設内保育、②病後児保育や保育所への送迎等一時的に預かる保育、③補助保育というおおむね3つの保育があり、主に保育士が子どもの保育にあたります。いずれも、事前に保育の申込みをすることにより体制を整えて預かります。一方、適切にケアすることが難しい状況にある母親から閉め出された子どもを預かり、母子支援員と連携しながら、親子関係再構築支援にあたります。また、少年指導員が担当する小学生を対象とする学童保育[*12]に入ることもあります。

6	7	8	9	10	11	12	13	14	15	16	17	18	19	20	21	22	(時)
事務所開始	登校・登園・出勤への見送り	保育または事務所から在宅親子への支援観察	保育または掃除や教材づくり（保育所への送迎支援の入る場合あり）			昼食		学童保育開始・学童帰宅	学習支援（低学年）		遊びおやつ	学習支援（高学年）事務所から親子への送迎支援が入る場合あり（保育所への送迎支援が入る場合あり） 学童保育終了・母親帰宅	事務所から親子への支援観察			事務所終了	

図5-4　母子生活支援施設の日課（例）

2 母子生活支援施設での実習における学びの内容

1 「施設」を理解するために

　朝の出勤、登園、登校の時間帯や帰宅時間帯に、母親や子どもに対する職員の声か
けやそれに応じる親子の様子を観察し、自らも模倣して声をかけてみることができま
す。一方、外出せずに在室している母親や子どもがいる場合には、その理由や生活状
況について職員に質問し、施設の概要の説明と合わせて、入所世帯の全体像をとらえ
ることに努めてみましょう。また、子どもの立場から、親子をともに支援する入所施
設の役割について考えるために、観察や模倣をベースにしながら、自ら意図的にかか
わることで理解を深めることが大切です。

2 「施設の子ども（利用者）」を理解するために

　保育または学童保育による保育・養育支援の実際を学ぶことを中心に、親の子ども
への関心や養育力が強められる過程を保護者支援の実際を通して理解していきます。
保育支援の場は、常時保育を行うか、必要に応じて保育を行うかは施設により異なり
ます。いずれの場合も、保育室に子どもを連れてくる母親に対する職員の対応を観察
し、オムツかぶれの有無や髪も洗わず着替えもあまりしていない様子の有無など、子
どもに対する母親のケアが十分かどうかを把握しながら、母親の状況について考える
ことが必要です。

　学童保育支援の場では、言葉で主張できる・できない、暴言や暴力による感情表出
がある・ないなど、子どもの特徴に着目してみましょう。自らのかかわりが子どもの
特徴に対して適切か否かを振り返ることを通して、自己覚知と自己課題の発見につな
げることができます。また、不登校児がいる場合には、学校と親子との関係構築に職
員がどの程度かかわるのかを観察し、親子関係の状態や自立支援の段階について考え
ることが必要です。

Q
年上の母親とはど
うかかわればよい
のでしょうか
（➡実習 Q&A の Q37
へ）

3 「施設の保育者」を理解するために

　日常生活場面に介入することができる施設の特性をふまえ、子どもの声を親へ代弁
する保育士の声かけなどを通して、保護者支援の実際を考えることができます。ま
た、保育士の指示を受けながら、親子でいる場面にかかわる機会があった場合には、
子どもに関する話題を中心に母親と言葉を交わしてみることで、子どもに関する情報
共有の必要について考えることができます。また、保育士が異なる職種の職員と情報
共有する場面を観察し、専門職チームの一員として、親子関係再構築支援や保護者支
援における保育士の担う役割について学ぶことも重要です。

4　実習期間の段階区分別にみる目標や課題設定の例

	目標	課題	視点
実習前半	・母子生活支援施設の役割や機能を理解する。	・施設の概要や保育士の役割について説明を受け、母子生活支援施設の特性を理解する。	・「施設」を知る。
	・母子生活支援施設の入所家族を理解する。	・子どもと家庭の実態について説明を受け、子どもへの支援を通して家庭の状況を把握する。	・「施設」を知る。
	・観察や子どもとのかかわりを通して子どもへの理解を深める。	・学童保育による子どもへの支援を観察し、模倣する。	・「施設の子どもと母」を知る。
	・家庭の保育ニーズを理解する。	・病児保育や送迎保育による子どもへの支援を観察し、模倣する。	・「施設の保育者」を知る。
	・保育士の業務内容を理解する。	・子どもの個々の状態に応じたかかわり方を理解する。	・「施設の保育者」を知る。

（留意点、備考等）
　前半は、児童福祉施設のなかで唯一、親子で入所する母子生活支援施設の特性について理解することに努めましょう。そのためには、保育士や他の専門職のかかわりを観察しながら、まねてやってみることが大切です。

	目標	課題	視点
実習中盤	・母子生活支援施設における子どもと母の生活と環境を理解する。	・子どもへのかかわりを主に、親子へのかかわり方を観察し、親子の生活について考える。	・「施設の子どもと母」を知る。
	・家庭の状態に応じた子どもと母への支援を理解する。	・子どもへのかかわりを主に、親子へのかかわり方を観察し、家庭への総合的支援について考える。	・「施設の子どもと母」を知る。
	・個別支援計画に基づく子どもと母への支援を理解する。	・親子へのかかわり方を観察し、自立支援計画の進捗状況について考える。	・「施設の保育者」を知る。
	・保育士の業務内容や職業倫理を理解する。	・保育士の視点から子どもと母へのかかわりの意味について考え、自己課題を意識する。	・「施設の保育者」及び「自己」を知る。
	・記録及び自己評価を理解する。	・保育プログラム活動の一部を計画立案・実行し、記録を通して自己評価をする。	・「自己」を知る。

（留意点、備考等）
　中盤は、子どもへのかかわりを通して、子どもの立場から母とともに施設で生活することへの理解を進めましょう。そのためには、子どもの言動から母との関係性に着目した質問をしたり、実習日誌の記録の考察を深めることが大切です。

	目標	課題	視点
実習後半	・母子生活支援施設の役割や機能について実践を通して理解する。	・職員間や他機関との情報共有の実際にふれて、施設の役割について考える。	・「施設」を知る。
	・母子生活支援施設の地域社会や関係機関との連携・協働について理解する。	・送迎保育や登校支援を通して、子どもの関係機関との連携について考える。	・「施設」を知る。
	・子どもと家庭の生活実態にふれて、受容し共感する態度を身につける。	・子どもへのかかわりを主に、子どもの困り感に応じたかかわりについて考える。	・「施設の子どもと母」を知る。
	・子どもと家庭の生活実態にふれて、生活環境に伴う子どものニーズを理解する。	・子どもへのかかわりを主に、親子へのかかわり方を観察し、子どものニーズについて考える。	・「施設の子どもと母」を知る。
	・子どもと家庭の生活実態にふれて、子どもと母への支援を理解する。	・親子への介入を観察し、親子関係再構築支援について考える。	・「施設の子どもと母」を知る。
	・個別支援計画の作成と実践を理解する。	・実習による情報をもとに子どもの自立支援計画を作成し、実践し、振り返り記録する。	・「施設の保育者」を知る。
	・多様な専門職との連携・協働を理解する。	・異なる職種の職員から話を聞き、専門職チームにおける連携・協働について考える。	・「施設の保育者」を知る。
	・保育士の多様な業務と職業倫理を理解する。	・専門職チームにおける連携・協働を踏まえ、保育士が担う役割について考える。	・「施設の保育者」及び「自己」を知る。
	・保育士としての自己課題を明確にする。	・実習を振り返り、実習目標の達成状況について自己評価し、課題を明確にする。	・「自己」を知る。

（留意点、備考等）
　終盤は、社会的養護の役割を担う母子生活支援施設における親子関係再構築支援の実践への理解を進めてみましょう。そのためには、親子でともにいる場面への保育士等のかかわり方を観察し、親子ともにいる場面に遭遇した場合には、子どもを介した母への会話を試みることが大切です。また、母の養育スキルを尊重しながら行う養育支援について考えてみることもできます。

3　児童養護施設

1　児童養護施設の概要

1　「施設」を知る

①　児童養護施設とは

　児童養護施設は、保護者のいない子どもや虐待されている子ども、その他不適切な養育環境にある子どもを入所させて養育するとともに、退所した子どもへの援助を行う施設です。

　設置当初は戦災孤児の保護を担っていましたが、貧困家庭の子どもや両親が死亡・行方不明になった子どもの保護に役割が移りました。高度経済成長期になると、経済発展の影響で貧困問題が影を潜め、一時は施設数が減少傾向にありました。その後、児童虐待が社会問題化すると、入所児童数、施設数ともに増加に転じています[*13]。

　児童養護施設の基本的な役割としては、①できるだけ家庭的な環境で養育者との良好な愛着関係のもとで養育する養育機能、②児童の将来を見据えて社会生活に必要な力を形成していく自立支援機能、③虐待や親子分離などの体験から負った心的外傷に対し、適切な心理的ケアを提供する機能、④子どものみならず家族（親）を巻き込んで家庭を支援する家族との連携・協働機能、⑤他機関と連携し、施設退所後も一貫して専門的支援を展開する連携・継続的支援の機能、⑥虐待や貧困など児童が要保護状態に至った経緯や生育歴に着目し、その連鎖を断ち切るためのライフサイクルを見通した支援の機能をあげることができます。

②　児童養護施設の現状と課題

　児童養護施設はかつて衣食住の充足を主な役割としてきましたが、近年は被虐待児童やさまざまな障がいを有する子どもの増加に伴い、個別的かつ治療的なかかわりが必要とされるようになり、施設（ケア単位）の小規模化が進められてきました。

　2017（平成29）年に厚生労働省の検討会によって取りまとめられた「新しい社会的養育ビジョン」では、代替養育は家庭養護（里親）を原則とする方針が掲げられ、

*13　児童養護施設の入所児童数や施設数については、巻末資料（p.203）を参照。

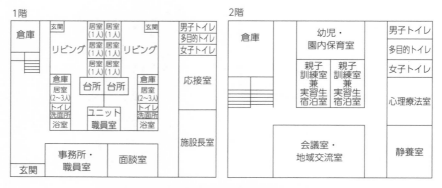

図5-5　児童養護施設の配置図（例）

児童養護施設には、従来の役割に加えフォスタリング機関（里親委託および里親への総合的な支援を担う機関）としての役割が求められることとなりました。

2　「施設の子ども（利用者）」を知る

児童養護施設には原則として18歳（に達した年度末）まで入所することができ、2017（平成29）年からは、大学等に進学する場合など特段の理由がある場合には、22歳まで引き続き支援を受けることができるようになりました。

入所している子どもの家庭環境としては、両親健在の家庭が約3割、ひとり親家庭の子どもが約6割（実母のみ約5割、実父のみ約1割）であり、身寄りのない子どもはごくわずかです。退所後の進路は、就労が約6割、進学が約3割と、進学率は低くとどまります[8]。

3　「施設の保育者」を知る

①　児童養護施設の職員

児童養護施設では、保育士と児童指導員が養育の中心を担っています[*14]。このほか、子どもと保護者への心理支援を行う心理療法担当職員や、ソーシャルワーク機能を担う家庭支援専門相談員ならびに里親支援専門相談員のほか、近年は精神疾患や発達障がいを有する子どもが増え、嘱託医だけではその対応に限界があることから、看護師を配置する施設も増加しています。

②　児童養護施設で働く保育士とその役割

児童養護施設は幼児期から青年期までの幅広い年齢の子どもを対象とするため、年齢ならびに発達段階に応じた多様な支援が求められます。低年齢の子どもには基本的生活習慣の獲得と愛着関係形成のための支援が必要であり、就学児以降は生活支援ならびに学習面の指導、青年期の子どもへは思春期の心と体の問題への対応など、その業務は非常に多岐にわたります。

*14　職員と子どもの比率は、0、1歳児で「1.6：1」、2歳児で「2：1」、3〜5歳児で「4：1」、就学児で「5.5：1」以上であることが義務づけられていますが、多くの施設がこれを上回る人員を配置しています。

時	6	7	8	9	10	11	12	13	14	15	16	17	18	19	20	21	22	23
	※部活動のある中高生・登校 起床・洗面	朝食	登校（小中学生、高校生） ユニット清掃等	登園（幼稚園児）	朝礼・申し送り 2歳児園内保育（17時まで） ユニット清掃、病児通院		昼食			帰園（幼稚園児） 病児通院（幼稚園児）	下校（小中学生、高校生） 自由時間、学習支援		夕食	入浴	就寝（未就学児）	就寝（小学生）	就寝（中高生、状況により）	

図5-6　児童養護施設の日課（例）

② 児童養護施設での実習における学びの内容

1 「施設」を理解するために

「児童養護施設」という施設の根拠法や入所児童などの情報を整理するとともに、実習施設の歴史的経緯を知ることにより、その施設の養育を理解しましょう。

また、児童養護施設は幅広い年齢の子どもが生活することから、施設の日課や年齢に応じた支援のプログラムについて理解を深めることも大切です。施設によっては小舎制施設やユニットケアなどさまざまな養育形態があるため[*15]、実習施設の養育形態の特徴を整理し、養育における注意点を押さえておきましょう。最終的には、実習施設の養育目標と、それを実現するための各種支援について、子どもの成長発達にどのようにつながっているのか考察し、理解できるよう努めましょう。

*15 小舎制施設やユニットケアなどの形態について、詳しくは、第2章1（p.23）を参照。

2 「施設の子ども（利用者）」を理解するために

配属されたユニットを理解することができたら、個々の子どもに目を向けましょう。年齢に応じて必要となる支援内容のほか、子ども同士の関係性、個々の発達段階や疾患・障がいなどによる支援の違いに着目することが、深い理解へとつながります。

実習中盤には、ケース記録等を参考に子どもの入所の背景なども含め、より深い理解に取り組みましょう。知り得た情報については適切に管理するほか、疑問点は速やかに実習担当職員に質問し、実習中に解決しておくことが重要です。家庭支援専門相談員など保育士以外の職種から見た支援についても理解を深め、保育士としてどのような支援を行うことが子どもの自立につながるのか考察することが求められます。

実習終盤には個々の子どもの特徴や性格の違いなども把握できているでしょう。特に高年齢児（中高生）との関係は苦手とする実習生も多いため、実習終盤には積極的にコミュニケーションを図り、幅広い年齢の子どもに対する理解につなげましょう。

Q
家庭支援や保護者支援の実際をどのように理解すればよいでしょうか
（➡実習Q&AのQ15へ）

3 「施設の保育者」を理解するために

実習開始当初は保育士が行う日常生活支援そのものに目が向きがちですが、生活の世話ということではなく、そこから生み出される安心できる生活環境と愛情豊かな人間関係こそが保育士による支援の目的です。そのための創意工夫に着目しましょう。

実習中盤は、子どもが有する個々の課題に保育士がどのように向き合っているか、施設内での他職種（多職種）連携や外部（学校・児童相談所など）との連携も含めて考察しましょう。子どもの自立支援計画を閲覧する機会があれば、保育士の視点から見た子どもの将来展望を知ることができます。

さらに、保育士をはじめとする専門職は、施設内での支援のみならず、保護者への支援や退所後の支援、地域との関係構築にも取り組んでいます。特に「保育実習Ⅲ」では、中長期的な視点に立った子どもへの総合的な支援と、施設保育士が地域に置いて果たす役割について考察を深めましょう。

4　実習期間の段階区分別にみる目標や課題設定の例

	目標	課題	視点
実習前半	・児童養護施設の概要を理解する。	・施設の沿革、根拠法、入所する子どもの背景と特徴、居室の配置を把握する。	・児童養護施設について基礎を理解する。
	・子どもの氏名と年齢、特徴を把握する。	・なるべく早く名前を覚え、特にアレルギーや重篤な疾患について把握する。	・保育士のかかわり方、支援方法を参考に、声かけの仕方や情報把握の視点の理解に努める。
	・1日の大まかな流れを理解する。	・施設全体の1日の流れ、配属先ユニットの1日の流れを理解する。	・子どもの年齢構成による違い、突発事項への対応を理解する。
	・子どもの年齢別の生活の流れを理解する。	・幼児、小中学生、高校生など年齢に応じた生活リズムを理解する。	・個々の子どもの生活リズムに着目する。
	・子どもとのコミュニケーションを図り、一定の信頼関係構築を目指す。	・実習生に親しくしてくる子どもへの対応、実習生に一定の距離を置く子どもへの対応を理解する。	・子どもから見た実習生（他者）の存在を考える。

（留意点、備考等）
　実習前半では、まずは児童養護施設という施設の概要を知り、施設生活の大まかな流れを理解することから始めましょう。なるべく早く子どもの名前を覚え、実習生から積極的に声をかけていくことで、コミュニケーションを図り、一定の信頼関係の構築を目指します。また、「全体の流れ」を理解できたら、次は子ども個々の生活リズムに目を向け、年齢や学校の種別に応じた生活の流れと、それに応じた保育士ら専門職による支援の実際を学びましょう。

	目標	課題	視点
実習中盤	・子ども同士の関係性を理解する。	・配属されたユニット内での子ども同士の関係性、きょうだいの関係性を把握する。	・グループダイナミクスの視点、子ども同士の関係性が子どもに及ぼす影響を考える。
	・子どもの入所の背景を理解する。	・ケース記録等からの理解および守秘義務の重要性を理解する。	・実習を通して理解した子どもの一面と、ケース記録等から見える子どもの一面を対比する（総合的な検討）。
	・日常生活支援を理解する。	・衣食住全般の支援（内容とねらい）を理解する。	・発達段階や年齢を踏まえ、子どもの成長につながる適切な支援を考える。
	・疾患および障がいを理解する。	・精神疾患、発達障がい等の障がいとその対応、服薬について理解する。	・疾患および障がいの特性、対応方法、健康管理について理解する。
	・児童養護施設に勤務する専門職を理解する。	・児童指導員、家庭支援専門相談員、里親支援専門相談員、心理療法担当職員などとの連携・協働について理解する。	・各専門資格、専門職の成り立ちと専門性、他職種（多職種）連携を理解する。

（留意点、備考等）
　実習中盤は、施設全体あるいはユニット単位の視点から、より個々の子どもとその内面に向けた視点へと切り替えていく時期です。特にケース記録等に触れる機会があれば、実習開始当初に得た自分なりの見解・理解と、ケース記録等から見える子どもの内面や背景とあわせて総合的に考察しましょう。また、子どもが有する疾患や各種障がいについても理解を深め、具体的な支援の方法について検討、実践してみることが大切です。保育士の視点のみならず、様々な専門職からの視点についても理解を深めましょう。

	目標	課題	視点
実習後半	・日々の記録を理解する。	・記録の目的、記録方法、要点を理解する。	・必要な項目、記録手法を理解する。
	・自立支援計画を理解する。	・目的、意味、子どもにかかわる専門職および関係者について理解する。	・子どもの生活の将来展望、家庭復帰とその後に必要と考えられる支援を考える。
	・退所を見据えた支援計画を理解する。	・児童相談所との連携、家庭支援専門相談員および里親支援専門相談員の役割を理解する。	・入所の経緯、退所への見通し、親子関係、親の子育てスキル、子どもの生活スキルを学ぶ。
	・退所後の支援を理解する。	・リービングケア期の支援、アフターケアプログラム、就労や進学についての検討、措置変更時の対応を理解する。	・家庭復帰、自立（独り立ち）、措置変更など施設退所後の支援と関係機関との連携を考える。
	・地域における児童養護施設の役割を理解する。	・ショートステイおよびトワイライトステイの理解、各種学校との関係について理解する。	・市町村の制度および利用状況等の理解、子どもが通う各種学校との連携を考える。
	・苦情解決と保護者対応を理解する。	・第三者委員、第三者評価、苦情解決制度について理解する。	・施設の取り組みの実際（子どもの声をどのように受けとめ、養育に反映させているか）を考える。
	・児童養護施設の社会的役割を理解する。	・求められる社会的役割について考察する。	・里親支援、退所者への継続的支援、地域の社会資源としての児童養護施設について考察する。

（留意点、備考等）
　実習後半は、施設の各種記録物を参考に、子どもに対する各専門職からの総合的な見立てを理解し、子どもの将来展望を考える視点で実習に取り組みましょう。児童養護施設の場合、家庭復帰・自立・他施設への措置変更という3つの形で「退所」が考えられるため、退所に向けたさまざまな支援の内容を理解することが求められます。特に「保育実習Ⅲ」においては、地域における児童養護施設の位置づけや、子どもが通学する学校との連携など、児童養護施設が今後果たすべき役割について総合的な考察を行い、実習を総括できるよう取り組みましょう。

4 児童心理治療施設

1 児童心理治療施設の概要

1 「施設」を知る

① 児童心理治療施設とは

児童心理治療施設は、心理的困難や苦しみを抱え、社会生活の多岐にわたって生きづらさを感じ、心理治療を必要としている子どもを対象として、入所または通所によって治療を行う施設です。

情緒障害児短期治療施設として、1961（昭和36）年に法制化されましたが、「情緒障害」や「短期」という言葉が誤解を生んできたため、児童福祉法の改正に合わせ、2017（平成29）年4月より児童心理治療施設に名称が変わりました。

児童心理治療施設の大きな特徴は、入所している子どもの心理治療に対応するために、多職種の職員が配置されていることです。主に子どもの生活を支援する児童指導員や保育士は子ども3人に対し1人、心理療法担当職員は子ども7人に対し1人が配置されます。精神科もしくは小児科の医師、看護師の配置も定められています。もうひとつの大きな特徴は、子どもの学校不適応に対応するために、全国ほとんどの児童心理治療施設に入所中の子どもが通学するための学区公立校の分級や分校、養護学校などが設置されていることです。

このように、福祉、心理、医療、教育という複数の専門職が連携して、子どもの心理治療や育ちに必要な生活環境を提供します。子どもの心身の成長を促進するために、多職種チームにより統合的なケアを目指します。これを「総合環境療法」と呼んでいます[9]。

② 児童心理治療施設の現状と課題

児童虐待の件数は、年々増加しています。市町村や児童相談所が対応する児童虐待

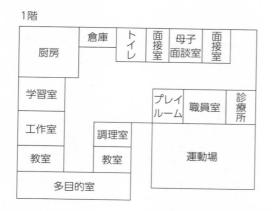

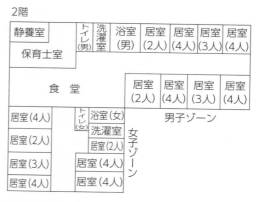

図5-7 児童心理治療施設の配置図（例）

のケースの多くでは、子どもは家族との生活から分離されることなく在宅のまま支援を受けています。より深刻なケースになると、家庭から保護され、児童養護施設などの児童福祉施設に入所することになります。その中でも、学校不適応、暴力、自傷行為など日常生活に多くの困難を抱え、心理治療を必要としている子どもが児童心理治療施設に入所します。近年では、発達になんらかの偏りが見受けられたり、発達障がいの診断を受けている子どもの入所も増えています。精神症状を呈し、精神科医療を必要とするケースもあります。また、家族関係が複雑で、養育者が精神障がいや貧困など多くの困難を抱えており、養育者と子どもの関係修復が難しいケースも増えています。

　このように、児童心理治療施設に入所する子どもの抱える困難は深刻さや複雑さを増しており、施設職員は日々悩み、奮闘しながら支援にあたっています。一人の支援者で対応できるほど子どもの抱える困難は単純ではなく、職員のチーム力が試されます。施設数や施設の設備、職員の手数などのハード面、提供する心理治療的ケアの質などのソフト面、その両面の充足が課題となっています。

2　「施設の子ども（利用者）」を知る

　入所している子どもの多くは、乳幼児期または胎児期から、安全な環境のもとで養育者から育ちに必要なケアを適切に受けなかったばかりか、生命の危機的状況にさらされてきました。子どもにあらわれる心理的困難は、落ち着きのなさや過敏、暴言暴力、情緒不安定、パニックなどさまざまです。「問題行動」としてとらえられがちですが、根本には脅かされ続けながら生き延びてきたゆえの強い恐怖心や不安感があることを見過ごしてはなりません。精神的にももろく、不眠や悪夢、抑うつ症状や自傷行為などの精神症状も見られます。このような多岐にわたる生きづらさを抱えた子どもが、家族など今まで育った環境から離れて入所を決心する姿からは、「安心して生活したい」「よりよく生きたい」という切実な願いが感じられます。児童心理治療施設では、こうした子どもの願いを真摯に受けとめ、支援していくのです。

3　「施設の保育者」を知る
①　児童心理治療施設の職員
　児童心理治療施設では、前述の通り、福祉、心理、医療、教育など多職種の職員が支援にあたっています。どの職種がどこまで役割を担うかは、施設によってさまざまですが、役割が細分化されることはなく、それぞれの役割が有機的に機能するようチーム全体での支援を必要としています。施設内だけでなく家族や児童相談所などとも連携し、協働する力が求められます。
②　児童心理治療施設で働く保育士とその役割
　胎児期、乳幼児期から心身の健全な育ちに必要なケアが提供されてこなかった子ども、日常生活で常に自分を脅かす危険にさらされていた子どもの心理治療的ケアにおいては、安心・安全な生活がつつがなく繰り返されることが、なによりも重要になり

Q
子どもが言うことを聞いてくれないときは、どうすればよいでしょうか（→実習Q&AのQ16へ）

ます。保育士や児童指導員は、このつつがない日常生活のケアの提供において要となる存在です。

　朝昼夕の食事が毎日同じような時間に提供され、その食事は温かいものは温かく、冷たいものは冷たく、子どもの成長に配慮されたものであること。成長や好みに合わせ、適切な衣服が清潔に用意されていること。夜には自分のために用意された寝具で、ゆっくりと誰にも邪魔されることなく眠りにつけるよう配慮されていること。子どものこれまで生活で適切に提供されてこなかった当たり前の生活の営みそのものが、子どもの心身の発育にとって大きな力となります。

　生活の営みが、同じ時間に同じように繰り返されることで、子どもは安心感を抱きます。何をしたらほめられるのか、何をしたら制止されるのか、わかりやすい一貫したしつけや指導の基準があることも、安心感につながります。こうした見通しのある生活に加え、困ったときにはすぐに大人に助けを求め応えてもらえる体験の積み重ねも、子どもの心の発達にはとても重要です。

　さまざまなすさまじい体験や育ちの背景から、かなりの無理を強いられて生き延びてきた子どもたちです。生活の営みはできるだけ無理のないよう配慮することも必要です。身の丈にあった生活のなかで子どもが失敗体験を減らし、チャレンジできそうなことに少しずつ取り組んで達成していくことの積み重ねが自信につながっていきます。

6	7	8	9	10	11	12	13	14	15	16	17	18	19	20	21	22	23	24 (時)
起床	朝食	歯磨き・布団たたみなど	小学生・中学生登校	学習（登校していない子）	下校	昼食	小学生・中学生午後指導	自由時間	おやつ	掃除 / 個別の心理療法 / グループワーク・自由時間		配膳準備 / 夕食	テレビ・入浴など		小学生就寝	中学生就寝	高校生就寝	

図5-8　児童心理治療施設の日課（例）

② 児童心理治療施設での実習における学びの内容

1 「施設」を理解するために

　入所している子どもへの「総合環境療法」の取り組みとして、児童心理治療施設では、日常生活場面に加えてさまざまな行事などの集団活動、個別の心理療法、グループワーク、学校生活などが治療として配慮され工夫されています。

　子どものさまざまな心理的困難に対し、心理療法では、個々の子どもの状況に合わせ心理療法担当職員が準備した心理面接室で遊びや言葉を介してアプローチをします。友だちと仲良くしたいのにトラブルが絶えない子どもも少なくありません。グループワークや行事では、仲間に合わせて同じ活動をともにするなかで、互いの違い

を認めあったり、ともに行動する喜びを共有したりします。入所する前は学校不適応だった子どもが多いため、学校生活も大切な支援の場です。多くの子どもが安心して登校し、集中して学べるような取り組みをしています。どの日課やプログラムも、今の子どもの状態を理解したうえで、必要な支援を職員が悩み、考え、工夫を凝らして準備しています。実習生は、ぜひ施設での様子をよく観察し、職員の話を聞いて、多様な側面での施設の取り組みを学んでください。

2　「施設の子ども（利用者）」を理解するために

　子どもを理解するためには、自分が当たり前に思っている考えや価値観をいったん脇において、率直に子どもの言動に目を凝らし、耳を傾けてみることが大事です。子どもの目から見て世界がどのように見えているのか、どのような体験になっているのかを常に考えます。子どもの育ちの背景や生まれつき抱えざるを得なかった器質的な問題にも思いをめぐらせながら、子どもの言葉や行動を受け止めると、「そうせざるを得なかったんだな」という共感的な理解が進みます。その苦しみを受け止めながら、どのようにすればもっと生きやすくなるのかを子どもとともに考え、家族とも話し合い、多職種チームと連携しながら、よりよい生活の工夫に取り組んでいきます。

3　「施設の保育者」を理解するために

　保育士として、子どもたちが胎児期、乳幼児期に得られなかった養育者からのケアを再度提供するような心持ちで生活の中でかかわってみましょう。子どもの中には、自分の不快感や怒りを激しい暴言暴力にして撒き散らすような子もいます。本来、赤ちゃんは空腹や排尿の不快さから泣いて養育者の関心をひきつけ、抱っこしてなだめあやしてもらったり、ミルクを与えてもらったり、おむつを替えてもらったりして、不快な気持ちを心地よさに変えてもらいます。児童心理治療施設には、そのようなケアの機会を奪われてしまった子どもが多くいます。暴言暴力は止めるようしつけや指導をする必要がありますが、同時に、養育者に不快さをなだめてもらう、気持ちを整えてもらうなどの体験をやり直すことが大切になってきます。

　とはいえ、実際に赤ちゃんには戻れません。年齢的に抱っこが不適切なことも大いにあります。保育者は、子どもの育ち直しに必要なケアと年齢相応の発達促進的なかかわりの両面を見ながら、目の前にいる子どもの支援を検討していきます。

　生活用品の準備ひとつをとっても、子どもの好みを知り、その子に合ったものを用意してあげる営みに、子どもは自分が大切にされているという実感をもちます。ささやかでも子どもの成長に目を向け、ともに喜ぶ心持ちも子どもを勇気づけます。

　保育士にとっては豪華なレジャーランドに遠出するのが楽しみに思えたとしても、虐待を受けてきた子どもにとっては、見知らぬ人混みに連れていかれスリルのある乗り物に乗ることは恐怖と緊張で耐えられないことかもしれません。近所のなじみの公園でゆっくりおやつを食べるほうが安心して心から楽しめることもあるでしょう。

　前項でもふれたように、大人の思い込みではなく、目の前の子どもが体験する世界

を想像しケアすることが、保育士の重要な役割となってくるのです。

4 実習期間の段階区分別にみる目標や課題設定の例

	目標	課題	視点
実習前半	・子どもの生活日課や職員の勤務の流れを知る。 ・多職種の施設の職員がどのような役割を担い、保育士がどのような役割を担い働いているのかを知る。	・子どもの生活や多職種の職員の動きの中で保育士がどのような役割を担っているのか観察する。	・子どもがどのような生活をしているのかを理解する。 ・職員がどのような生活をしているのかを理解する。 ・施設全体がどのような職種の役割によって営まれているのかを理解する。
	・施設で生活する子どもの様子や特徴について知る。	・子どもたちにかかわりながら観察する。 ・かかわりや観察から得た子どもの特徴を記述してみる。	・子どもを脅かさないよう慎重にかかわる。 ・子どもの言動を率直に受け止め、自分が感じた感覚を正直に見つめる。 ・観察やかかわりでの事実と自分の考えや感想を区別して記述する。
	(留意点、備考等) まずは、施設の生活を実際に体験します。素朴な疑問や質問が理解への手がかりになるでしょう。		

	目標	課題	視点
実習中盤	・子どもの生活の中での心理治療的な配慮、さまざまなプログラムや学校生活について知る。 ・職員が子どもの安心安全な生活を守るために重視している施設文化やルールを知る。	・子どもの日課にどのような心理治療的な配慮、生活のルールや文化があるのかを学ぶ。 ・個別の心理療法やグループ活動、行事などにはどのような活動や工夫があるのかを学ぶ。 ・学校の授業の組み方や子どもたちへの指導の工夫を学ぶ。	・心理治療的な配慮やプログラム、行事、学校教育等はどのようなねらいで営まれているかを理解する。 ・特別なルールや決まりごとがどのような意味をもっているのかを理解する。
	・職員が、職員間の連携の中でどのようなミーティングをしているのかを知る。	・施設全体やユニットでのミーティング、カンファレンスなどに参加したり、記録を読む。	・それぞれのミーティングがどのようなねらいで行われているのかを考察する。
	(留意点、備考等) 施設の機能について、支援の仕組みを理解しましょう。		

	目標	課題	視点
実習後半	・保育者が個々の子どもに対し行っている成長促進的な取り組みを知る。	・保育者が生活上細やかに行っている成長促進的なケアについて理解する。	・保育者の子どもへのケアは衣食住の生活のさまざまな場面で配慮や工夫ができる可能性があることを理解する。
	・さまざまな場面を統合的にみた子どもの特徴について考える。 ・子どもの育ちや生まれもっての特性の背景を考慮する。	・複雑な育ちの背景を読み解き、子どものがんばりや努力ではどうにもできない生きづらさについて考える。 ・子どもが体験してきたことを想像して、現在の像とつなげてみる。	・子どもの育ちや特性の背景を見ると、周囲を困らせる問題行動も、さもありなんと理解が進むことが多いことを理解する。
	・職員と相談しながら、実際に子どもとのかかわりの工夫を試みる。	・かかわりの試みをしたうえで得た子どもの言動や受けた感覚を言葉にし、子どもへのさらなるかかわりの工夫を検討してみる。	・職員とよく相談しながら、自分や子どもにとって無理のない範囲でかかわってみる。
	・子どもと家族とのかかわりや、家族支援について知る。 ・どのようなプロセスを経て子どもが退所していくのかを知る。	・家族との再統合だけでなく自立、他施設への措置変更など、多様な退所のプロセスがあることを知る。	・家族支援や退所へのプロセスは、児童相談所との連携が不可欠であることを理解する。
	(留意点、備考等) 個々の子どもや家族へのアプローチ、ケアの実践について体験的に学びましょう。		

コラム 9　遊びの本質は？

「幼児の自発的な活動としての遊びは、心身の調和のとれた発達の基礎を培う」と幼稚園教育要領に示されています。ここで考えなければならないことは、「心身の調和のとれた発達」ということです。「美しいものを美しいと感じる心」「喜びを感じる心」「つらさや悲しさを感じる心」「大好きな人に甘えたいという心」「自分でやりたいという心」など、さまざまな心が旺盛な状態を「豊かな心」というのでしょう。ある特定の感情だけが旺盛でも豊かな心とはいわないし、さまざまな感情が薄く冷めた状態でバランスをとり合っていても、それではなんとも寂しすぎますよね。

さらに、「自発的な活動としての遊び」が重要であると国は示していますが、「自発的な遊び」とはどういうことなのでしょう。2018 年ゲームやスマートフォンへの依存症を病気として WHO（世界保健機関）が認定しました。ゲームも自分からやりたいと思ってやっているのだから「自発的」といってよいのでしょうか。ゲームは何が成功か（どうすれば点数が得られるか、次のステージに進めるか等）が決まっています。場合によっては、その結果にたどり着く方法も決められていることさえあります。これは実は「勉強」と本質は同じです。「勉めて強いる」という意味での勉強は、何がよい結果かが決まっていてスムーズにその結果に行きついた人は高得点をもらえます。場合によっては「解き方」さえ決められています。何がよいかとか、とりあえず進んでみたら大人が意図していたこととは違う面白さや可能性に気づいたり異なる解法の筋道を探していったりすると、「結果が正しくない」「やり方が違う」と減点されます。

一方、「遊び」と「学び」は本質が同じです。そこには自由があって、面白がることが許されます。積み木遊び一つをとってみても、大人が思いもよらなかった楽しみ方を子どもがすることがあります。その遊び方を通して何を学ぶかも予測不能な場合があります。学童期の教科の学びもしかりです。勉強ではなく学んでいる子どもは、何でこうなるのかと不思議がって自由に頭の中で自分なりの筋道を作っていきます。次のような小学生がいました。1 / 2 ＋ 1 / 3 ＝ 2 / 5 とやるので「何でそうなったの」と尋ねると「僕のうちはお姉ちゃんが 1 人。子どもが 2 人いて男は僕 1 人だから 1 / 2。D 君はお姉ちゃんが 2 人。子どもが 3 人いて男は D 君 1 人だから 1 / 3。合わせて子どもが 5 人いて男は僕と D 君の 2 人だから 2 / 5」。筋が通っていると思いませんか。でも「勉強」の世界では「×」をもらいますよね。こんな時どうしますか。

間違えることも含めて面白がってよい、なぜだろうと自由に考えてよいというところに本物の遊びや学びが生まれます。だから「勉強」は解き方だけ覚えて「○」をもらってもいずれ嫌になることが多いです。しかし学びはわからないことや難しいことがあっても嫌にはなりません。遊びもそうです。保育者は、遊びが活発になるような環境と大きな事故にならないような環境は用意しますが、予想と違う遊び方や楽しみ方を子どもが自発的に始めたらそれにつき合い、子どもが自発的に生じさせた方向に広がりが生まれるように寄り添い手伝います。すると大人の予想を超えた学びが生まれます。臨床心理学者の河合隼雄さんは「子どもの中には宇宙がある」と表現しました。その宇宙に面白がってつき合えるかどうか。前述の分数の子どもの学びに面白がってつきあえるかどうか。保育者自身が「学んでいる人」かどうかが問われます。

5　児童自立支援施設

1　児童自立支援施設の概要

1　「施設」を知る

①　児童自立支援施設とは

　児童自立支援施設は、「家庭や学校・地域、他の施設で非行のあった子どもや精神面や行動上の課題がある子どもが入所している施設」であり、児童福祉法第44条にはその目的として、「個々の児童の状況に応じて必要な指導を行い、その自立を支援」すること、また「退所した者について相談その他の援助を行うこと」が定められています。入所している子どもの非行性や課題の改善が望まれますが、子どもの生育歴や家庭環境等が複雑なため、簡単なことではありません。ケースワークや退所先の調整など取り組むべきことが数多くありますが、子どもが退所後の生活をスムーズに遅れるようアフターケアを充実させることも重要な役割です。

　1997（平成9）年の児童福祉法改正によって、児童自立支援施設が対象とする子どもに「家庭環境その他の環境上の理由により生活指導等を要する児童」が含まれました。児童虐待などの不適切な養育により、日常生活において基本的な関係性の構築や生活習慣の形成が難しい子どもや、地域で不適応行動をする子どもに対して、「育て直し」の機能をもっていることが大きな特徴です。児童自立支援施設には、生活を基盤にしながら、子どもと職員の関係性のなかで「共に生活し共に育む」という理念があります。また、地域の住民に対して子どもの養育に関する相談に応じ、助言を行うよう努める役割もあります。

②　児童自立支援施設の現状と課題

　児童自立支援施設は、各都道府県に「必置義務」があります。入所定員が20人程度の施設から100人を超える大規模な施設までさまざまで、小学校中学年から中学生の子どもを中心に、高齢児といわれる16、17歳の子どもも入所しています。

　子どもは「寮舎」といわれる場所で生活しますが、子どもたちを支援する形態は大きく2つに分かれています。一つは1組の夫婦が中心となり子どもを支援する「夫婦制」で、もう一つは5～7人の職員が交替で支援する「交替制」です。「夫婦制」と

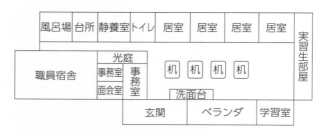

図5-9　児童自立支援施設の寮舎（例）

「交替制」はそれぞれに特徴があり、実習する施設の支援形態によって実習時間や子どもとのかかわり方などにも違いがあります。なお、一つの寮の人数は、時期や各施設の考え方により違いがありますが、5〜10人であることが多いです。

　児童自立支援施設の課題の一つとして、入所する子どもの多様化・個別化があげられます。かつては暴力や窃盗などの不良行為をする、いわゆる「非行少年」といわれる子どもが大半でしたが、近年は虐待や貧困、保護者の犯罪など不適切な環境で育ったことによるトラウマや愛着障がい、発達障がいなど行動上に問題のある子どもがほとんどです。このような子どもは、施設に入所した後も職員に対して、「試し行動」とよばれる、施設のルール違反や挑発行動をすることがあります。また、発達障がいなどの課題も含め、時として集団での生活に困難をきたす子どももいます。どの子どもにも個別的なかかわりが必要なのはいうまでもありませんが、集団生活が難しい子どもには、より丁寧なきめ細かい支援が必要です。このように、子どもの生活支援の中では施設における集団生活を中心にした支援と個別的な支援やかかわりとのバランスが、最も重要な課題です。

　また、子どもの権利擁護に対する施設の取り組みや職員の理解も重要です。職員一人ひとりが「入所する子どもに対して虐待をしない」ことはもちろん、配慮に欠けた軽はずみな言動などにより子どもが深く傷つくことがある、という認識を強くもたなければいけません。実習生は、子どもの容姿や特徴を他の子どもに言ったり、施設外の情報を軽はずみに口にしたりすることも配慮に欠ける行動ですので、気をつけるようにしましょう。

「試し行動」をする子どもにはどのように対応すればよいのでしょうか（➡実習 Q&A の Q30 へ）

2　「施設の子ども（利用者）」を知る

①　入所する子どもたちの傾向

　家庭や子どもをめぐる環境が大きく変化するなか、児童自立支援施設には、不良行為など生活指導を要する子どものほかに、以下のような課題のある子どもが入所しています。

- ①　虐待や保護者の犯罪など不適切な養育環境で育った子ども
- ②　愛着障がいといわれる、発達課題の一つであるコミュニケーションの形成や基本的信頼関係の構築が難しい子ども
- ③　過去の生育歴からトラウマ、うつ・不安など精神面に課題のある子ども
- ④　知的障がいや注意欠如・多動症（AD/HD）、自閉スペクトラム症などの発達障がいのある子ども

　児童自立支援施設に入所する子どもの大半は、これら複合的な背景をもち、家庭や地域、学校などで不適応の状況をくり返しています。入所にあたっては、児童相談所による措置のほか、家庭裁判所を経る場合もあります。さらに、入所利用だけでなく、通所利用の場合もあります。

②　支援の基本的な考え方

　児童自立支援施設は、名称は変更されてきましたが、明治時代から基本的な考え方

は変わらず、家庭環境に恵まれず非行化した子どもの家庭の代替機能を果たしてきました。設立から100年以上が経った今、入所している子どもの様子や背景、勤務形態は変化しましたが、生活を基盤にした支援を行っていることに変わりはありません。現在の児童自立支援施設の理念、支援の基本的な考え方は、以下のとおりです。

① 開放的な支援であり、「安全・安心で、自立を促す良質な支援環境」をつくる。
② 関係性（子ども同士、職員［大人］と子ども）を重視した支援を行う。
　　　　⇒自己肯定感の向上、他者の尊重、社会的スキルや生活力を獲得させる。
③ 子どもの最善の利益を考慮し、「With（子どもとともに）の精神」をもとにした継続的で一貫した生活支援を行う（「育ち直し」・「育て直し」）。
④ 発育、心身の発達を保障する場であり、愛着形成を促進する場所をつくる。
⑤ 子どもの養育環境に焦点をあて、アセスメントにより個々の子どもや家庭のニーズを把握し、自立支援計画の策定や評価、その見直しを行っていく。

3 「施設の保育者」を知る

① 児童自立支援施設の職員

児童自立支援施設には、施設長等の管理職や事務職員、調理員のほか、生活全般を支援する児童自立支援専門員や児童生活支援員、心理療法担当職員、家庭支援専門相談員がいます。それぞれが専門性を生かした役割を担い、子どもたちの支援にあたっています。さらに、施設内には学校（分校など）があり、学校教職員が配置されています。

② 児童自立支援施設で働く保育士（児童生活支援員）とその役割

保育士資格を有する者は、児童生活支援員の任用要件を満たし、児童自立支援施設で働くことができます。児童生活支援員は、子どもの生活全般の支援、家庭や児童相談所等との連携・調整、退所後のアフターケアまで、ほぼすべての業務を担います。日課はおおむね、生活支援、学習指導、作業指導、余暇等その他の指導、心理療法などの個別の支援に分かれます。また行事の企画や準備、運営などの役割も担っています。

図5-10のように、基本的に24時間、職員が子どもと生活をともにしながら子どもに寄り添い、支援しています。児童生活支援員は、子どもの成長発達や保育に関する知識をもち、基本的生活習慣、生活全般を身につけるための支援など、子どもの社会的自立を支援することが職務です。大人との基本的な信頼関係の育成や家庭との関

7	8	9	10	11	12	13	14	15	16	17	18	19	20	21	22 (時)
起床・着替え	朝食・登校準備	登校・朝礼	【施設内】学校教育		昼食		【施設内】学校教育	（作業・部活動）下校・寮日課	自由時間	寮内清掃（スポーツなど）	夕食	入浴 自習・日記記入	自由時間	就寝準備寝一日の振り返り	就寝・消灯

図5-10　児童自立支援施設の日課（例）

係修復は、児童生活支援員の大きな役割であり、子どもの心身の発達を促すことになります。

② 児童自立支援施設での実習における学びの内容

1 「施設」を理解するために

　児童自立支援施設については、その特徴などを比較しながら理解し、専門的な知識や技術を身につけることが必要です。そのためには、まず、実習の目的を明確にしておくことが重要です。児童自立支援施設の実習目的として、以下のことが考えられます。

---

① 児童自立支援施設の法的根拠、目的、役割を理解する。
② 児童自立支援施設において、子どもに対する支援の考え方を理解し、入所している子どもと接する。
③ 児童自立支援施設の生活や作業、スポーツ、余暇活動などを自ら体験し、理解する。
④ 入所している子どもの特性や生育歴等を理解したうえで、支援の目的や技術を学ぶ。
⑤ 施設職員の職務、役割分担、チームワーク、関係機関との連携などについて学ぶ。

---

2 「施設の子ども（利用者）」を理解するために

　児童自立支援施設には、虐待を受けた子どもや適切な養育を受けていない子どもなど、生育歴に課題があり、他者を尊重する以前に自分を大切にできない子どもが多くいます。そのような子どもは、地域や社会のなかで誤った情報の習得や認識のゆがみ、自己中心性、バウンダリー（心の境界線）の欠如、劣等感など、好ましくない性格特性が備わってしまい、それが性の問題に行動化する場合があります。近年、過去に施設内で性被害を受けた・性加害を行った子どもを含めて、性に課題を抱えた子どもが増えています。このため、入所している子どもに心理面のケアを行うなど個別的なかかわりを継続し、適切な生活環境で成功体験を重ね、自己肯定感を構築していくことが重要です。実習生は、必要以上に警戒心や恐れを抱く必要はありませんが、他者との距離感に課題のある子どももいるので、身体接触や不適切な会話などに留意することが必要です。対応に困った場合は身近な職員にすぐに相談してください。また、行動上の問題が「なぜ」起きたのかを考察してみることが子ども理解の第一歩で、今後のケースワークにつながっていきます。

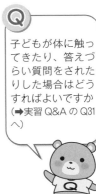

Q　子どもが体に触ってきたり、答えづらい質問をされたりした場合はどうすればよいですか（➡実習 Q&A の Q31 へ）

3 「施設の保育者」を理解するために

　ある日、ある児童自立支援施設で、職員がその施設を退所した子どもから電話を受けたことがありました。「お母さんとはたまにケンカはするけど、学校ではみんなと仲良くやっています。落ち着いたら、施設に顔を出したいと思います」という内容でした。退所後は、子どもにさまざまな困難があります。たくましく生きている子どももいれば、再び非行に走ってしまう子どももいます。児童自立支援施設の職員は、い

つでも子どもに寄り添い、支援する存在です。子どもへの支援は大変なこともありますが、子どもの成長や自立を見守ることができる、やりがいも大きい施設です。

4　実習期間の段階区分別にみる目標や課題設定の例

	目標	課題	視点
実習前半	・実習目的を明確化する。	・実習希望理由を伝える。	・興味関心を大切にする。
	・施設の役割を理解する。	・入所理由を考える。	・入所経路を理解する。
	・施設での生活に慣れる。	・きちんと挨拶し、身だしなみを整える。	・生活の流れを把握する。
	・子どもとの距離感に気をつけつつ、自然に接する。	・子どもに迎合することなく、謙虚さを失わないように努める。	・子どもの視点に立ち、よく観察する。
	・疑問点を解消する。	・実習の流れをみて、疑問点を職員に質問する。	・自分なりの見解をもつ。

(留意点、備考等)
ほかの児童福祉施設との違いを考え、答えられるようにしましょう。

	目標	課題	視点
実習中盤	・児童自立支援施設での生活の意義を考える。	・日課一つひとつの意味、生活環境を理解する。	・家庭や地域との違いを考える。
	・職員の職務分担を理解する。	・連携やチームワークを理解する。	・職員の動きをよく見る。
	・集団生活と個別ケアを理解する。	・個別的心理ケアの意味を理解する。	・集団と個別のバランスを考える。
	・性問題への理解を深める。	・子どもとの適切な距離感を理解する。	・保育者自身の性認識を考える。

(留意点、備考等)
生活に慣れるとともに、一人の大人として子どもの見本となるように努めましょう。

	目標	課題	視点
実習後半	・個々の子どもの性格特性を把握する。	・子どもの生育歴を理解する。	・守秘義務の徹底、ケースワーク、家族支援を考察する。
	・施設内の子どもの権利擁護を考える。	・生活の中での子どもの主体性に関して考察する。	・子どもの権利擁護への理解や、考察を行う。
	・アフターケアの意味（親子再構築支援）を考える。	・入所中から退所後の生活を考察する。	・学校や地域、保護者とのつながりを考える。
	・実習を総括し、今後の学習、就職への展望を考える。	・子どもや周囲の人へのかかわり方の再構築をする。	・新たな視点の整理、自己実現へのステップを考える。

(留意点、備考等)
子どもに平等に接しつつも、個々の子どもの特性、背景も考えてみましょう。

施設保育士のケアの実際──発達障がいのある子ども

　幼児期は集団生活が始まり、なんらかの生活のしづらさが見られる時期でもあります。特に発達障がいのある子どもたちは、周りの子どもや大人とのかかわり方に、保護者や保育者が本人とのかかわり方に悩んでいることがあります。集団生活である福祉施設において、どのような工夫をしてあげれば発達障がいのある子どもたちや「気になる子ども」たちが生活をしやすくなるのでしょうか。

　新学期など新しくスタートする時期には、発達障がいのある子どもや「気になる子ども」の保護者に対して聞き取りが行われます。聞き取りには、子どもの好きなこと、嫌いなこと、苦手なこと、困っていること、身辺自立はどのくらいできているかなどについて記入するプロフィールシートがあります。プロフィールシートを活用することは、その子どもの理解を深めるきっかけとなり、保護者の気になっていることやその子どもに対して支援や配慮が必要と感じる部分が保育者に伝わります。

　また、プロフィールシートをもとに保育者がアセスメントシートを作成します。アセスメントシートは、身体面、生活面、対人・コミュニケーション面において、どのくらい発達しているのか、どのくらい支援が必要なのかを評価していきます。このプロフィールシートとアセスメントシートが個別支援計画に反映され、福祉施設における子どもへの支援や保護者への支援の方向性が決まってくるのです。

　個別支援計画は、発達障がいのある子どもや気になる子ども一人ひとりに対して作成されます。その子どもが1年間の園生活で達成できるものを目標とし、今できそうな行動に注目します。できないことをそのままにして次に進むのではなく、「できない理由は何か」「できるようにするにはどこを変えていけばいいのか」を考え直し、その都度、指導計画に反映させていきます。

　ここで大事なのは、「スモールステップ」です。一度に高い目標を掲げていくのではなく、少しずつ段階を踏んで目標をクリアしていき、最終的に高い目標に到達し、クリアできるようにすることです。発達の違いを考慮し成長をとらえたうえで、子どものペースに合わせ、無理なく成長していけるようにサポートしていきます。

　また、発達障がいのある子どもや気になる子どもだけでなく、言葉で理解できないときには、絵カードなどを使用して視覚から理解してもらうという方法が有効です。1日の流れを絵で示しておいたり、触ってほしくない場所には「×印」を書いた紙を貼ったりすることもいいですね。次にしなくてはいけないことがあらかじめわかっていると、子どもも戸惑うことなく安心して行動にうつすことができるようになるのです。

　それぞれの時期にふさわしい生活を展開し、子どもたちが興味・関心をもって活動に取り組めるように見守り、受け止めてあげられるといいですね。

6 児童相談所一時保護施設

1 児童相談所一時保護施設の概要

1 「施設」を知る

　児童相談所は、児童福祉法第12条に基づき、各都道府県および政令指定都市に設置されている子ども家庭福祉の専門機関です。2016（平成28）年5月の児童福祉法改正により、2017（平成29）年4月から児童相談所を設置できる自治体が拡大され、中核市だけでなく政令で定める特別区にも設置されるようになりました。

　一時保護施設は、児童相談所に付設されている施設であり、一般的には一時保護所といわれています。子どもを虐待等から守るために児童相談所長が必要と認める場合に、子どもの安全を迅速に確保し保護するため、または子どもの心身の状況や子どもがおかれている環境その他の状況を把握するため、子どもを一時的に保護する施設です。この一時保護施設を知るためには、児童相談所の機能や役割を理解する必要があります。

① 児童相談所の基本機能

　児童相談所には、①市町村が受けつけている子ども家庭相談について、情報の提供や専門的な支援を行う市町村支援機能、②子どもに関する相談のうち、専門的な知識および技術を必要とする相談機能、③必要に応じて子どもを家庭から離して一時保護する一時保護機能、④子どもまたはその保護者を児童福祉司、児童委員、児童家庭支援センター等に指導させ、または子どもを児童養護施設、指定医療機関に入所させ、または里親に委託等を行う措置機能の4つの基本機能があります。

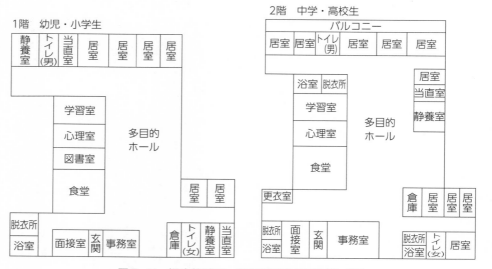

図5-11　児童相談所一時保護施設の配置図（例）

② 児童相談所の職員

　児童相談所には主な職員として、児童福祉司（ケースワーカー）、児童心理司、児童相談員、保育士、児童指導員、医師、保健師、弁護士等の専門職が配置されています。それらの専門職がチームを組んで、子どもに関するさまざまな相談を子ども本人、家族、学校や保育所の保育士、地域の人から応じて、助言や支援を行います。

③ 児童相談所で受けつけている主な相談

　　① 養護相談……さまざまな理由で子どもを育てられないなどの相談です。児童虐待も養護相談に分類されます。

　　② 非行相談……窃盗、暴行などの触法行為や無断外泊、不良交友など虞犯行為についての相談です。

　　③ 育成相談……不登校や家庭内暴力、引きこもり、しつけ等の相談です。

　　④ 保健相談……病気や発達、保健についての相談です。

　　⑤ 障がい相談……心身の障がいや発達などについての相談です。

④ 児童相談所での相談の流れ

　　① 相談・通告の受理……相談者からの電話のほか、虐待通告（近隣、保育所、学校、警察、市町村など）を受けつけます。

　　② 調査・面接……必要に応じ、家庭や親族、保育所、学校などの状況を調査します。なお、相談・通告を受けつけ、調査・面接を行った結果、その子どもの援助方針を策定するために、一時保護を実施する場合があります。

　　③ アセスメント（評価）……児童福祉司、児童心理司、保健師、児童指導員、保育士等がそれぞれ専門的な立場で評価します。

　　④ 援助方針の決定……児童相談所で受けつけた相談について、援助方針会議でその内容を決定します。

⑤ 援助の実施

　児童相談所によって行われる援助には、主に下記の4つがあります。

　　① 来所によるカウンセリング等の相談・助言

　　② 児童福祉司や児童委員による指導

　　③ 児童福祉施設への入所措置や里親への委託

　　④ 他の相談機関への紹介や斡旋

⑥ 一時保護施設の特徴

　一時保護施設は、子どもを安全で安心して生活できる環境に一定期間（原則2か月以内）保護するものです。一時保護期間中は1日中、一時保護施設の敷地内で生活することになり、原則として小学生以上の子どもであっても通学することはできません。ただし、一時保護施設内で教育指導員が学習の機会を確保しています。児童相談所の職員は子どもの安全確保を図りながらアセスメント（評価）を行いますが、一時保護期間中は保護者と離れて生活することになるので、職員が子どもに寄り添い、子どもが安心して生活できるよう最大限の配慮をする必要があります。

⑦　一時保護の目的

一時保護の期間は、一時保護の目的を達成するために要する最小限の期間とされており、その機能には、緊急保護とアセスメント保護があります。

緊急保護は、棄児、迷子、家出など緊急に子どもを保護する必要がある場合、虐待などの理由により子どもを一時的に家庭から引き離す必要がある場合、触法行為により警察から身柄つき通告[16] を受けた場合などがあります。一方、アセスメント保護は、緊急保護後に並行して行われるものと、緊急保護ではなく、家庭環境や児童福祉施設から離れた環境のもとでアセスメントを行う必要がある場合に実施されるものがあります。

このほかに子どものニーズに応じた行動上の問題や精神的問題を軽減・改善するための短期間の心理療法やカウンセリング、生活面での問題の改善に向けた支援を行う短期入所指導があります。

＊16　身柄つき通告
警察からの児童通告で、文書による通告と同時に子ども本人も児童相談所に連れてくることをいいます。

2　「施設の子ども（利用者）」を知る

一時保護施設を利用する子どもは、児童福祉法の対象年齢（0〜18歳未満）ですが、乳児や障がい児にはより個別的な対応が必要なため、乳児院や里親、障害児施設などを利用しています。また、医療的なケアが必要な場合は、病院に一時保護を委託することもあります。

一時保護施設を利用する子どもは、児童虐待、児童虐待以外の養護、非行などがありますが、近年は虐待を受けた子どもが最も多くの割合を占めています。そうした子どもの中には、さまざまな課題を抱えた家庭で育ったことから、養育者との愛着関係を適切に育むことができずに、大人や子ども同士の関係に課題を抱えていたり、落ち着いて物事に取り組むことができないなどの子どもがいます。

3　「施設の保育者」を知る

一時保護施設では日課が定められています。子どものなかには、それぞれの家庭で不規則な生活を送ってきたケースも多くあります。一時保護施設では基本的な日課を用意し、その日課を通して子どもがこれまで経験してきた生活習慣を観察することができます。また、生活習慣を整えることで、健康的な生活を子ども自身が学習することができます。さらに、一時保護施設で生活していくうえで、子どもと大人（保育士など）との関係、子ども同士の関係などを観察し、子どもの行動特性を把握することができます。一時保護施設を利用する期間は短期間ですが、1日だけの子どもや2か月以上を過ごす子どももいます。そのため、絶えず子どもの入退所があり、集団は安定しません。また、子ども同士のトラブルも多く発生します。職員には、どのような場面でトラブルが起こり、子どもがどのように行動するのかを観察することや適切に介入してトラブルに対応することが求められます。

Q
子どもがたたいたり、蹴ったりしてきたとき、どのように注意しますか（➡実習 Q&A の Q32 へ）

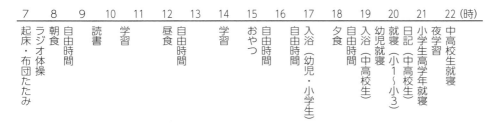

7	8	9	10	11	12	13	14	15	16	17	18	19	20	21	22 (時)
起床・布団たたみ	朝食 ラジオ体操	自由時間	読書	学習	昼食	自由時間	学習	おやつ	自由時間	自由時間 入浴（幼児・小学生）	夕食	自由時間 入浴（中高校生）	幼児就寝 就寝（小1〜小3）	日記（中高校生） 小学生高学年就寝	夜学習 中高校生就寝

図 5 -12　児童相談所一時保護施設の日課（例）

② 児童相談所一時保護施設での実習における学びの内容

1 「施設」「施設の子ども（利用者）」「施設の保育者」を理解するために

　一時保護施設では子どもに安全で安心な環境を提供し、職員が寄り添い、本来子どもがもっている子どもらしさを取り戻すように努めています。その際、子どもの行動観察とともに、子どもの行動上の問題や精神的な問題の軽減・改善のために、児童福祉司や児童心理司などと連携した支援も行っています。

　一人ひとりの子どもにはそれぞれ個性があり、自由にのびのびと生活する中で、その子自身が本来もっている能力を最大限発揮することができます。これまで厳しい養育環境に育った子どもは、日々の生活のなかで多くの生きづらさをもっていますが、そのような重荷を背負う必要がないことを実感してもらうことが大切です。もちろん日課や学習などを通して生活習慣を学び、ルールを守ることや役割を担うことで自分自身が集団の一員であると実感できることも重要です。

　特に虐待を受けて心に傷をもつ子どもには、一時保護施設での行動観察を経て、家庭や児童養護施設などの社会的養護施設で生活するための回復過程として、安全と適切なかかわりができる環境を提供し、子ども自身が安全安心だと思える生活を送れること、養育者と安定した愛着関係を交わし、信頼と安心の関係を築くことができること、そして大人がわかりやすい言葉や感情で一貫性をもって接することが求められます。そうすることで子ども自身が安定し、本来の子どもらしさを取り戻すことができます。この経過は家庭に戻っても社会的養護施設に入所しても同じようにたどることが望まれるものであり、一時保護施設においても子どもと接する際の基本といえるでしょう。一時保護施設での生活は短期間ではありますが、子どもの日々の生活を観察し、子どもの立場に立った支援を行うことが必要です。

2　実習期間の段階区分別にみる課題設定の例

		目標	課題	視点
実習前半		・一時保護施設を知る。	・短期間利用する施設で小学生以上の子どもの教育も含めて内部完結している施設であることを理解する。	・限られた空間の中で、職員は日課や行事を通じて、子どもの行動観察を行っていることを理解する。
		・一時保護の機能を知る。	・緊急保護、行動観察、短期生活指導の実際を知る。	・一人ひとりの一時保護理由が違うため、個別対応に着目する。
		・一時保護された子どもを知る。	・一時保護の理由は、虐待や家庭の事情などさまざまであることを知る。 ・子どもは年齢も幼児から高校生まで幅広い集団であることを知る。	・家庭から離れた子どもが安全で安心な生活を送れているかを考える。
		・子どもの生活場面に入る。	・一人ひとりの子どもたちを尊重し、指示的な対応をしないように心がける。	・子どもと生活を共にし、自然な形で日課に加われるよう補助的役割をすることを心がける。

（留意点、備考等）
自分が実習生という立場を明らかにして、子どもに積極的に挨拶をしたり言葉をかけて遊びの中に入っていきましょう。

		目標	課題	視点
実習中盤		・幼児の日中プログラム、小中学生の学習の取り組みを知る。	・同じ学習空間にさまざまな学年の子どもたちが学習することを理解する。幼児集団には適切なプログラムとなっているかを考える。	・可能な限りひとり一人の課題に応じた学習や遊びが提供されているかを考える。
		・子どもへのケアを知る。	・子どもはさまざまな形で不安（親との分離不安、見捨てられ感、これからどうなるのかの不安など）を行動に表すことを理解する。	・子どもの不安などを職員がどう受け止めているかを考える。
		・子どもの変化を知る。	・生活の態度（意欲）や他者へのかかわりを観察する。	・職員（保育士、児童相談員）と子どもの関係、子ども同士の関係に着目する。
		・子どもと積極的に接する。	・子どもからの試し行動に注意する。 ・個人的な相談を持ちかけられた時の対応を考える。	・個別の子どもの特性を理解しておく。 ・個人的な相談を受けた場合は必ず職員へ報告する。

（留意点、備考等）
実習期間中は、子どもたちからさまざまなアプローチがあります。実習生には、相談を受けやすい人、子どもが距離をおく人、トラブルに巻き込まれやすい人などがいます。自分の傾向を知る機会としてください。わからないことや疑問に思ったことは、子どもと接していない時間帯に職員に率直へ質問しましょう。

		目標	課題	視点
実習後半		・専門職者の連携（児童福祉司、児童心理司、保育士、児童指導員）を知る。	・子どもの行動の背景には家族関係や生育歴、その子自身の特性が影響していることを理解する。	・児童福祉司や児童心理司の役割を理解し、実際の連携を知る。
		・子どもの権利が守られているかを考える。	・制限された生活環境であること、入所理由や年齢構成が幅広い集団での生活であることを理解する。	・子どものニーズに応じたかかわりがなされているかを考える。
		・アセスメント（行動診断）を知る。	・心身の発達が年齢相応に成長しているか考える。	・子どもの強みや課題を観察する。
		・一時保護解除後の生活を考える。	・解除先（家庭・施設等）の生活を考える。	・子どもの最善の利益にかなっているかを考える。
		・個別や集団へのかかわり方を振り返る。	・幅広い年齢の子どもたちとのかかわり方を考える。 ・上手に対応できた子ども、苦手な子どもを振り返る。	・自分の強みや課題、傾向を知る。

（留意点、備考等）
児童相談所の一時保護機能を学習することで、社会的養護の子どもたちの理解に努めましょう。

7 児童発達支援センター

1 児童発達支援センターの概要

◎ 2022（令和 4）年の児童福祉法の改正内容は、巻末資料（pp.196-198）を参照。

1 「施設」を知る

旧来の障害児通園施設は、障がい種別ごとに「知的障害児通園施設」「肢体不自由児通園施設」「難聴幼児通園施設」に分かれていましたが、2010（平成 22）年の児童福祉法改正により、児童発達支援センターに一元化されました。障がいの種別ではなく、医療的な支援の必要性の有無や程度により、「福祉型児童発達支援センター」と「医療型児童発達支援センター」に分けられています。

① 福祉型児童発達支援センターの現状と課題

福祉型児童発達支援センターは、児童福祉法第 43 条第 1 号により「障害児を日々の保護者の下から通わせて、日常生活における基本動作の指導、独立自活に必要な知識技能の付与又は集団生活の適応のための訓練」を提供することを目的とする通所施設と定められています。

毎日、通所してくる子どものみならず、地域の幼稚園、保育所、認定こども園に在籍し、そこで集団生活を送れることを目指して、週 1、2 回通ってくるケース（並行通園）があるなど、地域の療育支援の中心的な役割も担っています。「特殊教育」という「特別な場」での教育から、「特別支援教育*17」へ移行（2007 年）したことからも、今後、その役割は広がっていくものと考えられます。

② 医療型児童発達支援センターの現状と課題

医療型児童発達支援センターは、児童福祉法第 43 条第 2 号により「障害児を日々の保護者の下から通わせて、日常生活における基本動作の指導、独立自活に必要な知識技能の付与又は集団生活の適応のための訓練及び治療」を提供することを目的とする通所施設と定められています。医療的な支援の提供が求められ、医師、看護師、理学療法士などの職員が配置されています。肢体不自由のみに限らず、視覚障がいや聴覚障がいをあわせもつ重複障がいに対応することが求められることがあるほか、言語

＊17　特別支援教育
子どものもつ特別な教育的ニーズに見合った支援を行う教育をいいます。支援を行う場所を「特別支援学校」や「特別支援学級」という特定の場所に限定しません。

玄関	廊　下			療法室
				物置
職員室	職員室	ウサギ組の部屋	リス組の部屋	
湯沸し室	トイレ			
		カームダウンルーム	物置	トイレ	プレイルーム
				玄関
	園　庭			

図 5 -13　児童発達支援センターの配置図（例）

聴覚士の配置なども含めたより専門的な対応も必要とされています。

2　「施設の子ども（利用者）」を知る

①　福祉型児童発達支援センターの子ども

福祉型児童発達支援センターを利用している子どもは、知的障がい、ダウン症、発達障がい（自閉スペクトラム症、注意欠如・多動症）[18]の子どもが多いです。従来は「変わった子ども」としか見られていなかった子どもが、発達障がいの理解が少しずつ進んできていることにより、自閉スペクトラム症やその疑いがある子どもとして利用するケースが増えてきているのが近年の動向です。

②　医療型児童発達支援センターの子ども

肢体不自由をもつ子どもの利用が多く、以前はポリオ（小児まひ）等によるものが多かったのですが、現在では脳性まひの子どもが多いのが現状です。脳性まひの中でも弛緩型[19]で医療的なケアを日常的に必要とするケースは、福祉型児童発達支援センターよりも医療型児童発達支援センターに通っているケースが多いです。また肢体不自由とともに知的障がいなど他の障がいもあわせもっている重複障がいのケースもあります。

3　「施設の保育者」を知る

①　福祉型児童発達支援センターの職員

福祉型児童発達支援センターには、施設長、児童発達支援管理責任者、児童指導員、保育士、調理員等が勤務しています。子どもの状態によっては言語聴覚士（ST）や看護師が配置されている施設もあります。

児童発達支援センターに期待されている役割は、必ずしも知的障がいや発達障がいのある子どもの支援に限ったものではありません。ろう学校[20]は各自治体に1校しかないことが多く、近年では、少子化の影響もあり都市部のろう学校も統廃合されることも増え、ろう学校幼稚部が各自治体に1か所というケースがほとんどといえます。このように聴覚障がいをもつ就学前の子どもが専門的な支援を受けることができる場所が十分とはいえない状況があり、視覚障がいをもつ子どもの発達支援に関しても同様のことがいえるため、その役割が福祉型児童発達支援センターに期待されています。

②　医療型児童発達支援センターの職員

医療型児童発達支援センターには、福祉型児童発達支援センターの職員に加えて、医師、看護師、理学療法士、作業療法士、栄養士等が勤務しています。身体の機能訓練、運動発達面の支援も本施設における重点的な取り組みとしてあげられます。

③　児童発達支援センターで働く保育士とその役割

保育所や認定こども園と比べて特段に求められる役割の一つとして、他の職種との連携・協力があります。児童発達支援センターでは、保育所や認定こども園よりも多くの職種の職員が勤務をしており、子どもを中心に据えた多角的な支援を行います。

[18]　アメリカ精神医学会『精神障害の診断と統計マニュアル［第5版］』(DSM-5)のガイドラインにより、自閉スペクトラム症、注意欠如・多動症はそれぞれ自閉症スペクトラム障害、注意欠如・多動性障害とよばれることもあります。

[19]　弛緩型
常時、筋緊張が低いタイプです。よって、立位、座位をとることが難しく、生活全般において介助を必要とするケースが多いです。

[20]　ろう学校
旧来は、盲学校、ろう学校、養護学校という名称で区分されていたが、2007（平成19）年の学校教育法改正により、「特別支援学校」に統一されました。しかし、自治体によっては、聴覚に障がいをもつ子どもを対象にした特別支援学校を「ろう学校」「ろう特別支援学校」「聴覚特別支援学校」などの名称を使用しているケースもあります。視覚障がいの場合も同様に、「盲学校」などの名称を残しているケースもあります。

その多角性がバラバラなものとしてではなく、相互的な効果をもつものとして機能するためには、他職種との相互理解が必要不可欠です。つまり、「他の職種の業務内容や専門性を知ること」および「自らの専門性を知ること」が必要です。お互いがどのような支援を行っているかを知り合いつつ、互いを補い合う関係を構築していくことが重要です。

　さらに、他職種の専門性から学んだことを自らの実践に活かしていくことも必要です。保育士は遊びを通して子どもの発達を支援していきます。その際に、たとえば脳性まひの痙直型*21の子どもが喜んで興奮すると、力が入り過ぎて体が突っ張ってしまう場合があることも知っておかなければなりません。道具を使って遊ぶ際に、身体のつっぱりや緊張が強すぎて上手に使えないということがあります。その場合、子どもが喜んでから一呼吸おいた後に実際の道具を使った取り組みを始めるなど、間の取り方にコツがあります。そのようなことは理学療法士による支援活動を見ていると気づくことができるでしょう。

　また、違うタイプの連携としては、次のようなものもあります。注射や服薬など医療職はどうしても子どもにとって身体的に痛いことやつらいことをせざるを得ない場合があります。その点、保育士は医療職ではありません。子どもにとっては痛いことを絶対にしない安心できる存在になれます。もちろん注射や薬を拒否してもよいとはいえません。しかし、「つらいよね」「がんばったね」とはいえます。客観的に正しいことを言わなければならない立場と、それを理解しつつも子どもに共感的に寄り添う立場、この双方の支援者が相互に理解しあい、異なる立場から子どもにかかわることが効果的なことがあります。

＊ 21　痙直型
「四肢まひ（四肢、体幹から全身）」「両まひ（体幹下部、股関節など）」「片まひ（左右どちらかの上肢、下肢）」があり、いずれのタイプも筋緊張が常に高い状態です。まひの部分は常に伸びた状態あるいは常に屈曲したままになっていて可動域（無理なく動かせる範囲）が狭いです。

7	8	9	10	11	12	13	14	15	16	17	18 (時)
スタッフミーティング	迎え入れ準備	登園 着替え	自由遊び	朝の会 主活動・設定保育	排泄・昼食準備 昼食	服薬・歯磨き 自由遊び	個別の課題 帰りの会	降園 環境整備 休憩	記録 スタッフミーティング	翌日の活動の準備	

図 5-14　福祉型児童発達支援センターの日課（例）

② 児童発達支援センターでの実習における学びの内容

1　「施設」を理解するために

　まずは、1日の流れを理解する必要があります。ただ流れを「覚える」のではなく、なぜこのような流れなのかを考えてみてください。一般的には設定された集団活動に入る前に「自由遊び」の時間があります。なぜ順番が逆ではないのでしょうか。

　子どもは気持ちがある程度満たされ、保育者との共感関係を味わった後のほうが、その保育者と共にがんばりやすくなります。心のコンディションを整え、課題をしぼ

り（その課題以外はできるだけ好きな条件・環境にしておく）、そのハードルは少し
がんばることで乗り越えられる高さにします。これをスモールステップの原則といい
ます。

　施設の日課には意味があることを学ぶと、意味を考えることで取り組みや日課の改
善につながります。実際の改善は就職してからの課題になると思いますが、日課の意
味を探るという視点をもって実習に臨みましょう。

Q
知的障がいのある
子どもは暴力的に
なることがあると
いうのは本当です
か
（➡実習 Q&A の Q35
へ）

2　「施設の子ども（利用者）」を理解するために

　「はじめに子どもありき」です。活動内容や支援が先にありきではありません。ま
ずはその子どものもっている障がい特性とその子どもの個性を理解しましょう。一般
的な障がい特性（たとえば、自閉スペクトラム症の子どもは感覚過敏があること、聴
覚情報の処理よりも視覚情報の処理のほうが得意なケースが多いこと）などは、実習
前に「障害児保育」の授業などでしっかりと学んでおくことが必要です。一般的な知
識を頭の引出しに入れつつ、子ども一人ひとりにそれがあてはまるかどうかを丁寧に
見ていくことが必要です。当てはめではなく、自分の知識と子どもの実態を照らし合
わせながら子どもを理解していくということが重要です。

3　「施設の保育者」を理解するために

　施設保育士は子ども理解のうえに立って、安全の確保も求められます。たとえば、
異食がある子ども（洗剤を飲んでしまうなど）がいれば、子どもが水遊びをする際や
歯磨きをする際には、洗剤などをあらかじめ子どもの見えない場所、届かない場所に
置いておくなどの配慮が必要です。保育所で0歳児、1歳児のクラスには口に入る大
きさの玩具を床に置いておかないよう配慮していることと同様です。自分の感覚では
なく子どもの立場から世界を見て、安全かどうかについて確認しましょう。

　子どもの個別性を大事にすることについて述べてきましたが、一方で集団活動もあ
り、これも児童発達支援センターの保育士の重要な役割です。集団と個別の関係は、
個の集団への適応のみを求めていてはうまくいきません。たとえば、自閉スペクトラ
ム症で視覚過敏をもっている子どもがいました。落ち着きがないので、「いつでも教
室の外に出やすいように」「他の子どもの迷惑になりにくいように」後ろのほうの席
で集団活動を見ていることが多く、なかなか活動に参加できませんでした。そこで、
さまざまな環境下での子どもの様子に気づいた保育士が教室の環境を変えてみまし
た。壁面装飾をすべて後ろの壁にもっていき、前方は、今、活動するために必要なもの
のみを置き、その子どもの席を一番前にしたのです。その結果、驚くほどに落ち着い
て活動に参加できるようになりました。視覚による刺激が一気に減ったためでしょう。

　全体の活動の中に、その子どもが興味のある要素を入れておくなど、興味と全体活
動の内容につながりが生じるように工夫をすることで、集団参加への成功体験が生ま
れます。そのような成功体験の積み重ねが、活動の広がりへとつながっていきます。

　施設保育士は、このような活動内容や環境構成の分析・工夫をしっかりと行ってい

くことが必要です。また、そこで得た知識や経験を通常の保育所や認定こども園およ
び幼稚園へ、相談活動などを通して普及させていく中心的な役割も担っています。

4　実習期間の段階区分別にみる課題設定の例

		目標	課題	視点
実習前半		・一人ひとりの子どもを理解する。	・その子どもの障がい特性について知る。 ・その子どもの個別性を理解する。	・その子どもがもっている特有の感覚や理解の仕方を探ろうとする視点をもつ。 ・子どもの立場に立った、安全な環境設定の視点をもつ。
		・児童発達支援センターの活動の1日の流れを理解する。	・一つひとつの取り組みに必要な時間を知る。 ・なぜこのタイミングで行うのかを理解する。	・子どもが心を変化させることや行動に必要な時間、ペースを把握しようとする視点をもつ。
（留意点、備考等）				

		目標	課題	視点
実習中盤		・一人ひとりの子ども理解とそれに応じた配慮を理解する。	・その子どもの障がい特性について知る。 ・障がい特性に応じた配慮・支援について理解する。 ・その子どもの個別性の理解に基づいた支援について理解する。	・その子どもがもっている特有の感覚や理解の仕方を探ろうとする視点をもつ。 ・子どもの立場に立った、安全な環境設定の視点をもつ。 ・他の職員が子どもの障がいや個別性に応じてどのような配慮を行っているのかを理解し、その意味を探ろうとする視点をもつ。
		・児童発達支援センターで行われている一つひとつの活動における環境設定の工夫を理解する。	・自閉スペクトラム症の子どもが落ち着きやすい環境を理解する。 ・脳性まひの子どもが活動しやすい環境や道具の特性などを理解する。	・落ち着けない場合には、なぜ落ち着けないのか、子どもの困り感を探る視点をもつ。 ・なぜ使いやすいのか、なぜ使いにくいのか、子どもの困り感を探る視点をもつ。
（留意点、備考等）				

		目標	課題	視点
実習後半		・一人ひとりの子ども理解とそれに応じた配慮を理解する。	・障がい特性に応じた配慮・支援について理解する。 ・その子どもの個別性の理解に基づいた支援について理解する。	・他の職員が子どもの障がいや個別性に応じてどのような配慮を行っているのかを理解し、その意味を探ろうとする視点をもつ。
		・児童発達支援センターで行われている一つひとつの活動における環境設定の工夫を理解する。	・自閉スペクトラム症の子どもが落ち着きやすい、わかりやすい環境を理解する。 ・脳性まひの子どもが活動しやすい環境や道具の特性などを理解する。	・どのような過敏があるのか、何が抽象的すぎてわかりにくのかなど、子どもの困り感を具体的に理解する視点をもつ。 ・なぜ使いやすいのか、なぜ使いにくいのか、道具の特性を分析して理解する視点をもつ。
		・さまざまな特性をもつ子どもがいることをふまえた全体活動のあり方を学ぶ。	・全体活動に含まれる活動の要素の分析をする。 ・一人ひとりの子どもの特性と全体活動の要素のつながりを探る。 ・できるだけ多くの子どもが落ち着いて学べる全体活動を具体的に立案し、実践する。	・子どもの心の支えとなるどのような要素が活動に含まれているかという視点で活動を考える。 ・子どもがどのようなことを学べるか、またその手がかりとなるどのような要素が含まれているかという視点で活動を考える。 ・子ども理解がはじめにありきの全体の環境を調整する視点をもつ。 ・全体のあり方を工夫することで子どもの発達のスモールステップを大事にすることができ、それにより子どもの発達が促されるという視点をもつ。
（留意点、備考等）				

コラム 11 　　身体障がいについて考えよう

「肢体不自由」あるいは「身体障がい」という用語があります。

身体のいずれか（手と足の左右両側または片側、手のみまたは足のみ、上肢または下肢、あるいは体幹など）に不自由な部位があるという状態を「肢体不自由」といいます。この不自由な状況の多くは麻痺といわれ、麻痺には上肢や下肢の関節部位が筋の萎縮などによって十分に動かない状態と、逆にほとんど力が入らないために動かすことができない状態があります。さらに、動かすこと自体は可能であっても、意図的（随意的）に動かすことは困難（不随意運動）という場合もあります。

これらの状態を引き起こす要因の多くは、一般的に脳とこれに付随する部位の成育過程や血管に関連する病気、または脳やこれに付随する部分に強い衝撃が加わったことにあるといわれています。

一方、視覚や聴覚、言語機能、心臓・腎臓・呼吸器などの内臓機能や免疫機能などに障がいの要因があるため、生活するうえで不自由がある状態を、肢体不自由を含めて、「身体障がい」と称しています。その原因のほとんどは、さまざまな疾病やけがによるものとされています。

いずれにしても、これらの多くは医学的な治療や研究、諸制度において使われることが多い言葉ですが、ここでは見方を変えてみましょう。

私たちは自分自身が理解できていない事象に出会ったときは、それに向き合うことには消極的になりがちです。実習場面において、初めて出会う身体の不自由な状態の子どもたちを前にして、どのように接することが大切なのでしょうか。個々の具体的な支援方法に

ついては実習先の職員から注意すべきことを含めて指示があると思いますので、ここでは、実習生自身の心構えという視点から考えることにしましょう。

障がいの状態については、きわめて偏った思考のもとに、現代社会において認知されることが不可能と思われるようなものとする理解（偏見）がいまだに存在しています。このことが 2016（平成 28）年に深刻な事件となって表面化したのはまだ記憶に新しいところです。正しい障がいの理解において重要な第一歩は、障害のある人に対してどのような考え方（気持ち）で接するかということです。

今までのさまざまな学習のなかで得た障がいに関する知識を思い出し、彼らは身体の一部に不自由な部位はあるが、その不自由な部位を必死になって乗り越えようと努力しているということを忘れてはいけません。また、自分自身の身体の不自由な部位を認識したうえで、これもアイデンティティのひとつだととらえて積極的に社会の中で生活している子どももたくさんいます。

何をどのようにすべきか。困ったときは自分ならどのように、何を、支援してほしいと考えるだろうかということを常に心に留めておいてください。そして、臆することなく意欲を持って実習に立ち向かいましょう。

8　障害児入所施設

1　障害児入所施設の概要

◎　2022（令和4）年の児童福祉法の改正内容は、巻末資料（pp.196-198)を参照。

1　「施設」を知る

①　福祉型障害児入所施設の現状と課題

　福祉型障害児入所施設は、2012（平成24）年施行の改正児童福祉法により、障がい児が入所し保護を受けるとともに、地域・家庭での生活に必要な日常生活の指導等が受けられることを目的に設置されている施設です。

　従来は「知的障害児施設」「盲ろうあ児施設」「肢体不自由児療護施設」と障がい種別に分かれていましたが、より身近な地域で支援が受けられることや重複した障がいへの対応を可能にすることをねらい、「障害児入所施設」という大きな枠組みに変化しました。

　この改正の一方で、さまざまな障がいをもつ子どもが同じ施設にいることで、それぞれの障がい特性に応じた専門性の確保・強化という課題があることも忘れてはならないでしょう。知的障がいと視覚障がい、聴覚障がいでは障がい特性とそれに応じた指導方法も大きく異なります。障がいの多様性とともに一つひとつの障がい理解と支援の深い専門性が求められます。

②　医療型障害児入所施設の現状と課題

　医療型障害児入所施設は、2012（平成24）年施行の改正児童福祉法により、障がい児が入所し保護を受けるとともに、地域・家庭での生活に必要な機能訓練や日常生活の指導および治療が受けられることを目的に設置されている施設です。

　改正の背景としては、①の福祉型障害児入所施設と同様のことがいえます。障がいの種別よりも「地域で」「多様な」または「重複した障がい」のニーズに対応することがねらいです。

　課題としては、福祉型と同様にさまざまな障がいをもつ子どもが同じ施設で生活す

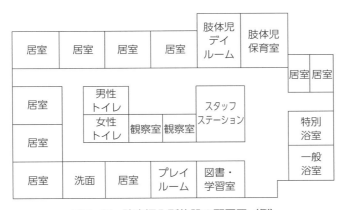

図5-15　障害児入所施設の配置図（例）

ることへの配慮があげられます。たとえば自分では動くことの難しい重度の肢体不自由のある子どものそばを、多動傾向の著しい子どもが駆け抜けていくと、身体的な危険が生じかねません。そこで実際には肢体不自由児のみを対象としていたり、施設内で活動場所を区分するなどの対応が行われているケースがあります。

2 「施設の子ども（利用者）」を知る

① 福祉型障害児入所施設の子どもを知る

対象となる子どもは、知的障がいをもつ子どものほかに、視覚障がいや聴覚障がいをもつ子ども、そして近年では発達障がいをもつ子どもおよび障がいそのものは軽度であっても家庭での虐待の経験や、保護者の障がい特性への理解が困難なケースなど、さまざまな背景をもつ多様な子どもが入所しています。

② 医療型障害児入所施設の子どもを知る

旧来は、特に積極的な治療を行うために入院するのではなく、日常的な生活上の医療的ケアを家庭で行うことが難しく、やむなく入院しているというケースがありました。現在、医療の進歩により日常的な医療的ケアを受けながら、病院の外（施設や家庭）で過ごせるケースが増えてきました。そのため、近年では、医療型障害児入所施設は、病院外での生活に大きな困難をともなう子どものケアの場として位置づけられています。つまり、医療型障害児入所施設に入所している子どもは、日常的に医療的なサポートが必要な子どもであり、たとえば呼吸の状態や体温を示すモニターを設置していたり、経管栄養法*22で栄養をとるケースなどもあります。

＊22 経管栄養法
口から食事をとれない、あるいは摂取が不十分な状態の場合に、消化管内にチューブを挿入した経路により「経鼻胃管栄養法」「胃ろう栄養法」「腸ろう栄養法」に分けられます。

3 「施設の保育者」を知る

① 福祉型障害児入所施設の職員

福祉型障害児入所施設には、施設長、児童発達支援管理責任者、児童指導員、保育士、栄養士、調理員および嘱託医が配置されています。施設の状況によっては臨床心理士が配属されているケースなどもあります。

② 医療型障害児入所施設の職員

医療型障害児入所施設には、施設長、医師、看護師、理学療法士、作業療法士、言語聴覚士、薬剤師、児童発達支援管理責任者、児童指導員、保育士、栄養士、調理員が配属されます。医師は小児科医のみならず、整形外科医、精神科医等が子どもたちの治療や支援にあたっています。

たとえば、肢体不自由がある場合には、医師や理学療法士による機能訓練があり、それを機能訓練という特定の時間のみの取り組みとして終わらせてしまうのではなく、保育の活動の中にどう取り入れていくかということも考えなければなりません。また嚥下の機能に問題があるケースは、栄養士との連携により、その子どもにとってどのような食材をどのような形で、どのような支援を受けながら食べることが最も適切かということも考える必要があります。このように施設内のさまざまな専門職との連携のもとで子どものケアが行われていきます。

③　障害児入所施設で働く保育士とその役割

　障害児入所施設で働く保育士は、上記のような他職種による専門的な取り組みを、日々の生活や保育活動の中でどう活かしていくかを考えることが必要です。

　また、保育士ならではの役割としては、「情緒・気持ちの安定をはかるための環境調整などの支援」「生活リズムを作るための活動の計画・実施に向けた支援」「生活するうえでのスキルを学ぶための支援」「問題行動への対応」「コミュニケーション能力の獲得に向けた支援」などがあります。また、「家族への相談活動」や「地域社会とのつながりをもつための活動」「障がいの理解啓発に向けた活動」も求められます。

6	7	8	9	10	11	12	13	14	15	16	17	18	19	20	21 (時)
起床・更衣	朝食・歯磨き	健康チェック（検温等）・排泄	居室・プレイルーム等での自由遊び（夜勤から日勤への引き継ぎ）	散歩・屋外での保育活動／保育活動	休憩／排泄・健康チェック	昼食	園庭やプレイルームでの自由遊び	午睡	（スタッフミーティング・記録）	室内での自由遊び／おやつ／排泄	入浴／（日勤から夜勤への引き継ぎ）	夕食／歯磨き	絵本の読み聞かせなど、ゆったりとした活動	就寝／健康チェック・排泄	（スタッフミーティング・記録）

図 5-16　福祉型障害児入所施設（知的障がい）の日課（例）

2　障害児入所施設での実習における学びの内容

1　「施設」を理解するために

　入所施設は、食事や着替え、排泄などの日常生活動作（ADL）の指導も含めた発達支援の場でありますが、子どもにとってはそれだけの場所ではありません。家の代わりであり、まさに生活するところなのです。

　実習巡回指導に訪問した際に、実習生から次のような質問を受けることがあります。「子どもが明らかにくつろいでいる。テレビを見ている。そんなとき、どうかかわればよいですか」。

　どう考えますか。子どもにとっては自宅の代替であるということを認識する必要があることが、通所施設との大きな違いといえます。自分が子どもの立場で、そこが家だったら、周囲の大人にどうしてほしいでしょうか。横並びの関係で一緒にテレビを見て、一緒に笑う。そんな関係をもつことも考えられるでしょうし、子どもによっては一人で集中したい場合もあるでしょう。

　また、虐待の問題を抱えているケースもあります。保護者の障がいについての理解が不足しているケースもあれば、理解しつつも周囲の支援や理解が得にくく保護者に過重なストレスがかかってしまい、結果的に虐待に至ってしまったケースなどさまざまです。障害児入所施設では、そのような保護者のための「レスパイト・サービス（レスパイト・ケア）」という事業も担っています。「レスパイト」とは「息を吹き返

す」という意味です。つまり、疲れ果ててしまった保護者がまた息を吹き返して元気になる、そのための休息を得るために子どもが入所するという事業です。期間は数時間単位のものから数週間にわたるものまで、状況によって幅があります。

2 「施設の子ども（利用者）」を理解するために

入所に至る背景を理解する必要があります。虐待があったのかどうか、虐待がどのように行われていたのか、虐待ではないものの保護者の養育の姿勢や考え方はどうだったのかなど、障がい特性以外の背景にも目を向ける必要があります。それら人的な要素を含めた環境が、二次的な障がいを引き起こしているケースがあります。このように子どもを理解するには、成育環境、背景とその子どもの特性の関係性を考えていかなければなりません。

3 「施設の保育者」を理解するために

入所施設の保育者には、通所施設と違い、日勤・夜勤があります。日勤も早番・遅番など、勤務のシフトの幅が大きいのが特徴です。したがって通所施設のように、子どもが帰った後にすべての職員で打ち合わせを行うことができません。子どもがいる中で、時間を見つけながら引き継ぎ、情報共有、対応の確認を行うことになります。必ず引き継ぐべきこと、時間のある時に話し合うことなど、実際にどのような引き継ぎが行われているか、具体的に知る努力をしましょう。

また、重大な「引き継ぎ事項の欠落」がないようにするためには記録が重要です。実習ノートのような個人の記録ではなく、共有の記録・データ管理と確認を行うことで重要事項の伝達の欠落を防ぎます。特に医療型障害児入所施設では、「服薬」の記録など健康にかかわる重大な引き継ぎの欠落はあってはなりません。このような記録・情報共有の方法についても学ぶようにしましょう。

他職種との連携の重要性について前項でも述べましたが、ここでは医療型障害児入所施設での具体的な事例として「プリパレーション」という支援を紹介します。これは、「治療に向かう心理的準備」と称されることがありますが、子どもがつらい治療を受けるときに、治療の意味を理解したり見通しをもてるようにすることによって、治療に前向きになれるようにする支援の一つです。

たとえば、人形を使ったお医者さんごっこで、「ゴホン、ゴホン」「痰がなかなかでないね。（薬の入った霧状の気体を）もうちょっと吸ってみようか」「あーっ、しっかりと痰がでたね」などと話しながら、人形を患者役に見たてて子どもと保育士が医療者役をしたり、あるいは保育士が患者役（子ども役）をして子どもが医師の役を行ったりすることで、子どもの吸入に対する理解を高めるという方法です。また、日々の機能訓練の意味や効果に関する紙芝居を作成したり、エプロンシアター*23 の中にそのような要素を取り入れたりという工夫をしているケースもあります。

このような活動は、医師や理学療法士と連携し、他職種の業務への理解をはかり、それを自分（保育士）の専門性の中に取り入れていくことで成立します。これは主に

「保育実習Ⅲ」における課題となる事項でしょう。

4　実習期間の段階区分別にみる課題設定の例

		目標	課題	視点
実習前半		・一人ひとりの子どもを理解する。	・その子どもの障がい特性について知る。 ・その子どもの個別性を理解する。	・その子どもがもっている特有の感覚や理解の仕方を探ろうとする視点をもつ。 ・子どもの立場に立った、安全な環境設定や身体的配慮の視点をもつ。
		・障害児入所施設の一日の流れを理解する。	・一つひとつの取り組みの意味を理解する。	・入所施設は、発達支援の場であるとともに、子どもたちにとっては家（生活の場）であるという視点をもつ。
	(留意点、備考等)			

		目標	課題	視点
実習中盤		・一人ひとりの子ども理解とそれに応じた配慮を理解する。	・その子どもの障がい特性や個別性を理解する。 ・その子どもの障がい特性や個別性に応じた配慮を理解する。	・その子どもがもっている特有の感覚や理解の仕方を探ろうとする視点をもつ。 ・子どもの立場に立った、安全な環境設定や身体的配慮の視点をもつ。
		・障害児入所施設の一日の流れを理解する。	・一つひとつの取り組みの意味を理解する。	・入所施設は、発達支援の場であるとともに、子どもたちにとっては家（生活の場）であるという視点をもつ。
		・これまでの子どもの生育環境や生育過程を理解する。	・一人ひとりの子どもの入所理由を理解する。	・保護者の養育態度やその環境を理解しようとする視点をもつ。 ・保護者以外の支援の有無とその状況を理解しようとする視点をもつ。 ・その他、特徴的な成育環境の有無とその状況理解の視点をもつ。
	(留意点、備考等)			

		目標	課題	視点
実習後半		・一人ひとりの子ども理解とそれに応じた配慮を理解する。	・その子どもの障がい特性や個別性を理解する。 ・その子どもの障がい特性や個別性に応じた配慮を理解する。	・その子どもがもっている特有の感覚や理解の仕方を探ろうとする視点をもつ。 ・子どもの立場に立った、安全な環境設定や身体的配慮の視点をもつ。
		・これまでの子どもの生育環境や生育過程を理解する。	・一人ひとりの子どもの入所理由を理解する。 ・子どもの生育環境が子どもの発達に与えた影響を理解する。	・これまでの特徴的な成育環境（保護者・家庭環境）を理解しようとする視点をもつ。 ・虐待などの不適切な環境が与える脳や身体の発達への影響を探る視点をもつ。 ・虐待などの不適切な環境が与える心理的な問題を探る視点をもつ。
		・他の職員との連携について理解する。	・日勤と夜勤で引き継ぐべき事項を理解する。 ・他職種との連携を理解する。	・必ず引き継ぐべき重要事項を具体的に知る。 ・その引き継ぎ事項が、なぜ必ず引き継がなければならない重要事項なのかを理解する。 ・他の職種の職員の専門性について理解しようとする視点をもつ（特に「保育実習Ⅲ」ではこの視点を重視した学びを一層深めてほしい）。
	(留意点、備考等)			

コラム **12** 盲児とのかかわりと生活支援

　盲児への生活支援を行うには、積極的で具体的な声かけが必要です。何かを問われたら、すぐに返事をし、何かを頼まれてそれをしたら報告し、声かけで行動を促したときには正しくできているか確認や点検をする必要があります。それは、盲児は言葉だけで行動のすべてを理解するのが非常に難しいからです。また、ひとつの動作を身につけることに対しても、目で見て模倣ができないので一緒に何度も繰り返す必要があります。ひとつの動作を獲得できるまでには、とても時間がかかります。

　盲児が生活習慣を身につけるうえでは、幼児期に睡眠サイクルが整うように心がけます。昼夜逆転の生活にならないためにも、日中の活動が大切です。特に学校のない日は、睡眠のリズムが崩れないように、散歩に行ったり、一緒に遊んだりして刺激を与えていく必要があります。ただ、日中活動といっても、生活の場である入所施設では特別な作業や訓練の時間は設けていません。家でくつろぐのと同じように、入所する子どもにとっても施設が安心してくつろげる場であって欲しいと思っているからです。

　また、生活習慣の中でも清潔、衛生、身だしなみは、人から見られて恥ずかしいという感覚が持てないため、それらの意識を高めることが大切です。そのため、職員は入所する子どものすべてを観察・確認し、必要に応じて声かけや支援を行うことが、他の障がいのある子どもに比べ多くなります。盲児には、より丁寧なかかわりが求められます。

　そして視覚以外の４つの感覚（聴覚、触覚、嗅覚、味覚）を育てることや、見えないからできないとせずにできるようになる工夫を考えて、一人ひとりの可能性を最大限引き出せる支援を考えることが、保育士に常に求められます。

　具体的な盲児とのかかわりについて簡単に述べましたが、福祉型障害児入所施設での保育士の仕事は、このほかにも自立支援や環境整備、健康管理、学校を含めた関係機関との連携、家族支援など、子どもを取り巻くことすべてであり多岐にわたります。

　実習生への子どもとのかかわり方についてのアドバイスとしては、話をするときは誰に話しているかわかるように名前を呼ぶ、散歩に行ったら周囲の状況を細かく伝えるといったことさえ気をつけてもらえれば、障がいのある子どもだからといって特別なことはありません。一緒に遊んで楽しい時間を共有することが関係づくりの第一歩です。自由な時間には子どもの観察も大事ですが、積極的に声をかけ、一緒に遊んで欲しいと思います。盲児は音楽が好きなことが多いので、一緒に歌ったり、手をとり手遊びをしたり、職員と一緒に遊んでいることをまねてみるのも一つの方法です。

　子どもたちは、気持ちに敏感です。本当に自分と楽しんで遊んでくれているのか、そうでないのかを感じています。遊ぶときは子どもと一緒になって自分も楽しんでもらえたらと思います。また、知らないこと、できないことがあって当たり前です。失敗もよい経験ととらえて、実りある実習期間を過ごしてください。

9 障害者支援施設

1 障害者支援施設の概要

1 「施設」を知る

① 障害福祉サービスとは

障害者支援施設を理解するために、障害福祉サービスを確認しておきましょう。障害福祉サービスは、機能によって、①訪問系、②日中活動系、③施設系、④居住支援系、④訓練系・就労系に分類されます。給付によっても介護給付・訓練等給付に分類されますが、ここでは、機能的な分類に基づくことにします。

障害者支援施設は、上記の②日中活動系と③施設系に該当します。2006（平成18）年施行の障害者自立支援法（現・障害者総合支援法）で、障害福祉サービスの仕組みが変わり、それまで入所施設として行ってきた日中の支援サービスと夜間の入所支援とをそれぞれ分けて考えることになりました。そのため、障害者支援施設は施設入所支援サービスと日中活動支援を行う施設ということになり、厚生労働省が2016（平成28）年度に行った調査によると、施設が昼間に実施しているサービスは生活介護が9割以上を占めています[10]。

なお、施設入所支援は、入所している人に、主に夜間に、入浴、排せつ及び食事等の介護や生活等に関する相談、必要な支援を行います。

また、生活介護は、常時介護を必要とする障がいの重い人に、主に昼間に、入浴、排せつ及び食事等の介護や創作・生産活動等を提供するとともに、生活等に関する相談や必要な支援を行います。

② 障害者支援施設の現状と課題

2017（平成29）年の厚生労働省による「社会福祉施設等調査」の概況によると、前年に比べて施設数も定員数も減少しています[*24]。また、2016（平成28）年度の調査によると、入所者は全国的には男性が多く、年齢は35歳から49歳の人が半数以上で、障害支援区分[*25]が区分6の利用者が最も多いです[11]。

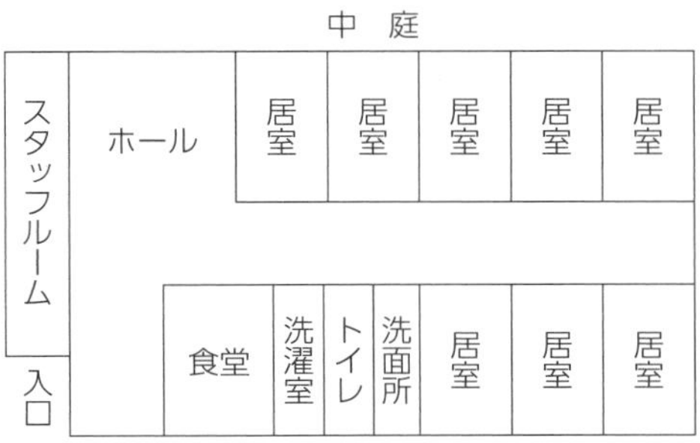

＊24 障害者支援施設の施設数や定員数については、巻末資料（p.203）を参照。

＊25 障害支援区分 障害支援区分とは、必要なサービスの量の目安となるもので、80項目からなる面接調査とコンピューターによる一次判定、審査会による二次判定を通して決定します。支援区分は1～6まであり、支援区分6は最も支援が必要な状態です。

図 5-17　障害者支援施設の配置図（例）

2 「施設の利用者」を知る

施設入所支援の対象者は、以下のように示されています。

① 生活介護を受けている者であって、障害支援区分が区分4（50歳以上の者にあっては区分3）以上である者。

② 自立訓練、就労移行支援または就労継続支援B型の利用者のうち、入所させながら訓練等を実施することが必要かつ効果的であると認められる者または通所によって訓練を受けることが困難な者。

障害者総合支援法は、障がい種別による支援の違いを設けていませんが、障害者支援施設は、主に身体障がい、知的障がい、精神障がいをもつ人など、それぞれの施設によって主たる対象が異なります。障害者支援施設の中では、主に知的障がい者を対象とする施設が6割近くを占めています。以前は保育士養成校の実習対象施設に、知的障害者入所施設があげられていました。

そのため、実習施設には、知的障がいをもち、多くの支援を必要とする人たちが生活していると考えられます。しかし、知的障がいとひとくくりにいっても障がいの様子やニーズや生活歴も一人ひとり異なります。コミュニケーションの方法も、言葉、指差し、絵カード、文字盤、表情、動作などさまざまで、必要な支援も一人ひとり異なります。

近年は、てんかん、自閉症、身体障がい、精神疾患等の重複障がいをもつ人や、強度行動障がい（多動、自傷、他害など）の人も増え、重度化・高齢化の傾向があります。

Q

利用者は施設に入る前はどうしているのでしょうか
（➡実習Q&AのQ39へ）

3 「施設の保育者」を知る

① 障害者支援施設の職員

障害者支援施設で働く職員は、生活支援員として働く人が最も多く、サービス管理責任者、看護師、栄養士などの職種があります。

職員が保有する資格は、介護福祉士、介護職員初任者研修、社会福祉士、精神保健福祉士等ですが、実際には保育士の資格をもって生活支援員として働いている人も少なくありません。また、資格をもたない人もいます。

利用者へ直接かかわる業務としては、表5-1のようなことがあげられます。ほかにも、利用者に直接かかわらない業務として、記録や個別支援計画の作成、家族との連携、会議への参加、巡回などの安全確認、地域や関係機関との連携、障がい者理解の地域への啓発、実習生の受け入れなどがあげられます。

なお、障害者支援施設では、利用者が生活習慣を身につけ、健康で少しでも自立した生活を送るために、利用者の基本的な日常生活にかかわる支援を行いますが、集団生活の中でも一人ひとりに適した支援が行われるように、個別支援計画が作成されています。

② 障害者支援施設で働く保育士とその役割

障害者支援施設では、職員のチームワークがとても大切であり、変則勤務の中で自

表5-1　障害者支援施設の職員の主な業務

業務	業務内容
身辺介助	入浴、清潔保持、整容、更衣、食事、排泄、移動、移乗など
生活支援	環境整備、掃除、洗濯、衣類の整理・調節、寝具の調整管理など
健康への配慮	体温や血圧、体重、食欲、睡眠状態など健康状態の把握、水分補給、発作時の対応、日常的な体力づくり、通院のつきそいなど
社会生活支援	外出・買い物支援、働くことの支援、地域の活動や行事への参加支援など
生活の質を高める支援	個別ニーズの相談や対応、日中活動、レクリエーション、趣味など

分の仕事に責任を持ち、チームの一員として協力して働くことが求められます。利用者を中心にして、利用者の生活を第一に考えた支援を行ううえで、環境や健康、音楽、造形等をはじめとする実践的な知識や技術など、保育士として学んできた多くのことが役に立ちます。

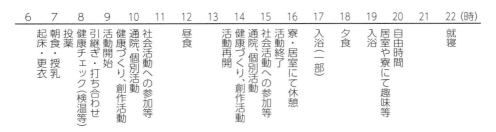

| 6 | 7 | 8 | 9 | 10 | 11 | 12 | 13 | 14 | 15 | 16 | 17 | 18 | 19 | 20 | 21 | 22 (時) |

起床・更衣／朝食・授乳／投薬／健康チェック（検温等）／引継ぎ・打ち合わせ／活動開始／健康づくり、創作活動／通院、個別活動／社会活動への参加等／昼食／活動再開／健康づくり、創作活動／通院、個別活動／社会活動への参加等／活動終了／寮・居室にて休憩／入浴（一部）／夕食／入浴／居室や寮にて趣味等／自由時間／就寝

図5-18　障害者支援施設の日課（例）

② 障害者支援施設での実習における学びの内容

1 「施設」を理解するために

　障害者支援施設は、それぞれの施設が目標とする理念や方針をもっており、その目標を達成するために日々利用者一人ひとりに合わせた支援を行っています。何のためにその支援が行われているのかを理解することは、その施設で働く職員と共通理解をもつということになり、職員や利用者との関係を築く第一歩となります。

　そのためには、事前に施設の資料などに目を通しておき、実習に入ったら、一日も早くその施設の日課や一日の流れを覚え、利用者の顔と名前を覚えて名前で呼べるように努力しましょう。はじめのうちは戸惑うかもしれませんが、わからないことは積極的に職員に質問しましょう。

2 「施設の利用者」を理解するために

　利用者とかかわる際に最も大切にすることは、その人を一人の権利をもつ人として接することです。実習生よりも年上で、これまでに生きてきた歴史がある人として丁寧に接し、子ども扱いはしないように意識しましょう。利用者の表情をよく見て、そ

の人にあった方法で積極的にコミュニケーションをもち、信頼関係を構築しましょう。そして、その人が自分で行えることと必要な支援のバランスを考えながら、丁寧な態度で接しましょう。利用者にとっては生活の場であることを念頭において、望ましいかかわり方を考えてください。職員にアドバイスを受けることも大切です。

3 「施設の保育者」を理解するために

　朝夕の打ち合わせの際に、引継ぎなどから職員間での情報共有や連携や役割分担の方法を学び、チームで働いていることを理解しましょう。そのうえで、さまざまな職種の人がともに働くうえで大切なことや、保育士としてできることは何かを考えるとよいでしょう。

4 実習期間の段階区分別にみる目標や課題設定の例

	目標	課題	視点
実習前半	・施設の理念や役割を理解する。	・施設の理念が示された資料を読み、職員から話を聞く。	・施設の歴史や施設の創立の経緯を知る。
	・施設の一日の流れと職員の動きを知る。	・自分から質問し、積極的に活動に参加する。 ・職員のチームワーク、役割分担を知る。	・実習させていただくという姿勢を忘れない。 ・チームの一員という意識をもつ。
	・利用者とのコミュニケーション方法を学ぶ。	・一日も早く利用者の顔と名前を覚え、名前で呼べるようにする。 ・一人ひとりにあったコミュニケーション方法を考えて、積極的にかかわる。	・成人とかかわることを意識して丁寧な言葉で話しかけ、子ども扱いをしない。 ・利用者の生活を尊重し、信頼関係を構築する。
（留意点、備考等） プライバシーを尊重し、守秘義務を守りましょう。			

	目標	課題	視点
実習中盤	・利用者が安心できる環境を理解する。	・利用者の表情、行動、言葉の意味を考える。	・利用者からのメッセージを注意深く受け取れる。
	・利用者にとって望ましいかかわり方を理解する。	・一人ひとりの利用者について、その人ができることを見極め、必要な支援を考える。	・利用者の自立を尊重し、できることを見つける。
（留意点、備考等） 利用者の立場にたったかかわりを考えてみましょう。			

	目標	課題	視点
実習後半	・多職種連携を理解する。	・看護職員、社会福祉士など、他の専門職の役割を学ぶ	・医療と福祉の協力のあり方を知る。
	・保育士の役割を理解する。	・利用者の生活をより良くするために、保育士としてできることを探る。	・利用者の生活の質や利用者の主体性を高める。
	・家族や地域とのかかわりを理解する。	・利用者と家族の関係や、家族と施設のかかわり、地域と施設のかかわりを学ぶ。	・さまざまな視点から家族や地域とのかかわりを考える。
（留意点、備考等） 保育で学んできたことが、どのように生かせるかを考えましょう。			

第5章　各施設におけるケアの特徴と実習プログラム

コラム13　重症心身障がいの人とのかかわりから学ぶ

重症心身障がいとは、重度の知的障がいと肢体不自由をあわせ持った状態のことをいいます。実習生のみなさんは、保育士の活躍する現場としてイメージしにくいかもしれませんが、実際の重症心身障がい児（者）の入所施設や通所施設では、多くの保育士がその支援に携わっています。言葉でのコミュニケーションや自力での移動が困難な人、人工呼吸器や痰の吸引など常に医療の管理が必要な人も増えている昨今、現場の保育士たちは他職種と協働しながら、保育士としての役割を果たしています。

重症心身障がい児（者）の施設では、保育士は、子どもたちの日常生活支援や療育を通じ、彼らの生活がより豊かになるような支援をしています。彼らは自ら遊びを見出したり、周りの子ども（利用者）とコミュニケーションをとって楽しみを共有したりということが困難なので、保育士がどんな遊びが好きなのかを見出し、ともに遊んだり、仲間と交流できる場を作って楽しみをともに味わったりということなどをしています。もちろん、遊びの援助だけではなく、日常生活の支援を通して重症心身障がい児（者）の日常に寄り添い、生活の中での安心や安全を担保していくということも重要な役割です。

重症心身障がい児（者）の反応は、とても微細です。でも、「反応がない」わけではなく、「反応がとらえにくい」人が多いだけなのです。実習当初はわからなかった彼らの反応を、実習が進むにつれてとらえられるようになると、そこからコミュニケーションができるようになります。「○○さん、この音楽が流れるといつも笑顔になるのは、この音楽が好きなんだな」「△△さん、食事介助の時に眉をしかめるのはお茶が嫌いなんだな」な

ども実例です。重症心身障がい児（者）とのかかわりで気をつけたいのは、優しく温和な態度で言葉かけをしつつ、一方的にならずに彼らの反応を丁寧に観察することです。彼らが自分の働きかけに対してどう感じているか、何を自分に伝えようとしているのかをくみ取る力がとても大切です。

ところで、重症心身障がい児（者）の施設では、子どもだけでなく、大人も大勢いるところが多いです。実は、多くの障がい領域の中で、重症心身障がいだけは「児者一貫制度」が恒久的に定められた領域であり[12]、「支援の継続性が保たれるよう小児神経科医や本人をよく知る保育士などが継続して関わることができるように」という一文が障がい児支援の検討会報告書に記載されたことも知っておいてください[13]。多くの職種がかかわる重症心身障がい領域に保育士の職名が明記されたことは、とても意味のあることです。それは、保育士が日常生活支援を行うとともに、重症心身障がい児（者）の年齢や状態に応じた適切な活動を提供していく専門職として期待されていることを意味します。

重症心身障がい領域で活躍する保育士が行動規範や事例を書いた書籍も出ています[14]。参考にされるとよいと思います。

療育の一場面

10 指定障害福祉サービス事業所

1 指定障害福祉サービス事業所の概要

1 「施設」を知る

① 指定障害福祉サービス事業所とは

指定障害福祉サービス事業所は、障がいによって仕事に就くことが困難な人や、障がいのために日常の生活に困っている人を対象に、就職及び自立した生活に向けた職業訓練や仕事の提供、福祉的就労、介護の支援サービスを提供しています。

施設実習の対象となる指定障害福祉サービス事業は、介護給付の「生活介護」、訓練等給付の「自立訓練（機能訓練・生活訓練)」「就労移行支援」「就労継続支援」となっています。

指定障害福祉サービス事業所のうち介護給付のサービスを利用するためには、障害支援区分*26 の認定を受ける必要があります。まず、自治体へ利用を希望するサービスの内容を記した「サービス等利用計画案」を申請します。そして、申請が認められると「受給者証」が発行され、「サービス等利用計画」に基づいて指定障害福祉サービス事業所を利用していくことになります。これらの一連の手続きは利用者本人や家族でもできますが、「相談支援事業所」の相談員の支援を利用することもできます。

＊26 障害支援区分について、詳しくは、本章9 (p.143)を参照。

② 指定障害福祉サービス事業所の現状と課題

これまで、日本の障害者福祉政策は入所施設によるケア中心に進められてきた経緯があります。それを見直し、現在「障害者プラン」などにおいては入所型の施設の増加は抑制され、身近な地域に暮らしの場を設け、福祉サービスを利用しながら生活を営むことができるように進められています。よって、今後も指定障害福祉サービスの事業は障がいのある人が望む暮らしの実現のためにサービスの質の向上、施設の整備が求められています。

③ 指定障害福祉サービス事業所で行われる支援

① 生活介護……日常生活において常に介護を必要とする人を対象として、利用者

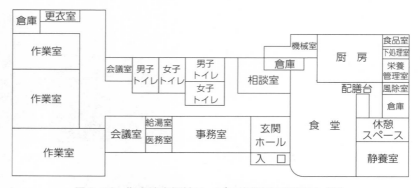

図5-19 指定障害福祉サービス事業所の配置図（例）

の自立の促進や生活リズムの改善、身体機能の維持・向上を主な目的としています。主として昼間に食事、入浴、排泄等の介護とともに、創作的活動や生産活動等に取り組むものです[*27]。

②　自立訓練（機能訓練）……身体障がいのある人などに対して、理学療法、作業療法、その他の必要なリハビリテーション、日常生活に関する相談・助言等の支援を行います。

③　自立訓練（生活訓練）……知的障がいまたは精神障がいのある人に対して、食事、入浴、排泄等に関する自立した日常生活を営むために必要な訓練や日常生活に関する相談・助言等の支援を行います。

④　就労移行支援……就労を希望する65歳未満の障がい者であって、通常の事業所に雇用されることが可能と見込まれる者を対象として、職場体験、生産活動その他の活動の機会を提供し、就労に必要な知識・能力の向上のために必要な訓練、求職活動に必要な支援を行います。また、利用者に合わせた職場の開拓等にも取り組みます。

⑤　就労継続支援（A型）……一般企業等に就労することが困難な障がい者、継続的に就労することが可能な65歳未満の者（利用開始時点の年齢）を対象として、指定障害福祉サービス事業所と雇用契約を結びます。一般企業と同じように仕事や生産活動を行い、一般的に最低賃金以上の給料が利用者に支払われます。

⑥　就労継続支援（B型）……一般企業を離職した人や就労移行支援等で一般就労に結びつかなかった人、50歳に達している人などを対象として、会社からの請負作業やリサイクル作業、自主生産などの軽作業を中心とした活動に取り組んでいます。指定障害福祉サービス事業所と雇用契約を結ばないため、作業に対する利用者の対価は給料ではなく、作業工賃等を受け取ります。

2　「施設の利用者」を知る

　障がい[*28]のある18歳以上の者で、一般就労や大学等への進学を選択せず、福祉サービスを必要とする人が指定障害福祉サービス事業所を利用しています。また、障がいがあり、一般企業等での就職経験のある人も利用しています。障がいのある人それぞれが自らの力や希望する生活を有しており、福祉サービスを利用しながらそれを実現しようとしています。個性や障がい特性に応じて各種活動に参加しています。

3　「施設の保育者」を知る

①　指定障害福祉サービス事業所の職員

　利用者の個別支援計画の策定や評価、サービス提供のプロセス全体を管理する「サービス管理責任者」をはじめ、支援員として介護福祉士、社会福祉士、看護師、理学療法士などさまざまな専門職が連携を図り、支援を展開しています。

②　指定障害福祉サービス事業所で働く保育士とその役割

　保育士は、利用者の希望に基づいて、日常生活の安定や健康支援、余暇支援などの

[*27]　生活介護については、本章9（p.143〜）を参照。

[*28]　障がいの5つの区分については、第2章2（p.27）を参照。

Q
利用者（大人）にはどのようにかかわればよいでしょうか
（➡実習Q&AのQ19へ）

活動の支援に携わっています。対人援助の専門職である保育士は、障がいのある人が自らを自由に表現し、日々の暮らしを安心して過ごし、充実したいという願いに寄り添って支援にかかわっています。このように保育士として子どもに対する対応のみならず、これら成人の障がい者に対する支援についても十分に専門性を備えたうえで携わっています。

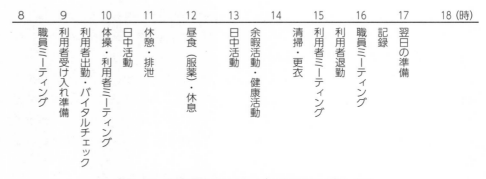

図5-20　指定障害福祉サービス事業所の日課（例）

②　指定障害福祉サービス事業所での実習における学びの内容

1　「施設」を理解するために

　施設が運営している事業内容をはじめ、障がい者の日常生活の営みに対して施設がどのように支援しているのかを理解していきます。そこでは、利用者の希望をどのように施設が受け止めているのかを理解してほしいと思います。そして、利用者への支援に加え、その家族に対する支援、地域社会における施設の役割や意義についても理解を深めていきます。

2　「施設の利用者」を理解するために

　利用者と接するうえで、障がい種別などの基本的な情報は必要なことですが、障がいのある人という認識である前に一人の人として敬い、意思の尊重や尊厳の保持など、利用者主体という考えに基づいた態度で支援にかかわることが求められます。利用者に対する適切なかかわりが信頼関係を育み、個人の障がいや特性にあった配慮や支援内容を学ぶことにつながっていきます。

3　「施設の保育者」を理解するために

　保育士は、児童福祉施設等での子どもに対する対応のみならず、その年齢より上の障がいのある人に対する支援についても、十分に専門性を備え、支援に携わっていることを理解しましょう。まずは利用者と積極的にコミュニケーションを図る姿勢を大事にし、障がいのある人の話をどのように聴き、受け止めるのか意識してください。また、保育士がどのような配慮をして情報を伝えているのか学びを深めましょう。

さらに、利用者の見守り支援も学びます。保育士は、日常生活や活動において利用者それぞれの個別的な状況を見守り、グループ全体の活動状況を把握していくことになります。それぞれの支援の内容を観察し、指導を仰ぎながら直接的に支援することとともに見守り支援も意識してかかわることが大事です。

保育士は、障がいのある人を理解するうえでエンパワーメント*29 の視点を用いて支援をしています。保育士が活動の工夫をすることにより、利用者はさまざまな経験を積むことができ、豊かな活動につながることを学んでほしいです。

*29　エンパワーメント
人が本来有している力や回復力に着目し、それを引き出すように支援することです。それが生活意欲を高めることや自信をもつことにつながり、自らの権利や主体性に気づくことができるようになります（第2章4[p.45]を参照）。

4　実習期間の段階区分別にみる目標や課題設定の例

	目標	課題	視点
実習前半	・生活介護における事業目的を学び、利用者個々の特性を理解する。	・利用者の活動に参加し、事業内容を知る。	・利用者主体の活動プログラムのあり方に着目する。
	・利用者の生活支援技術を実践的に理解する。	・食事、入浴、排泄等のかかわりを通じて利用者に対するケアの方法を知る。	・安全・安心な生活支援に取り組み、個々への配慮に着目する。
	・障がい特性を踏まえ、コミュニケーション支援における保育士のかかわりについて理解する。	・利用者に伝わる話し方、声かけの取り組みを知る。	・障がいの基本的な特徴をはじめ、個々の特性に合わせたコミュニケーション方法に着目する。

（留意点、備考等）
利用者と積極的にかかわりましょう。状況に応じて見守り、支援を行います。

	目標	課題	視点
実習中盤	・利用者が快適に過ごすための環境整備、衣服の調整等の支援を理解する。	・室内の温度や湿度など利用者に合わせた環境づくりを知る。	・利用者の体調を把握し、快適で過ごしやすい環境づくりに着目する。
	・生産活動など利用者の活動に参加し、内容を理解する。	・利用者主体の活動内容を理解し、利用者の特性に合わせた支援の取り組みを知る。	・利用者の社会的支援につながるような活動内容、支援に着目する。
	・利用者の意思をくみ取るコミュニケーション方法を理解する。	・利用者が表現する言葉やジェスチャー等から意思を理解する方法を知る。	・利用者が意思を伝えたいという思いを受け止める姿勢、かかわりに着目する。

（留意点、備考等）
利用者のペースに合わせた支援に取り組みましょう。

	目標	課題	視点
実習後半	・地域における利用者活動の展開とその取り組み内容を理解する。	・地域における利用者の活動内容や地域とのつながりの関係性を知る。	・利用者活動と地域社会のつながりを結びつける視点に着目する。
	・利用者自身がさまざまな場面に対して選択ができるかかわりを理解する。	・絵カードやジェスチャー、写真等を用いて選択のための提示方法を知る。	・利用者が選択できるように周囲の環境や情報を伝える方法、道具に着目する。
	・個別支援計画の内容を把握し、利用者の希望や状況を踏まえた支援を理解する。	・利用者個々の個別支援計画の内容を理解し、日々の活動とのつながりを知る。	・個別支援計画に基づいて各活動が展開されていることに着目する。
	・（保育実習Ⅲ）利用者の活動に対する評価の流れと取り組みを理解する。	・利用者の充実した活動を保障できるように利用者活動の評価方法を知る。	・利用者にわかりやすく活動の評価について説明し、利用者を含めて評価を行うことに着目する。
	・（保育実習Ⅲ）家庭支援の取り組みを学び、保育士に求められる支援内容について理解する。	・家庭とかかわる際の留意点をはじめ、支援の取り組み内容について知る。	・利用者を含め家庭に対しても支援に取り組んでいることに着目する。
	・（保育実習Ⅲ）施設の広報や行事等の活動を通じて地域住民への啓発活動の取り組みを理解する。	・施設が取り組む広報活動や地域住民と利用者がふれあう活動について知る。	・地域住民へ施設及び利用者活動の理解を促進する活動や支援に着目する。

（留意点、備考等）
利用者を取り巻く社会環境に目を向け、必要な支援について考察しましょう。

国立重度知的障害者総合施設のぞみの園

1 国立重度知的障害者総合施設のぞみの園の概要

1 「施設」を知る

　国立重度知的障害者総合施設のぞみの園（以下、「のぞみの園」といいます）は、1971（昭和 46）年に設立された「国立コロニーのぞみの園」がその前身です。国立コロニーのぞみの園は、心身障がい者のための施設がきわめて少なかった当時、重度または重症の心身障害者が、終生保護を含む長期にわたって安心して生活できる大規模な総合的福祉施設として設立されました。その後、2003（平成 14）年に独立法人として組織変更され、現在の名称になりました。のぞみの園は、知的障がい者の福祉の向上を図ることを目的として、①重度の知的障害者に対する自立のための先導的かつ総合的な支援を提供すること、②知的障害者の自立と社会活動への参加を促進するための支援の方法に関する調査・研究、情報の提供を行うこと、③知的障害者の支援の業務に従事する者の養成及び研修を行うこと、④知的障害者の支援に関し、障害者支援施設の求めに応じて援助及び助言を行うことを主な業務として運営されています。

2 「施設の子ども（利用者）」を知る

　のぞみの園の利用者は、支援の目的別に、①特別に医療支援が必要な「医療的配慮支援グループ」、②おおむね 65 歳以上の高齢者特有の支援が必要な「高齢者支援グループ」、③重度の自閉症や強い行動障がいに対応する「特別支援グループ」、④日常生活のスキル獲得や地域生活に向けた支援を目指す「自立支援グループ」の 4 つのグループに分かれています。

　約 70 万坪という広大な敷地内に生活寮（20 人前後の人たちが生活をしています）が点在しており、それぞれの生活寮が独立した住居として機能しています。利用者は寮単位で利用者主体にプログラムされた一日の流れに沿った支援を受けます。

　以前は、広大な土地を活用しての歩行訓練・散歩・畑作業等を行うことができましたが、現在は利用者の高齢化・重度化によりまったく行えなくなっています。全国的に知的障がい者の高齢化の問題は喫緊の課題となっていますが、のぞみの園の利用者の平均年齢は 67.5 歳です。全国の入所施設の平均 50 〜 55 歳くらいと推測されますから、利用者の年齢層が平均より 10 歳ほど高い大型施設はのぞみの園しか見当たりません。

　現在は、地域支援の観点から、群馬県高崎市にそれぞれ特徴のある 4 つのグループホームを運営しており、退所者や地域で暮らす人たちを支援しています。地域移行に積極的に取り組むことが、国からの中期目標においては最優先になっているのです。

Q グループホームと入所施設はどう違うのですか（➡実習 Q&A の Q26 へ）

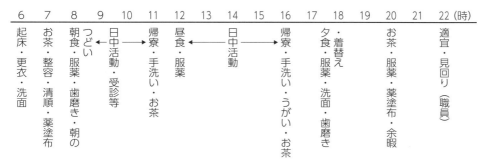

6	7	8	9	10	11	12	13	14	15	16	17	18	19	20	21	22	(時)
起床・更衣・洗面	お茶・整容・清順・薬塗布	朝食・服薬・歯磨き・朝のつどい	日中活動・受診等		帰寮・手洗い・お茶	昼食・服薬	日中活動			帰寮・手洗い・うがい・お茶	夕食・服薬・洗面・歯磨き	着替え		お茶・服薬・薬塗布・余暇		適宜・見回り（職員）	

図5-21　のぞみの園の日課（例）

3　「施設の保育者」を知る

　のぞみの園は、その名称の通り総合施設であり、知的障がいや発達障がいのある人たちなどを対象として、「相談支援」、「療育支援」、「医療支援」を行うことを目的としています。児童福祉法や障害者総合支援法に基づくサービス等を提供することで、障がいのある子どもと家族の支援として就学前（おおむね2歳）から65歳以上の障がいのある高齢者まで切れ目のない支援を目指す施設です。したがって、施設には、保育士のみならず、多種多様な専門職が従事しています。施設内に診療所があり、医師や歯科医師が常駐していることも特色です。

　実習生はそれぞれの生活寮の利用者に応じた「流れ」を理解して、多様な専門職とともに（協働）、利用者主体の生活支援を行うことを学びます。

2　のぞみの園での実習における学びの内容

1　「施設」「施設の子ども（利用者）」「施設の保育者」を理解するために

　のぞみの園では、実習に入る前には、保育実習等の流れを理解するために、実習開始1～2か月前にのぞみの園の担当者とアポイントを取り、日程調整のうえ、プログラム化された事前指導（オリエンテーション）を行っています。事前指導の内容は、施設紹介のDVDの視聴や施設内の見学です。また、事前学習の資料（主に知的障がいを理解するためのもの）が収録された冊子「実習のしおり」が配布されます。多くの場合、宿泊での実習が基本であるため、「実習のしおり」には実習前に熟読しておくべき内容が収録されています。

　実習の初日は、午前中に宿舎の説明と宿泊実習者への施設の案内があり、午後に配属寮での事前指導や利用者・職員との顔合わせを行い、実習がスタートします。

　実習期間は、大きく前半と後半に分かれます。前半終了後に中間指導があり、個々の実習生へのフォローアップがあります。実習最終日の前日には、実習寮での反省会が行われます。そして実習最終日は、宿舎の清掃・鍵の返却・使用料の支払い（宿泊者）などの手続きの後、「実習のまとめ」が行われます。最後に、実習目的などの記録用紙やアンケート、出勤簿、実習日誌等を提出し、実習のお礼の挨拶をするという

ような流れです。

2　実習期間の段階区分別にみる目標や課題設定の例

	目標	課題	視点
実習前半	・寮生活の流れを知る。	・利用者に接しながら名前と顔を覚える。	・1日の生活の流れを理解する。
	・環境整備について知る。	・寮内管理業務を通して、快適な環境整備について知る。	・施設の役割や課題を考察する。
	・職員の職務を知る。	・利用者の名前を覚え、コミュニケーションを図る。	・基礎的な支援を理解する。
(留意点、備考等)			

	目標	課題	視点
実習中盤	・利用者の健康管理について知る。	・診療所や訓練の付き添いを通し、利用者の健康管理について知る。 ・記録の重要性を知る。	・個々のバイタルサインの把握とポイントを学ぶ。
	・職員の職務を知る。	・職員の支援と利用者の動きを知る。	・個別の特性とニーズについて考察する。
	・休日の過ごし方について知る。	・休日の余暇活動のあり方を知る。	・休日と余暇活動の意義を考える。
(留意点、備考等)			

	目標	課題	視点
実習後半	・個別支援について理解を深める。	・障害支援計画について知る。 ・障害基礎年金について知る。	・障がい者に対する支援制度を理解する。
	・日中活動について知る。	・利用者の活動内容や支援方法について理解を深める。 ・機能訓練について知る。	・支援の個別性、リハビリの重要性を理解する。
	・利用者の状況を知る。	・トイレやベットの移乗支援を体験する。	・利用者に寄り添い、高齢者の活動のあり方を知る。
	・寮実習のまとめと反省を行う。	・利用者の生活全般を振り返り、寮実習のまとめと反省を行う。	・寮実習での支援の質について考察する。
(留意点、備考等)			

12　児童厚生施設——児童館

1　児童厚生施設の概要

1　「施設」を知る

　児童厚生施設は、児童遊園や児童館等のことで、子どもに健全な遊びと遊び場を提供することを目的としています。ここでは、主として実習施設として位置づけられている児童館について概説していきます。厚生労働省は、2018（平成30）年に児童館の運営等の指針となる「児童館ガイドライン」を7年ぶりに改正し、昨今の子どもをめぐる福祉的な課題への対応や子育て支援に対する児童館機能を強化しました。

　児童館は、児童福祉法第40条に位置づけられています。これまで、「遊びの施設」として根づいてきた児童館活動ですが、地域の子育てをめぐる地域社会の状況の変化とともに、専門的な役割を担うことが求められるようになってきています。

　児童館活動は、子ども、保護者の地域社会における安心で安全な生活の実現のためには不可欠なものです。児童福祉施設で唯一の児童健全育成を目的とした施設であり、その理念の実現のためには児童に対する支援・ケアのみにとどまることなく、保護者支援に関する対応も担っています。その専門性は、児童館を利用する子どもや保護者をはじめ、地域住民、地域の専門・関係機関にひろく認められています。

　児童館の具体的な活動として、七夕やクリスマス会、ひなまつり等の行事をはじめ、映画会やゲーム大会、図工や手芸等のグループ活動があげられます。また、自主的に卓球や将棋等のクラブ活動も進められています。さらに、子育て支援活動として親子ふれあい活動があり、体操やコミュニケーション活動を通じて子育て支援活動を展開しています。

2　「施設の子ども（利用者）」を知る

　児童厚生施設の利用対象者は、すべての子ども（18歳未満）です。近年では、乳幼児を養育している保護者も利用する機会が増えています。子どもや保護者は自由に来館し、それぞれ遊びを楽しみ、季節の行事や伝承遊びなどの活動プログラムへの参加を通じて児童館に集う人々と仲間づくりができるようになっています。

Q
児童館は来館・退館が自由なので、子どもと関係を築くのは難しいのでしょうか
（➡実習Q&AのQ29へ）

図5-22　児童館の配置図（例）

8	9	10	11	12	13	14	15	16	17	18	19 (時)
部屋の清掃及び準備	親子活動	親子活動		ランチの場の提供	遊びのつどい	自由遊び				子どもたち退館	環境整備・翌日の準備

図 5-23　児童館の日課（例）

3　「施設の保育者」を知る

　児童厚生施設には、専門職として「児童の遊びを指導する者」が配置されています。その役割は、子どもの個性や特徴、発達状況に合わせた遊びの支援や子育て家庭に対する相談援助などであり、保育士、社会福祉士の資格や幼稚園、小学校、中学校等の教諭免許などを有することが任用要件となっています。

2　児童館での実習における学びの内容

1　「施設」「施設の子ども（利用者）」「施設の保育者」を理解するために

　児童館は、子どもや保護者にとって、安心して地域生活を営むための社会資源となります。ここでは、実習で経験する内容と実習生が取り組む支援の視点について説明します。

　児童館では、午前中は、乳幼児と保護者が一緒に活動できるようなプログラムが行われています。その内容は、絵本の読み聞かせや親子でコミュニケーションを楽しめるようなものとなっています。実習では、児童館を利用する保護者の子育ての状況、生活背景にも理解を示しながら、活動プログラムの意義を理解することや子どもの遊びに加え保護者支援の視点をもつことが必要です。

　午後は、主として小学生の利用が多く、学校を終えて放課後の時間に来館します。児童館によっては中学生や高校生も多く利用することがあり、実習生はこれら中高生へのかかわりや遊び、利用の目的にも関心を寄せながら対応していくことになります。多くの子どもが遊びを楽しめるように、特に集団で遊ぶゲームやレクリエーション活動の知識を事前準備として整理しておくとよいでしょう。実習では、単に遊びを提供するのではなく、子ども同士のかかわりやコミュニケーションを促進する視点をもって活動に参加する必要があります。

　このように、児童館は子どもの遊びに加え、地域の子育て支援拠点としての活動が展開されていることをふまえて実習に臨みましょう。

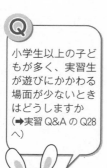

Q
小学生以上の子どもが多く、実習生が遊びにかかわる場面が少ないときはどうしますか
（➡実習 Q&A の Q28 へ）

2　実習期間の段階区分別にみる目標や課題設定の例

	目標	課題	視点
実習前半	・児童館が運営されている地域の状況を理解する。	・周囲にある児童福祉施設、小学校、中学校、高校や福祉関係機関の状況を知る。	・児童福祉施設である児童館が果たす福祉機能に着目する。
	・活動プログラムの目的や対象を理解する。	・児童館ガイドラインに基づいて活動展開されていることや活動プログラムの対象者を知る。	・子ども、保護者に対する児童館の福祉的な機能に着目する。
	・児童館で遊ぶ子どもの状況を理解する。	・子どもの個々の生活の流れを理解し、児童館を利用する社会的な意義を知る。	・子どもが自由に児童館で遊ぶことができ、また時間を過ごすことができることに着目する。
	・子どもとともに遊びを共有し、豊かな遊びが展開する支援を理解する。	・児童館に準備されている遊具の環境を把握し、遊びの展開方法を知る。	・子どもたちが豊かな遊びが経験できるような活動に着目する。
	・子ども、保護者と保育士のかかわりを理解する。	・子どもや保護者に対する声かけや支援の取り組みを知る。	・保育士が子どもの発達や保護者を受容しながらかかわっていることに着目する。
	・児童館活動における保育士の機能と役割について理解する。	・児童館の活動プログラムの立案における保育士の視点を知る。	・子どもの遊びや成長、親子活動における保育の視点に着目する。
(留意点、備考等) 児童館を利用する子どもたちと積極的にかかわりましょう。			

	目標	課題	視点
実習中盤	・安全配慮をされた遊びの環境について実践的に理解する。	・子どもに対する安全配慮について環境、見守りの体制を知る。	・子ども自身が安全を意識して遊ぶことができるための支援に着目する。
	・行政機関をはじめとする他機関との関係を理解する。	・社会福祉機関や学校を中心に子どもの支援へのかかわりを知る。	・児童館における支援と他機関の支援のつながりに着目する。
	・子どもや保護者の児童館に対するニーズを理解する。	・子どもや保護者とともに活動に参加する中で児童館を利用する背景を知る。	・子どもや保護者の意向に沿った活動の展開に着目する。
	・子ども同士がつながりをもつ活動の展開方法を理解する。	・子どもの個々の特性に応じたかかわりをし、ともに楽しく活動ができる取り組みを知る。	・他者とつながることによって遊びが展開され、豊かな遊びにつながっていくことに着目する。
	・保育士以外の背景をもつ児童の遊びを指導する者の支援の視点を理解する。	・さまざまな資格を有する児童の遊びを指導する者と意見交換をし、児童の遊びを指導する者の専門性を知る。	・児童の遊びを指導する者の機能や役割を理解し、その専門性に着目する。
	・子どもの成長、発達に合わせた遊びの展開を理解する。	・子どもの遊びに対し、年齢や発達に合わせて遊びの内容を展開することを知る。	・遊びを工夫する視点も合わせて、子どもの状況に合わせた遊びに着目する。
(留意点、備考等) 児童館活動を基盤とした子どもの豊かな遊びを支援しましょう。			

	目標	課題	視点
実習後半	・児童館を取り巻く福祉機関、教育機関、その他の機関との連携を理解する。	・日常的にかかわりのある機関との連携について学び、支援の取り組みを知る。	・子どもや保護者がもつ福祉的な課題に着目する。
	・地域社会における児童館活動の果たす機能、役割を理解する。	・地域の人に対する児童館の啓発の取り組みについて知る。	・児童館を利用する子どもや保護者以外にも児童館の役割や機能について理解を得ることに着目する。
	・子ども自身が生活のリズムの中で児童館の利用について考えられる支援を理解する。	・児童館を利用する時間や退館する時間等について意識がもてるような声かけ、支援を知る。	・児童館の利用時間等を自ら意識できるようなかかわりをし、子どもの自立支援に着目する。
	・子ども同士が遊び仲間をつくる力を育む支援を理解する。	・子どもの個性を理解し、子ども自身が友達と取り組めるように声かけ、遊びのプログラムの工夫を知る。	・子ども同士の人間関係を通じて遊びを楽しむことができる支援に着目する。
	・活動の計画立案について、その目的と方法について理解する。	・子どもたちの健全育成につながる遊びについて活動の計画方法を知る。	・子どもたちの安全、健康、楽しさに基づいた活動計画の立案に着目する。
	・保護者支援の取り組みとして家庭状況を理解する。	・家庭への連絡方法、内容の伝え方を知る。	・子どもを取り巻く支援体制について保護者とのかかわりに着目する。
	・要支援児童における児童館の支援について理解する。	・個人情報に配慮しながら個別的な対応の経過について知る。	・個別的に福祉的なかかわり、支援のかかわりについて着目する。
(留意点、備考等) 社会資源の役割を担う児童館と他機関とのつながりについて考察しましょう。			

【引用文献】

1）厚生労働省「児童養護施設入所児童等調査結果（平成 25 年 2 月）」2015 年
2）全国乳児福祉協議会「平成 29 年度事業報告」2018 年
3）全国乳児福祉協議会ホームページ「乳児院とは」（https://nyujiin.gr.jp/about/）
4）厚生労働省「社会的養護関係施設における親子関係再構築ガイドライン」2014 年　p.68
5）厚生労働省「母子生活支援施設運営ハンドブック」2014 年　p.46
6）厚生労働省「新しい社会的養育ビジョン」2017 年　p.8/p.34
7）全国母子生活支援施設協議会『平成 28 年度全国母子生活支援施設実態調査報告書』
　2017 年　p.18
8）前掲書 1）に同じ
9）全国情緒障害児短期治療施設協議会、杉山信作編『子どもの心を育てる生活：チーム
　ワークによる治療の実際』星和書店　1990 年
10）厚生労働省「平成 27 年度障害福祉サービス等報酬改定検証調査（平成 28 年度調査）事
　業集計結果報告書」p.161
11）同上書　p.170
12）全国重症心身障害児（者）を守る会「重症心身障害児（者）の児者一貫制度の維持継続
　について」2017 年（http://www.normanet.ne.jp/~ww100092/network/info/info59.pdf）
13）厚生労働省「障害児支援の見直しに関する検討会報告書」2018 年　p.18
　（https://www.mhlw.go.jp/shingi/2008/07/dl/s0722-5 a.pdf）
14）柏女霊峰監修、独立行政法人国立病院機構全国保育士協議会倫理綱領ガイドブック三訂
　版作成委員会編『医療現場の保育士と障がい児者の生活支援［三訂版］』生活書院　2018
　年

【参考文献】

・厚生労働省「2017（平成 29）年 3 月福祉行政報告例」2017 年
・全国乳児福祉協議会「2016（平成 28）年度全国乳児院入所状況実態調査」2016 年
・SBS Review Project Japan（SBS 検証プロジェクト）ホームページ（http://shakenbaby-review-com/index.html）
・日本小児科学会「乳幼児揺さぶられ症候群について」2019 年
・厚生労働省「乳幼児突然死症候群（SIDS）診断ガイドライン［第 2 版］」2012 年
・厚生労働省「児童養護施設入所児童等調査結果（平成 25 年 2 月 1 日現在）」2015 年
・全国児童養護施設協議会「もっともっと知ってほしい児童養護施設」2015 年
・厚生労働省「社会的養護自立支援事業等の実施について」2017 年
・厚生労働省「社会的養育の推進に向けて（平成 31 年 4 月）」2019 年
・厚生労働省「民間の児童養護施設職員等の処遇改善について」2017 年
・厚生労働省「平成 30 年全国児童福祉主幹課長会議資料」2019 年
・厚生労働省「児童自立支援施設運営ハンドブック」2014 年（http://www.mhlw.go.jp/seisakunitsuite/bunya/kodomo/kodomo_kosodate/syakaiteki_yougo/dl/yougo_book_5_0.pdf）
・大阪ボランティア協会編『福祉小六法 2019』中央法規出版　2018 年
・喜多一憲・児玉俊郎監修、吉村美由紀・吉村譲編『五訂 福祉施設実習ハンドブック』みらい　2017 年
・伊藤貴啓・小川英彦編『保育を目指す人の福祉施設実習』みらい　2017 年
・厚生労働省「平成 29 年社会福祉施設等調査の概況」2018 年
・厚生労働省「平成 27 年度障害福祉サービス等報酬改定検証調査（平成 29 年度調査）事業集計結果報告書」（https://www.mhlw.go.jp/content/12200000/000349725.pdf）
・厚生労働省「平成 27 年度障害福祉サービス等報酬改定検証調査（平成 28 年度調査）事業集計結果報告書」（https://www.mhlw.go.jp/stf/seisakunitsuite/bunya/0000178195.html）

・二本柳覚編『これならわかる＜スッキリ図解＞障害者総合支援法［第 2 版］』翔泳社
　2018 年
・厚生労働省「児童館ガイドライン」2018 年（http://www.mhlw.go.jp/content/11906000/
　000361016.pdf）
・厚生労働省「情緒障害児短期治療施設（児童心理治療施設）運営ハンドブック」2014 年
　（https://www.mhlw.go.jp/seikakunitsuite/bunya/kodomo/kodomo_kosodate/syakaiteki_
　yougo/dl/yougo_book_4.pdf）
・厚生労働省「一時保護ガイドライン」2018 年（https://www.mhlw.go.jp/content/000477825.
　pdf）
・神奈川県児童相談所『子ども虐待防止ハンドブック［二次改訂版］』2009 年

第6章

施設実習後の
振り返り

1 実習の振り返り

　実習終了直後に反省や振り返りを行うことで、自分の体験したことを客観的に評価することができます。振り返りの主な内容は、①施設の運営方針の理解、②子ども（利用者）に対する理解、③子ども（利用者）とのかかわり方、④実習態度、⑤自己理解、⑥実習目標の達成度と今後の課題の明確化などが考えられます。

1　実習の反省

1　施設実習直後

　施設実習を終了する際に、実習記録（日誌）を提出します。提出した実習記録（日誌）は後日、実習施設から返却されますが、返却されるまでに数週間かかることもあります。

　実習記録が返却されるまでに、実習中に学んだことを整理してまとめておきます。保育士養成校により、実習レポートの提出や実習反省会を実施することがありますので、記憶が鮮明に残っているうちに、特に自分の実習に対する態度や子ども（利用者）に対するかかわり方を振り返り、実習前に考えていた実習目標に対して、どの程度達成できたのかを客観的に考えておきます。

2　実習記録返却後

　実習記録が返却されたら、提出した記録がそろっているかを確認します。提出した記録が抜け落ちている場合、未提出なのか紛失なのかを確認する必要がありますので、保育士養成校の実習担当教員に伝えます。

　返却された実習記録には、施設の担当職員からのコメントが書かれていますので、よく読んで、反省すべき点や課題を明確にしておきます。

2　実習のまとめ

1　実習指導における総合的評価と課題の明確化

　実習の事後指導の方法は、保育士養成校によって違いがありますが、主に個別に行う場合とグループやクラス単位で行う場合があります。個別の事後指導では、実習生は実習での課題を明確にしておく必要があります。グループやクラス単位の場合は、実習報告会の形式で行われることが多く、事前に各自で実習のまとめをしておく必要があります。

　いずれも、実習前から振り返りの作業が必要となります。実習前に設定した目標に対してどのように取り組んだのか、実習中にどのようなことを学んだのか、実習中の指導者からのアドバイスなどを整理しておくことで、今後の課題が明確になります。

　施設実習は、実習期間中だけでなく、実習前や実習後の取り組みを含めた総合的な評価をもって一つの実習と考えます。特に、自らの経験を振り返り、反省点を明確にすることは、今後の実習や学習に活かすことができます。また、実習報告会などは、他の実習生が体験したことを知ることができるため、多くの情報を共有できる機会となります。

2　実習報告書の書き方

　保育士養成校により、実習報告書の書き方には違いがあります。それぞれの保育士養成校の書式に沿って記入してください。主な項目は以下のとおりです。

① 　施設の概要
② 　施設の基本方針（運営方針）
③ 　施設の機能と特徴
④ 　実習を通して学んだこと
⑤ 　実習目標
⑥ 　実習の達成度（目標に対する評価）と今後の課題

　実習報告書を作成する際は、自分の実習態度や子ども（利用者）に対する対応を振り返る必要があります。振り返ることで反省点に気づくことがあります。実習中には気づかなかったことや注意すべき点に気づくことにより、適切な対応方法を考えられるようになります。客観的な視点で実習内容全体、そして自分自身について振り返ってください。

2　実習施設へのお礼

1　礼状を出す

1　礼状の目的

　実習生にとって、施設実習は慣れない環境の中で不安もあり、緊張の連続だろうと思います。実習生を受け入れて指導する施設職員の側も、日頃の業務に加えて実習生への対応をするために時間を割いて説明や指導を行っています。施設職員は、自らの経験と知識を実習生に伝えることで、後継者の育成を目的にした実習指導をしています。

　入所型の施設実習では、施設を利用している子ども（利用者）のプライベートな生活空間に入り、そこで暮らしている子ども（利用者）とのかかわり合いを通して、さまざまなことを学びます。また、子どもの生活を支える職員の姿からも支援方法を学びます。

　実習終了後、生活の場でかかわらせてもらった子ども（利用者）や、多忙ななか指導してくださった職員に対して、感謝の気持ちを込めてお礼を述べることは、基本的

Q

感謝のしるしとして、実習施設にプレゼントをしてもよいでしょうか（➡実習Q&AのQ40へ）

な礼儀であり、実習を締めくくることにもなります。

2　礼状の書き方

　お世話になった感謝の気持ちを礼状に書いて伝えましょう。下に礼状の参考例をあげますので、自分の学びや感謝の気持ちが伝わるよう、自分自身でアレンジして活用してください。

② 子ども（利用者）へのお礼

　実習生は、実習期間中に施設の子ども（利用者）から多くのことを学びます。施設の子ども（利用者）に対して、感謝やお礼の気持ちを伝えたいと思うこともあるでしょう。しかし、実習生は個人的な立場で実習を行ったのではなく、保育士養成校と実習施設という契約関係の中で行っているので、実習終了後には個人的な関係をもたないようにします。

　施設の子ども（利用者）へのお礼の方法については、それぞれの保育士養成校の指導にしたがってください。また、実習施設により対応方法に違いがありますので、個

実習施設への礼状の記入例

拝啓
　秋涼とは名ばかりの残暑厳しい今日この頃、職員のみなさま、元気でお過ごしでしょうか。
　さて、実習期間中は職員のみなさまにはお忙しい中、大変親切にご指導いただき、ありがとうございました。
　今回の実習は、期待と不安のなかで始まりましたが、子どもとのかかわり方を丁寧に教わったおかげで、徐々に落ち着いて対応ができるようになりました。
　この実習では、子どもたちの様子や職員の対応を見て学ぶことで、一人ひとりの気持ちを受け止めることが大切だと感じました。実習後半では、私自身の対応もスムーズになり、一人ひとりに対して、丁寧な対応ができるようになりました。
　この実習で学んだことを今後に生かせるよう、保育者としての専門性を身につけていきたいと思います。
　施設長の○○様（先生）をはじめ、お世話になりました職員のみなさま、どうもありがとうございました。○○ホームの子どもたちにもよろしくお伝えください。
　最後になりますが、みなさまのご健康を心からお祈り申し上げます。

敬具

○○○○年　○月　○日

○○大学保育科○年

○田　○子

○○○○施設
○○○○
○○○○様

Q
なぜ仲良くなった子どもと個人的に連絡をとってはいけないのでしょうか
（➡実習Q&AのQ42へ）

人の判断ではなく、必ず事前に保育士養成校の実習担当教員に相談するようにしてください。

3 訪問によるお礼

実習施設にお礼に伺う場合は、実習施設の予定を考慮して、事前に電話連絡をして施設の都合のよいときに伺います。

実習記録（日誌）の受け取りのための訪問も同様です。施設に伺ったときには、普段の挨拶だけではなく、感謝の気持ちをお礼の言葉にして伝えましょう。身だしなみは、事前指導（オリエンテーション）のときと同じように清潔な服装や頭髪を心がけましょう。

4 行事やボランティアへの参加

福祉施設では、夏祭りや運動会、キャンプ、クリスマス会などの各種行事が行われます。そして施設は行事の実施前にボランティアを募集することがあります。これは実習生としての関係とは異なる意味合いをもちますので、施設からの誘いや連絡があった場合は、参加できるようであれば積極的に協力しましょう。

行事には家族や地域住民の参加がありますので、実習での様子と違う一面が見られることがあります。ボランティアは、人手を必要とする施設から感謝されるだけでなく、ボランティアに参加する実習生にとっても有意義な時間となります。

3 自己評価

1 実習施設における反省会

実習最終日には、実習施設において反省会が行われます。これまでの実習を振り返って、実習中の疑問点や改めて聞いておきたいことなどを実習日誌やメモを読み返しながら整理します。実習では実際の現場に入りますが、施設の役割や職員の支援をすべて観察して体験することには限界があります。子ども（利用者）に寄り添う期間も短く、実習期間の中で、子ども（利用者）を理解することには限界があります。反省会において、日々の支援の中の留意点や困難な事例、支援の視点などの質問をすることで、施設や子ども（利用者）の様相を把握する手がかりにもなります。

さらに、短期間の実習においては、アドミッションケア、インケア、リービングケア、アフターケア[*1] など、支援の全体の流れを知ることにも限界があります。それゆえ、施設保育士以外の専門職に対して質問することも大切です。たとえば、児童養護施設や乳児院の家庭支援専門相談員（ソーシャルワーカー）に対しては、アドミッ

Q
ボランティアに参加するにはどうすればよいでしょうか
（➡実習 Q&A の Q43 へ）

*1　アドミッションケア、インケア、リービングケア、アフターケアについて、詳しくは、第2章3 (p.31)を参照。

ションケアやアフターケア（退所後の進路）についての質問をすることで、施設における
ケア全体の流れについての理解も深まります。たとえば、母子生活支援施設において
は、母親と接する時間が十分に得られない場合もあります。この場合、心理療法
担当職員（カウンセラー）に対して質問することで、母親に関する理解を深めること
も可能です。このように実習プログラムを振り返り、その補完として、他の専門職に
対する質問事項を考え、整理しておくことも大切なことです。

② 自己評価と事後指導

　現場における実習期間だけが実習ではありません。実習後の経験を振り返り、達成で
きたことや専門職としての課題点を整理して、次の実習につなげることが大切です。

1　実習のイメージを振り返る

　実習前には、施設の雰囲気、子ども（利用者）、職員に対してさまざまなイメージ
を抱いていたと思います。実習中の体験を通して、楽しい、嬉しい、つらい、自信を
なくしたなどさまざまなことを感じ、思いを抱えたことでしょう。たとえば、楽し
い・嬉しいと感じた経験のなかから自分の強みが見えてきます。反対に、つらい・自
信をなくしたという経験の中から、その時の自分の姿を思い浮かべると弱みや課題点
が見えてきます。まずは主観的に実習中の思いを振り返ることから始めましょう。本
書の序文（はじめに）の次のページにあるワーク「実習前後の施設のイメージ」にお
いて、「実習後」の欄にあなたのイメージを記入してください。

2　自己評価

　自己評価は、自らを評価対象として自らの基準で評価を行います。この自己評価を
行うことで、実習について、より具体的に振り返ることが可能になります。さらに、
実習施設・機関からの評価と自己評価を照らし合わせることで、実習生自身の評価基
準と専門職者の評価基準の差を知ることができます。以下の手順に従って、自己評価
をしてください。各ワークの評価欄には、評価基準に基づいて1〜5までの該当する
点数を記入してください。また、各項目の評価理由についてもコメントを記入してく
ださい。

▌ワーク①：施設の理解への自己評価

①施設の理解について、以下の項目に従って自己評価をしてください。

施設の理解　　　　　総合評価〔　5　・　4　・　3　・　2　・　1　〕*2

	評価項目	評価
1	施設・機関の理念・方針について理解したうえで実習に取り組むことができた （評価理由）	
2	施設・機関が実施するサービスの内容（日課）について理解できた （評価理由）	
3	施設・機関が実施するサービスの目的・意義について理解できた （評価理由）	
4	施設・機関に配置されている専門職の役割について理解できた （評価理由）	
5	施設・機関の法的な根拠について理解できた （評価理由）	

*2　評価基準
5：十分達成できた
4：かなり達成できた
3：少しは達成できた
2：あまり達成できなかった
1：まったく達成できなかった

②実習施設の役割・機能について学んだことを具体的に書いてください。

■ワーク②：子ども（利用者）の理解への自己評価

①施設の子ども（利用者）の理解について、以下の項目に従って自己評価をしてください。

施設の子ども（利用者）の理解　総合評価〔　5　・　4　・　3　・　2　・　1　〕

	評価項目	評価
1	子ども（利用者）と積極的なかかわりをもつことができた （評価理由）	
2	子ども（利用者）に共感的態度で接した（言動や感情を受けとめた） （評価理由）	
3	子ども（利用者）の多様性の理解に努めた （評価理由）	
4	子ども（利用者）に対してストレングス（強み）の理解に努めた （評価理由）	
5	子ども（利用者）が抱える課題の理解に努めた。 （評価理由）	

②子ども（利用者）の姿から学んだことを具体的に書いてください。

ワーク③：施設保育士の援助方法や役割の理解への自己評価

①施設保育士の援助方法や役割の理解について、以下の項目に従って自己評価をしてください。

実施設保育士の援助方法と役割　総合評価〔　5　・　4　・　3　・　2　・　1　〕

	評価項目	評価
1	相手に合わせた言語コミュニケーションの技術を理解し、活用することができた （評価理由）	
2	相手に合わせた非言語コミュニケーションの技術（声の抑揚・表情・身振り手振りなど）を理解し、活用することができた （評価理由）	
3	多様な場面（遊び、作業、ケア、自由時間など）を通してかかわることができた （評価理由）	
4	子ども（利用者）一人ひとりの特性に合った支援に努めた （評価理由）	
5	支援方法について職員の対応や記録から学び、実習に取り組んだ （評価理由）	

②子ども（利用者）に対する支援から学んだことを具体的に書いてください。

....

....

....

....

....

....

■ワーク④：実習生としての姿勢・態度への自己評価

①実習生としての姿勢・態度について、以下の項目に従って自己評価をしてください。

実習態度・姿勢　　　　　総合評価〔　5　・　4　・　3　・　2　・　1　〕

	評価項目	評価
1	実習生として礼儀正しい行動ができた（挨拶や言葉遣い） （評価理由）	
2	職員からの助言・指導に対して、理解して改善しようと努めた （評価理由）	
3	分からないことや疑問を自分から積極的に質問できた （評価理由）	
4	設定した目標を意識して行動することができた （評価理由）	
5	実習を通して自分の強み・弱みに気づいた（自己覚知） （評価理由）	

②実習目標や実習計画の達成度について考察してください（達成できたこと・できなかったこと、その要因や背景など）。

3　事後指導と反省会

　実習は、専門職として成長するための過程の一つです。専門職として成長するためには、現場において何ができたかを確認するだけではなく、どのような課題があるかを発見することも大切です。自己の課題をできなかったこと、達成できなかったことと後ろ向きにとらえるのではなく、次のステップにつなぐ改善点として、前向きに考えなければなりません。専門職は、常に自己の課題に向かい合い、その改善に向けた活動を絶えず行います。実習は、その経験を積むことの第一歩なのです。

　実習後は、保育士養成校で事後指導が行われます。実習目標の達成度などについて、実習施設の評価や教員の専門的な視点からの指導・助言を、自己評価と照合したうえで振り返ります。これは専門的な視点から自分の考え方や経験をとらえなおす機会になります。自己評価による自己の価値・基準と、専門的な基準を照合する過程から、自分自身に対しての理解もより深まることでしょう。さらに、保育士養成校での反省会で実習生同士が報告や意見を交換することで、他の実習生の施設実習の状況を知るだけでなく、異なる視点から自分の考えや経験をとらえ直すことができます。自分の経験を他者に伝える過程において、実習の経験が整理され、そこから新たな発見などもあります。ときには、実習中に言えなかった本音が出てくることもあります。現場に対しての批判的な視点も出てくるかもしれません。批判的な視点をもつことも大切ですが、批判だけで終わってしまっては何の意味もありません。専門職としての分析の視点が必要になります。批判的な視点を向ける場合、表面上の課題ではなく、その背景にあるものに目を向け、改善するための方法を考察する必要があります。反省会の機会を利用して、実習中の自分の姿を再確認しましょう。

4　施設保育士の専門性

　保育士は、児童福祉法第 18 条の 4 に「この法律で、保育士とは、第 18 条の 18 第 1 項の登録を受け、保育士の名称を用いて、専門的知識及び技術をもつて、児童の保育及び児童の保護者に対する保育に関する指導を行うことを業とする者をいう」と規定されている国家資格です。保育所保育指針では、その専門性について言及されています。2018（平成 30）年度の改定においては、第 1 章「総則」に「養護に関する基本的事項」が追記されました。保育所保育指針では、「保育における養護とは、子どもの生命の保持及び情緒の安定を図るために保育士等が行う援助や関わりであり、保育所における保育は、養護及び教育を一体的に行うことをその特性とするものである。保育所における保育全体を通じて、養護に関するねらい及び内容を踏まえた保育が展開されなければならない」と保育所における養護の理念について規定しています。一方、施設においては、たとえば「児童養護施設運営指針」において、養育・支援の内容と運営に関する指針が示されています。施設保育士の専門性を考える場合、実習で学んだ子ども（利用者）に対する支援を思い起こしてください。その時に養護・支援の視点から、さらに「あたりまえの生活」などのキーワードも含めて考えると、施設保育士の資質や専門性がより明確に整理できます。

■ワーク⑤：施設保育士についてのまとめ

①【個人ワーク】実習を通して学んだ施設保育士の養育や支援の内容をまとめてください。

----

②【グループワーク】施設保育士の専門性についてグループで話し合ってください。

▌ワーク⑥：自己覚知と自己課題の明確化

①実習を通して気づいた自分自身の強み・弱み、子ども（利用者）と接したときに感じたことや自分自身のくせなど、自己覚知したことについて、具体的な実習中のエピソードもふまえて書いてください。

_____

_____

_____

_____

_____

_____

②自己評価を参考に施設保育士としての自己の課題を整理してください。また、課題の改善策についても検討してください。

_____

_____

_____

_____

_____

_____

_____

_____

_____

_____

▌演習問題：施設実習で出会った処遇困難事例の検討

①子ども（利用者）に対する養育・支援の場面で、実習生としての処遇困難事例（戸惑ったことやうまくいかなかったと感じたこと、失敗してしまったことなど）について、その一連の経緯と原因について具体的に書いてください。
②処遇困難事例をグループで検討してください（模擬カンファレンスの実施）。

　「保育実習Ⅰ」の施設実習では、子ども（利用者）とともに生活することで施設の役割や機能を理解しました。また、子ども（利用者）を理解するための手がかりとして、子どもの状態に応じた援助やかかわり方について学びました。これらを通して施設における保育士の役割について学び、実習の総括で自己の課題も明確にしました。

　施設実習の第二段階である「保育実習Ⅲ」においては、「保育実習Ⅰ」の学びの成果を前提として、児童福祉施設の役割や機能について、実践を通して理解を深めます。実践的活動として、子ども（利用者）に対して受容・共感する態度で臨まなければなりません。そのために積極的傾聴を理解し、行動できたかを振り返る必要があります。

　受容・共感する態度で子ども（利用者）と向き合うことで、そのニーズ（課題）について把握し、理解することが可能になります。課題点ばかりに目を向けるのではなく、子ども（利用者）のストレングス（強み）は何かという視点も大切です。子ども（利用者）を支援するための個別支援計画の作成において、ニーズとストレングスを自立支援の視点をもとに取り入れることができたか、全体的に内容を振り返ってみましょう。また、ニーズは正確に把握できたか、解決しなければならないニーズに優先順位をつけることができたか、実践段階においては適切なゴール（スモールステップ）を設けることができたかについて、具体的に振り返ってみましょう。問題行動に対する支援策についても多角的にとらえた支援策になっているでしょうか。たとえば、「宿題をしない」という児童養護施設の小学生の問題行動に対して、「宿題をするように指示する」だけでは具体的な支援にはなりません。「宿題をしない」という行動に対して、宿題を行うことを阻害している環境的要因（マンガやゲームなど）はないか、その環境的要因を改善して、本人の行動変容を促す行動変容アプローチ[*3]も含めた支援策を考えることができたでしょうか。

　施設では多様な専門職が配置され、専門職間の連携のもとに、子ども（利用者）の支援が成立します。また、個別支援計画を作成する際にも、それぞれの専門職の立場で支援策について検討します。それぞれの専門職の役割や視点を理解することで、施設における保育士の役割も見えてきます。

　「保育実習Ⅲ」においては、保育士としての自己課題を明確にする必要があります。そのためにも、施設における保育士の役割を他の専門職との連携のなかから見出しましょう。最後に、社会的養護の原理として「あたりまえの生活」の保障がいわれていますが、施設における生活、あたりまえの生活とは何か、保育士としてどのように「あたりまえの生活」を保障するかを考えてください。

【参考文献】

・厚生労働省「社会的養護の課題と将来像の実現に向けて」2014年
　（http://www.mhlw.go.jp/bunya/kodomo/syakaiteki_yougo/dl/yougo_genjou_02.pdf）

[*3] 　**行動変容アプローチ**
条件反応の消去・強化による特定の問題行動の変容を働きかけます。子ども（利用者）の問題行動の原因や動機ではなく、問題行動そのものを取り上げて、条件反射の消去、あるいは強化によって、特定の問題行動の変容を目標に働きかけるアプローチです。

実習

Q & A

実習前

 障害者支援施設は、なぜ保育士実習の対象施設となっているのですか。

 　「保育実習Ⅰ（施設実習）」・「保育実習Ⅲ」の対象となる施設のうち、唯一児童福祉施設ではないのが障害者支援施設です。そのため、障害者支援施設が保育士実習の対象施設であることに疑問を感じることは理解できます。
　障害者支援施設は障害児入所施設などとの共通点が多くあります。利用者の年齢は幅広いですが（10代から60代くらい）、障害児施設と同様に多様な障がいを抱えている人が生活支援を必要としています。そのため、生活支援員は児童福祉施設の保育士と同様に自立支援、専門職との連携、利用者の権利擁護などを行うことが求められています。実習生が障害者支援施設から生活支援について学ぶことは多いのです。

 実習にあたって、事前に学習したり身につけておくべき態度は何ですか。

 　施設実習の実習先は、本書で述べられているように多種多様です。そのため自分が配属される実習先がどの施設になろうと積極的に実習に臨めるように、事前に実習施設の役割と機能、保育士の業務などの基本的事項を学びましょう。たとえば、社会的養護の原理や内容、利用者への支援のサービス内容、他職種との連携、児童相談所などの他機関との連携、保護者への支援、地域社会との関係、保育士の倫理規定などは必ず学んでおく必要があります。
　学ぶ方法として、保育士養成校での授業をしっかりと聴くことが基本です。そして、実習先が決定したら、ホームページなどで実習先の施設についてよく調べておくことが大切です。休日などを利用して、施設でボランティアをさせていただくことも、とても良い学びになるでしょう。
　施設保育士の業務は、子ども（利用者）の日常生活の支援が中心となります。食事、掃除、洗濯、登校の準備、余暇活動、作業など、日常生活の自立支援などです。食事介助や排泄介助も含まれます。実習先ではこれらを体験的に学びますので、実習で戸惑うことがないように、まずはみなさん自身が日々、自立した生活を送ることを心がけてください。

Q3 実習にあたってとくに大切なマナーは何ですか。

A 　実習を行うにあたっては、社会人としてのマナーを守ることが大切です。社会人のマナーについてはさまざまな書籍がありますので、目を通しておくと将来に役立ちます。ここでは、実習に即して考えましょう。①挨拶はすべての基本です。相手の目を見てはっきりと笑顔で丁寧に行いましょう。「おはようございます」「よろしくお願いいたします」「ありがとうございます」「申し訳ありません」「教えていただけますか」「お先に失礼いたします」など、さまざまな挨拶を場面に合わせて行えるように、日頃から留意してください。②実習生としての立場をわきまえましょう。言動に心が表れます。常に謙虚な言動を行い、実習させていただいているという感謝を示しましょう。③時間・期限を厳守しましょう。出勤、退勤、書類等の提出期限などは、最低限守るべきことです。マナーは1日で身につくものではないので、日頃から意識することが大切です。

Q4 施設に宿泊する際に心がけておくことは何ですか。

A 　実習生用の宿泊設備は、施設の建物の中にある場合や少し離れた所にある場合など実習先によって異なります。特に建物の中に宿泊する場合、そこですでに生活している子ども（利用者）には、実習生が実習を終えた後もここでの生活があるということを忘れず、勝手な行動は慎んでください。休憩時間や勤務時間以外の外出やスマートフォンの使用等も職員に相談し、勝手に使用することは避けてください。勤務時間外に寮で子ども（利用者）とかかわることも、職員の許可を得てください。

　環境の変化と実習の緊張等から体調を崩すことのないように、実習前から意識的に規則正しい生活を行い、体調には十分に気をつけましょう。実習中も睡眠と食事を十分にとる、気分転換を図るなどを意識的に行ってください。さらに、実習中の宿泊設備は次の実習生も使います。整理整頓して実習を終えるようにしましょう。

Q5 事前指導（オリエンテーション）に遅刻しそうになってしまったら、どうすればよいですか。

A 　基本的には、遅刻の可能性がある（途中から急いでも取り戻せない）と気づいた時点で、速やかに施設に連絡を入れましょう。結果的に遅刻せずに到着できれば、それで構いません。早めに連絡しておけば、施設としても事前指導の開始を若干遅らせるなどの対応もできますが、開始時間の間際に連絡を受けても、対応が難しくなってしまいます。きちんと連絡を入れることは、社会人としての基本的なマナーの一つです。

実習計画を立てるうえで、事前指導（オリエンテーション）の際に必ず聞いておくべきことはなんですか。

 ４つの「学びの視点」、すなわち、①「施設」を知る、②「施設の子ども（利用者）」を知る、③「施設の保育者」を知る、④「自己」を知るに沿って、必要なことを聞きましょう。実習施設で子ども（利用者）との関係づくりに役立つように、流行している話題や遊び、活動などを聞いておきましょう。

 わからないことがある場合は、いつ職員の方に質問をすればよいですか。

 基本的には「その時、その場で」の姿勢が大切です。子ども（利用者）とのかかわりは、言わば"生もの"ですから、時間が経つにつれて記憶が薄れたり、その場面の前後の状況がわからなくなることがあります。記憶が鮮明なうちに質問することで、職員からの的確な指摘やアドバイスを受けることができ、次の実践に活かすことができます。疑問の解決が早い分、残りの実習期間は長くなるわけですから、時間を無駄にしないためにも、質問は「その時、その場で」が基本です。

ただし、子ども（利用者）への支援の状況によっては、質問する場所や状況を考える必要があります。たとえば、子ども（利用者）の入所理由などを質問するときは、子ども（利用者）の心情への配慮と個人情報保護の観点から、子ども（利用者）がいない場面に行うべきです。また、食事の前後などの慌ただしい時間帯には、その時の支援に直結する質問にとどめ、時間にゆとりがある場面で質問するほうが、職員も丁寧に対応できます。状況判断に迷う時には、「今、○○について質問してもいいですか」と、最初に確認するとよいでしょう。

 人見知りの性格なのですが、早く利用者や職員の方になじむにはどうすればよいでしょうか。

 初めての場所や初めての人に会う時には緊張してしまう人が多いのではないでしょうか。初めての実習では特に不安も大きいと思います。しかし、その不安な気持ちが表情や行動に出てしまうと、実習先の職員や子ども（利用者）たちにも不安が伝わってしまいます。どんなに不安や心配ごとがあったとしても、まずは笑顔でいることを意識してみましょう。そして、自分から進んで挨拶をし、返事をきちんとしましょう。また、わからないことがあれば自分だけで解決しようとするのではなく、必ず職員に確認をとるようにします。

これらの小さなコミュニケーションによって、職員や子ども（利用者）たちとの信頼関係が生まれてきます。さらに、子ども（利用者）の好きなことや視線の先にあるものを感じ取ることで、話がひろがることもあります。なかには話しかけられることが苦手な子ども（利用者）もいるので、そのようなことも職員に確認をとりながら実習を進めてください。

実習日誌を書くために、実習中にメモをとってもよいのでしょうか。

　実習中にメモを取ることについては、特に理由があって禁止されていない限りは構いませんが、メモを取る状況については、よく考えるべきです。子ども（利用者）にしてみれば、実習生は、自分の生活の中に入り込んでいる他人です。子ども（利用者）の立場に立って考えてみると、「自分が何か行動するたびに、他人がメモを取っている」という状況が、あまり気分のいいものではないことが想像できると思います。メモを取るとしても、子ども（利用者）の目の前で行うことは避け、目の前の子ども（利用者）に向き合う時間を大切にして欲しいと思います。

　なお、メモを取る目的は、「日誌を書く参考にするため」以外に、職員の指示（例：子どもをお迎えに行く時間や用意する食数など）を記録しておくためのこともあります。いずれにせよ「忘れた時のために（忘れてもいいように）メモを取る」のですから、一字一句を丁寧に書く必要はなく、自分さえわかれば十分です。

事前指導（オリエンテーション）へはどんな服装で何を持っていけばよいですか。

　事前指導（オリエンテーション）へはスーツを着用して臨みましょう。近年、春先から夏季の暑い時期であれば、上着やネクタイは不要であるという考え方が一般的ですが、基本はスーツであることに変わりはありません。また、靴やバッグも服装の一部です。靴はスニーカー等は避け、革靴を着用しましょう。バッグは、ある程度フォーマルなもの（就職活動用のビジネスバッグなど）がよいでしょう。

　持ち物については、筆記用具や保育士養成校からの書類（実習生調書など）のほか、事前連絡の際に指示された物品を用意しましょう。たとえば「子どもたちとかかわってもらいたいので、活動に適した服装を持って来てください」などと、事前に指示される場合があります。その際は、実習で着用できるような活動に適した服装（ジャージの上下や運動に適した靴など）を持参する必要があります。事前指導（オリエンテーション）の日程調整の電話をする際、必要な物品についても確認しておくことが大切です。

実習前に腸内細菌検査が必要なのはどうしてですか。

　　実習前に腸内細菌検査を行うのは、実習生が感染性の病気を持ち込まないようにするためです。

　　施設では多くの場合、集団で生活をしているので、一人が病気に感染すると次々と感染が拡大し、蔓延する危険があります。また、特に免疫力の低い障がいの重い人や乳幼児は、健康な人に比べて感染症にかかりやすく、ひとたび感染すると生命にかかわる危険があります。そのため、施設では感染症対策を十分に行う必要があるのです。医療型の施設で実習する場合は、検査項目が多い場合もあります。

　　実習中に、排せつ物、嘔吐、血液等に触れた際は、必ず入念に手洗いを行うとともに、指示された手指の消毒等も徹底して行ってください。

 「保育実習Ⅰ」と「保育実習Ⅲ」の実習施設の種類が異なりますが、「保育実習Ⅰ」の経験をどのように活かすことができますか。

　　実習を積み重ねることで、自己課題の解決・達成に取り組むことができます。そのため、「保育実習Ⅰ」と「保育実習Ⅲ」の実習施設が異なる場合には、「保育実習Ⅰ」の振り返りを十分に行い、明確になった自己課題は、その種類の施設での実習だけにしか当てはまらないものなのかどうか見極めてみましょう。

　　自己課題の多くは、コミュニケーションスキルや実習日誌の書き方に関係するものではないかと思います。それらは、異なる種類の施設であっても、「保育実習Ⅲ」の目標に合わせて、若干アレンジする必要があったとしても実習課題として活かすことができます。

Q13 愛着障がい（アタッチメント障がい）を抱えている子どもとかかわるとき、何を心がけたらよいですか。

A 　子どもが過度に警戒をする行動を示したり、人見知りをせずに極端に親密なかかわりを求めたりした場合、愛着障がい（アタッチメント障がい）の可能性があることを認識しましょう。過度に警戒心をもつ子どもに対しては、子どもが自分（実習生）のことを嫌いであると誤解せず、無理なかかわりを避けながら見守る姿勢を持ちましょう。極端に密接なかかわりを求める子ども（たとえば、初対面で抱っこを求めたり、ひざに座ったりするなど）に対しては、子どもと実習生の関係に見合うかかわり方（たとえば、抱っこではなく手をつなぐ、隣に座らせるなど）を心がけましょう。

　子どもは、時には態度を急に変え、大人を拒否する言動を見せることもあります。この場合、実習生は冷静な態度を保ち、必要であれば子どもの言動が収まるまで少し距離を保ちましょう。愛着障がい（アタッチメント障がい）を抱えている子どもは普通の子どもと同じように大人との信頼関係・愛着関係を必要としていますが、そのかかわり方にゆがみがあります。実習生は子どもの言動に振り回されず、子どもと適切で安定したかかわりを心がけましょう。

Q14 虐待を受けた子どもや障がいのある子どもにどのように接すればよいですか。気をつけることはありますか。

A 　施設では、虐待などのさまざまな環境要因から情緒不安を抱える子どもや、自閉症などの障がいなどから行動的な特性が表れる子どもが生活をしています。子どもと接するときの基本は、まず「理解」することです。そのためには、子どもが何を感じているのか、どのような感情を抱いているのか、子どもに寄り添い「共感」することが必要です。その後に「受容」が始まります。被虐待児童や障がい児を理解する前に、目の前の「子どもの個性」を理解することに心がけてください。子どもの行動的・情緒的な特性を課題や問題行動ではなく「個性」としてとらえるようにしてください。そのために、子どもたちと時間を共有して、さりげないコミュニケーションを心がけましょう。知識だけでは、臨機応変に対応できません。さまざまな対応を実習中に試行錯誤する必要があります。

Q15 児童養護施設や乳児院など入所型の施設では、家庭支援や保護者支援の実際についてどのように理解できますか。

A 　児童養護施設や乳児院での実習では、面会等の機会に遭遇しない限りは、保護者を見かけることはないわけですから、保護者への支援がどのように行われているのか、イメージすることはむずかしいですね。しかし、子どもの家庭復帰の可能性の有無によって、子どもへの支援が異なることがあるという点では、その可能性の有無について知ることにより、社会的養護への理解は深まります。
　そのため、児童養護施設や乳児院における家庭支援や保護者支援の実際について知りたいということであれば、特定の子どもに定め、その子どもへの理解を深めるために保護者へのかかわりについて関心があることを職員に伝えることによって、可能な範囲で教えていただくことは可能だと思います。ただし、知り得た情報については、守秘義務を守るように留意してください。

Q16 子ども（利用者）が言うことを聞いてくれない場合は、どうしたらよいですか。

A 　子ども（利用者）の視点で考えてみましょう。自分の生活の場に急に入ってきた第三者の言うことを素直に聞くでしょうか。まず、言うことを聞かなくて当然という認識を、実習生自身がもつことです。施設に入所している子どもからみたら、実習生は生活の場にあがりこんできた第三者です。児童福祉施設における信頼関係とは長い年月をかけて作り上げていくもので、短い実習期間で信頼関係を築き上げることは困難なことなのです。
　短い実習期間に子ども（利用者）を理解するために、さりげない会話から始めましょう。服装・ニュース・テレビ番組・行事・趣味・天気・体調・遊びなど、話題はいろいろ考えられます。自由時間などを活用して、会話の量を徐々に増やして信頼関係を築く努力をしてください。実習生の言うことを急には聞いてくれません。まずは、コミュニケーションを大切にしてください。

Q17 幼児や小学生、中高生とのかかわり方の違いはありますか。

A 　施設で生活する子どもの多くは実習生に慣れていますが、一貫して実習生との距離を縮めない子どももいます。まず、幼児や小学生、中高生にかかわらず、子どもの名前を覚え、笑顔で丁寧に挨拶をすることは、共通する基本的なかかわり方です。
　中高生とのかかわり方で注意しなければならないことは、無理に距離を縮めようとしないことです。一人の時間を大切にしている場合もあります。自分一人の時間も大切な時間であることも理解してください。また、中高生の机の周りや個室で生活している場合は不用意に私物に触れる、個室に入るなどは原則として慎むべきです。職員に確認を取りながら、中高生の私的空間に入るようにしてください。とくに高校生とは年齢が近いこともあり、友人のような距離感になってしまうこともあります。実習生という立場を常に意識して、思春期の子どもへの接し方には十分な注意と配慮をしてください。

Q18 実習中に職員から失敗を注意され、自信をなくしてしまいました。

　失敗したり注意を受けたりすると、「実習評価が下がる」「実習取りやめ」などという言葉が頭をよぎる実習生も多いと思いますが、実習においては失敗はつきものといっても過言ではありません。それは、施設の職員も重々承知していることであり、職員の多くも過去に失敗を経験しているはずです。

　とはいえ、失敗してもそのままでよいというわけではありません。大切なのは、「失敗から学び、次の行動につなげる」という姿勢です。すなわち、失敗してしまった背景（理由）をとらえ、「同じ失敗を繰り返さないようにするためにはどうすればよいか」「また同じような場面に遭遇した場合は、どのように対応すればよいか」を考え、行動することが実習生には求められます。このプロセスのヒントとなるのが、職員からの注意や指導なのです。

　施設の職員は、失敗したこと自体で実習生を評価するのではなく、失敗した後、実習生自身が何を考え、行動するかを見ています。それは、失敗の後の対応・行動こそが、保育者としての成長のチャンスと考えているからです。失敗も職員からの注意や指導も、すべて自分自身の成長の糧として前向きにとらえていきましょう。

Q19 利用者（大人）とどのようにかかわればよいのかわかりません。どのように声をかけたらよいのでしょうか。

　施設の種類や利用者ごとにかかわり方は異なります。自分だったらどのようにかかわってほしいか、まずは考えてみましょう。たとえば、児童養護施設で高校生にかかわる際、自分が高校生だったころを思い出して、相手の気持ちになって考えるようにしてみてください。また、施設の利用者は多くの実習生を見ています。当然、明るくて謙虚に学ぶ姿勢が見られる実習生のほうが好まれます。困っている人を支援するというかかわり方ではなく、相手の尊厳を大切にしながら、素直に教えてもらう気持ちでかかわってみてください。

　慣れない状況のなか、実習生としてどのように行動したり接したりしてよいかわからないときには、利用者に聞いてみるのもよいでしょう。挨拶の次に出てくる言葉から会話が発展します。天気の話や体調、今日の日課など、あらかじめ話題を考えておくのもよいでしょう。

宿泊の場合、急な腹痛や嘔吐などでどうしても実習を休みたいときはどうすればよいでしょうか。

　　まずは、その日の実習開始時刻となる前に、保育士養成校と実習施設の双方に連絡を入れる必要があります。保育士養成校と実習施設のどちらの連絡を先にすべきかは、そのときの実習開始時刻にもよります。可能であれば、最初に保育士養成校の実習担当教員に連絡を入れて、その指示や助言も得たうえで実習施設に連絡を入れるのが望ましいでしょう。その際には、熱の状態や腹痛・嘔吐の状態など、今ある症状の詳細をしっかりと伝えることが大切です。そして、子ども（利用者）などへの感染を防ぐためにも、その日のうちに病院に行き、症状の診断をしてもらうことが大切です。医師の診断次第では（たとえばインフルエンザやノロウイルスなどの場合）、またすぐに保育士養成校の実習担当教員に連絡をして、翌日以降の実習の予定などについても相談し、検討する必要が出てきます。

 乳児院で実習するにあたり、赤ちゃんにオムツ交換や授乳をした経験がないのですが大丈夫でしょうか。

　　人形等で練習した経験があると、多少は要領がわかると思います。ただし、やはり生身の赤ちゃんと人形とでは勝手が違いますし、万一の事故の際は命の危険につながりますので、必ず実習担当の職員の指導に従い、不安がある際は遠慮なく申し出ることが大切です。

 どんなに努力しても、なかなか赤ちゃんが懐いてくれないのですが……。

　　愛着関係形成には時間がかかり、個別の相性もあるため、赤ちゃんが懐いてくれないことはしばしばあります。実習は2週間程度が一般的ですので、その期間内に関係が形成できることのほうが難しいかもしれません。ですが、実習初日と最終日とでは、赤ちゃんの反応は大きく変わっていると思われます。そして、そういった変化は自分自身では気づきにくいものです。実習指導担当の職員に相談し、客観的なアドバイスを求めてみましょう。

 母子生活支援施設で、仕事をしていないお母さんは日中部屋にいて何をしているのですか。

　　DV被害を原因とする心身の疲労からの休養や精神疾患に対する治療を要する状態、あるいは保育所待機による子どもの養育や求職活動中などの理由により、仕事に結びついていない母親もいます。休養や治療を要する人は、日中は自室で休んでいらっしゃることが多いです。体調がいい場合は、外出したり、職員との会話を楽しんだりしています。求職活動中の人は、仕事探しのためハローワーク等へ出かけます。子どもを養育中の人は、親子で部屋で過ごしながら、必要に応じて職員に相談したりしています。

Q24 家事全般が苦手なのですが、どうしたらよいでしょうか。

 A 　施設で実習するからといって、たとえば「料理がうまくなければ」と気にする必要はありません。一般家庭でも、朝食を時間をかけて作る家庭もあれば、パンと飲み物程度ですませる家庭もあります。普段の生活で家族に頼り切っている人は、まずは自身の普段の生活の場面でできる範囲で手伝ってみましょう。

 Q25 実習先の施設が、私の自宅の近隣です。実習施設以外の場で子どもたちと会った場合はどのように対処すればよいでしょうか。

 A 　近隣地域に住んでいるのであれば、わざわざ避けることはできませんから、普通に挨拶する程度であれば構わないでしょう。ただし、実習終了後であっても実習生には守秘義務が課せられていますから、知り得た情報を子どもに話すことは厳禁です。逆に、実習生の住所や連絡先などを個人的に伝えることも厳禁です。なお施設によっては、このような状況にならないよう、「近隣○○市内に居住する実習生は受けいれない」等の条件を設けている場合もあります。

 Q26 グループホームと入所施設はどう違うのですか。

 A 　知的障がい者のグループホーム（以下、「GH」といいます）は、1989（平成元）年に制度化されました。その背景には、ノーマライゼーションの浸透とともに、障がいのある人も地域であたりまえの生活を送ることが目指されるようになったことや、入所施設という閉ざされた環境で暮らし続けることが障がいのある人にさまざまな問題をもたらすという認識が進んだことなどがあります。そして、各地で行われていた GH の試みを参考にして制度がつくられました。

　GH では、入所施設のような大人数ではなく、数人で暮らします。決まった日課がある集団生活ではなく、一人ひとりが自分の生活をつくっていく暮らしの場になります。職員が必要に応じて支援を行いますが、生活の主体は GH に暮らしている人です。ルールが必要なときは、話し合って決めます。GH は小型の入所施設ではありません。地域の中で一人ひとりが自分の生活をつくり暮らしていくために、小規模であることが大切にされてきたのです。

 Q27 これまで経験した保育所実習や幼稚園実習では、保育者から指導を受けてきました。施設では、保育士をはじめ他職種の方からも指導を受けることになると思いますが、理解できるかどうか不安です。

 A 　施設実習では、保育士をはじめさまざまな専門職から支援の視点を学ぶことができるよい機会です。あなたが大事にしている保育観をより豊かにするためにも積極的に学ぶこと、他職種の専門性を学ぶ姿勢を大事にしてほしいです。

児童館は、小学生以上の子どもの利用が多く、私自身（実習生）は遊びにかかわる
場面が少ないと感じているのですがよいのでしょうか。

 　子どもが自発的に遊びを展開することを見守ることも支援の一つです。そのうえ
で、子どもたちの状況を踏まえ、互いにかかわること、協同作業等の視点を用いて
遊びの工夫をする支援を考えてほしいです。

 児童館は来館、退館が自由であるため、子どもとの関係構築が難しいと感じていま
す。どのようにしたらよいでしょうか。

 　関係構築はいつ何時も大切であると思います。実習という限られた時間の中で、
できる限り関係をつくろうとする視点や、職員（児童の遊びを指導する者）と保護
者の観察を通じ、どのように関係を育んでいるのかという視点が大切です。

 「試し行動」をする子どもにどのように対応すればよいでしょうか。

 　実習初期には、子どもたちがわけもなくたたくなど、乱暴な行為をしてくること
があります。それらの行為は、いわゆる「試し行動」であり、実習生のことを嫌っ
た悪意のある行為ではありません。そのことを十分に理解し、様子を見ながらも基
本的には受容的な態度で接するべきです。
　ただし、その乱暴等の行為が度を越えたものである場合には、できれば職員にも
相談し、すぐに対処すべきでしょう。乱暴する「あなたのことは決して嫌いではな
い」が、「その行為が嫌であり、つらい」ということを、その子に手短にきちんと
伝える必要があるでしょう。

 子どもが体に触ってきたり、答えづらい質問をされたりした場合は、どうすればよ
いですか。

 　子どもが体に触れてくる場合、感情的にならずに「嫌なことは嫌」と自分の気持
ちを素直に伝えましょう。また、答えづらい質問に対しては、曖昧にするのではな
く、答えられないことをその場で伝えましょう。施設の運営や規則などについて
も、子どもの愚痴や虚言に惑わされたり、安易に同情したり同調することなく、
「できること」と「できないこと」をはっきりとして、わからないこと、疑問に思
うことは、その都度、職員に確認しながら対応してください。
　その後、なぜ体に触れてきたのか、なぜ答えづらい質問をしたのか考察しましょ
う。愛着障がい（アタッチメント障がい）や試し行動など、さまざまな要因が考え
られると思います。職員と相談しながら、その後の対処についても考えるとよいで
しょう。

Q32 子どもがたたいたり蹴ったりしてきたとき、どのように注意すればよいでしょうか。

A　子どもたちの中にはささいなことで過剰に反応して「かんしゃく」や「パニック」を起こす子どももいます。対応が無理だと感じたら、早めに職員の支援・指示を求めてください。また、注意をする前に、なぜたたいたり蹴ったりしたのか、その理由や気持ちを聞くことも大切なことです。たたいたり蹴ったりすることは問題行動として注意しなければならないことです。しかし、問題行動を起こした子どもの気持ちについて理解することも大切です。「私としっかり向き合って欲しかった」「もっと一緒に遊んでいたかった」など問題行動を起こす原因を冷静に探り、その気持ちに寄り添いつつ、たたいたり蹴ったりするのではなく、どのようにしなければならなかったか、子どもと一緒に考えるようにしましょう。

Q33 実習中に子どもたちからプライベートなことを質問されたり、メールアドレスやSNS のアカウントを尋ねられたりしました。どのように答えればよいですか。

A　実習が進むと、家族や友人のことなど個人的なことを質問されることもあるでしょう。自身のことをどの程度話すかは、自身のことなので明確な基準はありません。しかし、気をつけるべきことは、実習生が話したことは、実習を終えた後も子ども（利用者）や施設、実習生自身にも大なり小なり影響を与えるということです。

　質問が、会話のきっかけとしてなのか個人的な関心からなのかその背景はいろいろ考えられますが、施設職員以外の人間関係をほとんど持たない施設の子ども（利用者）にとって、実習生とのかかわりはとても新鮮で大切なものです。

　しかし、もしメールアドレスや SNS のアカウントを教えて、実習後に個人的に連絡を受けたときはどのように対応しますか。実習を終えた後も、実習施設の子ども（利用者）にどれほど責任を持ってかかわっていく気持ちがあるのかを、自らに問うことが大切です。「かわいそう」「嫌われたくない」という気持ちで接することは、結果的に相手も自分も傷つけることになります。

Q34 実習中に仲良くなった子どもたちとの写真や動画を SNS にアップしてもよいですか。

A　良くありません。たとえ本人に頼まれたとしても行ってはいけません。とても身近になった SNS ですが、一度拡散してしまうと完全に消すことは困難です。また、誰が、どこで、どのように、何の目的でその写真や動画を見るか想像ができないだけに、大変危険なものであることを理解してください。福祉施設を利用する人は、なんらかの背景事情を持っています。施設を利用していることを秘密にする必要がある人もいます。もし SNS を通してその人が施設にいることがわかったら、その人や関係者にとっての安全が損なわれる可能性があります。また、実習生の個人情報も同様に不特定多数の人にもらすことになるということを忘れてはなりません。自分の個人情報を守れない人は、他者の個人情報を守ることもできません。なにより、保育士になるための実習ですから、保育士に課せられている秘密保持義務を守ってください。

Q35 知的障がいを抱えている子どもは、時に暴力的になることもあると聞きました。これは本当ですか。

 A　障害児入所施設や児童発達支援センターで実習を行う場合、知的障がいを抱えている子どもとかかわることもあるでしょう。知的障がいとは、全般的知能の障がいですが、この障がいは子どもの社会的機能、具体的には対人コミュニケーションや社会的判断力にも影響します。つまり、知的障がいを抱えている子どもは他人に自分の意思を伝えることや他人のコミュニケーションを理解すること、状況判断することが苦手です。

　したがって、自分の意思が充分に理解されていないときや状況が理解できない場合は、不安、ストレス、怒りなどが募り、物や職員に当たる行動に発展することもあります。しかし、知的障がいは直接子どもの暴力を引き起こすものではありません。知的障がいを抱えている子どもとかかわるときは、わかりやすい言葉で話すこと、本人の意思を理解する努力をすること、わかりやすい生活環境や日課を整えることが大切です。実習生は、このようなかかわりを心がけることや子どもの生活日課を充分に理解することにより、子どもの不安やストレスを軽減し、安心感を与えましょう。

Q36 自立支援計画や個別支援計画を作成する必要があるのはどうしてですか。

 A　子ども（利用者）の発達に見合った適切な支援が必要となります。施設に入所してくる子ども（利用者）たちは、入所してきた理由や育った家庭環境はもちろんのこと、その子ども（利用者）自身の年齢や性格、成長過程、障がいのある・なしもさまざまです。子ども（利用者）の成長をとらえたうえで、それぞれの時期にふさわしい生活を展開し、自主的に活動に取り組めるような計画を具体的に立てるために必要となるのです。

Q37 母子生活支援施設で、自分より年上の母親とはどのようにかかわればよいでしょうか。

 A　当然、大半の母親は実習生より年上となりますので、緊張しますね。まず施設内で日々出会う母親には必ず挨拶をしましょう。少し慣れてきたら、玄関や事務所の周りで職員の声かけを観察しながら、さらには、職員が声をかける時にそばに行き、やり取りのこつをつかんでから、チャンスを逃さず、模倣を試みましょう。母親と共にいる子どもに話しかけるようにして、かかわってみるといいと思います。

実習後

 Q38 同じ種類の施設であっても、施設によりその特性が違うのはなぜですか。

 A　特に養護系施設の乳児院や児童養護施設では、同じ「乳児院」や「児童養護施設」であっても、その特性（特に、施設のケア形態、専門職の配置、地域支援の有無、里親支援の有無）が異なることが多いです。その背景には、行政・制度の事情、施設の事情や方針、入所している子どものニーズ、地域の特徴などがあげられます。たとえば、児童養護施設や乳児院では、小規模グループケアを行うことが求められていますが、施設の建て替えの必要性や職員の負担増加の懸念などを理由に、小規模グループケアを実践していない施設もあります。また、専門職については、乳児院や児童養護施設に家庭支援専門相談員を配置することが義務化されていますが、心理療法担当職員の場合は、心理療法が必要な子どもが 10 名以上いることが配置基準であるため、施設によって配置状況は異なります。今後、施設はより「家庭的な養育」、「専門的な支援」や「地域支援」を行うことが求められていますから、このような実習施設の特性に注目することもよい学びとなります。

 Q39 利用者は、施設（特に障がい者施設）に入る前はどうしているのですか。

 A　成人の入所施設で初めて障がいのある人の暮らしに接したら、このような疑問も感じるでしょう。施設利用者といっても一人ひとり家庭環境も成育歴も異なりますし、家族や歴史をもつ一人の人間であることに変わりありません。たとえば、幼児期に児童施設に入所して 18 歳になったので成人施設に移った、自宅から特別支援学校に通っている途中で施設に空きが出たので入所した、高校を卒業し仕事をしながら家族と共に暮らしていたが、家族が高齢になり面倒をみることができなくなったので入所した、一人暮らしをしていたけれど周囲とトラブルを起こして一人暮らしを続けられなくなり入所した、などがあげられます。地域よっては、学校が遠いため寮に入り、卒業後に施設に入所することもあるようです。

　1979（昭和 54）年に養護学校が義務化される以前は、障がい児・者にとっての居場所は家庭か入所施設しかありませんでした。社会の支えが少ない中で、多くの親が「親亡き後」を心配してわが子を施設に預けたのです。

 Q40 実習施設でお世話になった職員や子どもたちへの感謝の気持ちとしてプレゼントをしてもよいのでしょうか。

A　実習は、保育士養成校と実習施設との契約で行われています。施設側は後継者を育成するという立場で指導をしています。実習生の感謝の気持ちは、お礼状に留めておきましょう。実習生の立場で施設にプレゼントをされても、施設としては受け取ることはできません。感謝の気持ちは、プレゼントではなく、行事などのボランティアに参加するほうが喜ばれると思います。

訪問してお礼を言うとき、子どもたちに会うことはできますか。

 お礼の挨拶に伺うときは、事前に電話で連絡し、施設側の都合を聞いて日時を調整してください。電話で連絡したときに、子どもたちの様子を伺うこともできます。しかし、子どもたちは日々成長し、生活環境も変化していきますので、実習のときと同じように子どもたちと接することができない場合があります。子どもたちに会えるかどうかは、事前に実習担当の職員に相談し、確認してください。

 なぜ実習後に仲良くなった子どもたちや職員と個人的に連絡をとってはいけないのですか。

 実習中は、実習生は保育士養成校と実習施設の指導により、さまざまなことを学びます。実習中の実習生への指導は施設職員が中心となって行いますが、施設長や保育士養成校の責任のもとで実習が行われていることを忘れてはいけません。
　　質問のように、実習生が仲良くなった子ども（利用者）や職員と実習後もかかわりたいという気持ちもわかりますが、起こりうる事故や問題に対して、実習生個人がすべての責任をとることはできません。一時的な感情で子ども（利用者）と接することが、本当に子ども（利用者）のためになるかということをよく考えて行動してください。

 お世話になった実習施設でボランティアをしたいのですが、どうすればよいですか。

 施設では、さまざまな行事や日頃の生活場面でサポートしてくれる人を募集しています。たとえば、洗濯物の整理や外出時のボランティア、趣味を生かしたボランティアや学習ボランティアなど定期的に活動できるものと、納涼祭やクリスマス会などの季節の行事に参加するものなどがあります。どのようなボランティアがあるかは施設によって違いますので、施設に問い合わせてください。ボランティアとして活動する場合は、個人の意思で参加することになりますので、責任感をもって行動してください。

巻末資料

全国保育士会倫理綱領

　すべての子どもは、豊かな愛情のなかで心身ともに健やかに育てられ、自ら伸びていく無限の可能性を持っています。

　私たちは、子どもが現在（いま）を幸せに生活し、未来（あす）を生きる力を育てる保育の仕事に誇りと責任をもって、自らの人間性と専門性の向上に努め、一人ひとりの子どもを心から尊重し、次のことを行います。

　私たちは、子どもの育ちを支えます。
　私たちは、保護者の子育てを支えます。
　私たちは、子どもと子育てにやさしい社会をつくります。

1．子どもの最善の利益の尊重
　　私たちは、一人ひとりの子どもの最善の利益を第一に考え、保育を通してその福祉を積極的に増進するよう努めます。

2．子どもの発達保障
　　私たちは、養護と教育が一体となった保育を通して、一人ひとりの子どもが心身ともに健康、安全で情緒の安定した生活ができる環境を用意し、生きる喜びと力を育むことを基本として、その健やかな育ちを支えます。

3．保護者との協力
　　私たちは、子どもと保護者のおかれた状況や意向を受けとめ、保護者とより良い協力関係を築きながら、子どもの育ちや子育てを支えます。

4．プライバシーの保護
　　私たちは、一人ひとりのプライバシーを保護するため、保育を通して知り得た個人の情報や秘密を守ります。

5．チームワークと自己評価
　　私たちは、職場におけるチームワークや、関係する他の専門機関との連携を大切にします。
　　また、自らの行う保育について、常に子どもの視点に立って自己評価を行い、保育の質の向上を図ります。

6．利用者の代弁
　　私たちは、日々の保育や子育て支援の活動を通して子どものニーズを受けとめ、子どもの立場に立ってそれを代弁します。
　　また、子育てをしているすべての保護者のニーズを受けとめ、それを代弁していくことも重要な役割と考え、行動します。

7．地域の子育て支援
　　私たちは、地域の人々や関係機関とともに子育てを支援し、そのネットワークにより、地域で子どもを育てる環境づくりに努めます。

8．専門職としての責務
　　私たちは、研修や自己研鑽を通して、常に自らの人間性と専門性の向上に努め、専門職としての責務を果たします。

社会福祉法人　全国社会福祉協議会
全国保育協議会
全国保育士会
（平成15年2月26日　平成14年度第2回全国保育士会委員総会採択）

全国児童養護施設協議会倫理綱領

（原則）

　児童養護施設に携わるすべての役員・職員（以下、『私たち』という。）は、日本国憲法、世界人権宣言、国連・子どもの権利に関する条約、児童憲章、児童福祉法、児童虐待の防止等に関する法律、児童福祉施設最低基準にかかげられた理念と定めを遵守します。

　すべての子どもを、人種、性別、年齢、身体的精神的状況、宗教的文化的背景、保護者の社会的地位、経済状況等の違いにかかわらず、かけがえのない存在として尊重します。

（使命）

　私たちは、入所してきた子どもたちが、安全に安心した生活を営むことができるよう、子どもの生命と人権を守り、育む責務があります。

　私たちは、子どもの意思を尊重しつつ、子どもの成長と発達を育み、自己実現と自立のために継続的な援助を保障する養育をおこない、子どもの最善の利益の実現をめざします。

（倫理綱領）

1．私たちは、子どもの利益を最優先した養育をおこないます

　　一人ひとりの子どもの最善の利益を優先に考え、24 時間 365 日の生活をとおして、子どもの自己実現と自立のために、専門性をもった養育を展開します。

2．私たちは、子どもの理解と受容、信頼関係を大切にします

　　自らの思いこみや偏見をなくし、子どもをあるがままに受けとめ、一人ひとりの子どもとその個性を理解し、意見を尊重しながら、子どもとの信頼関係を大切にします。

3．私たちは、子どもの自己決定と主体性の尊重につとめます

　　子どもが自己の見解を表明し、子ども自身が選択し、意思決定できる機会を保障し、支援します。また、子どもに必要な情報は適切に提供し、説明責任をはたします。

4．私たちは、子どもと家族との関係を大切にした支援をおこないます

　　関係機関・団体と協働し、家族との関係調整のための支援をおこない、子どもと、子どもにとってかけがえのない家族を、継続してささえます。

5．私たちは、子どものプライバシーの尊重と秘密を保持します

　　子どもの安全安心な生活を守るために、一人ひとりのプライバシーを尊重し、秘密の保持につとめます。

6．私たちは、子どもへの差別・虐待を許さず、権利侵害の防止につとめます

　　いかなる理由の差別・虐待・人権侵害も決して許さず、子どもたちの基本的人権と権利を擁護します。

7．私たちは、最良の養育実践を行うために専門性の向上をはかります

　　自らの人間性を高め、最良の養育実践をおこなうために、常に自己研鑽につとめ、養育と専門性の向上をはかります。

8．私たちは、関係機関や地域と連携し、子どもを育みます

　　児童相談所や学校、医療機関などの関係機関や、近隣住民・ボランティアなどと連携し、子どもを育みます。

9．私たちは、地域福祉への積極的な参加と協働につとめます

　　施設のもつ専門知識と技術を活かし、地域社会に協力することで、子育て支援につとめます。

10．私たちは、常に施設環境および運営の改善向上につとめます

　　子どもの健康および発達のための施設環境をととのえ、施設運営に責任をもち、児童養護施設が高い公共性と専門性を有していることを常に自覚し、社会に対して、施設の説明責任にもとづく情報公開と、健全で公正、かつ活力ある施設運営につとめます。

社会福祉法人　全国社会福祉協議会

全国児童養護施設協議会

2010 年 5 月 17 日　制定

保育実習実施基準

第1　保育実習の目的

　　保育実習は、その習得した教科全体の知識、技能を基礎とし、これらを総合的に実践する応用能力を養うため、児童に対する理解を通じて保育の理論と実践の関係について習熟させることを目的とする。

第2　履修の方法

　1　保育実習は、次表の第3欄に掲げる施設につき、同表第2欄に掲げる履修方法により行うものとする。

実習種別 （第1欄）	履修方法（第2欄）		実習施設 （第3欄）
	単位数	施設における おおむねの実習日数	
保育実習Ⅰ （必修科目）	4単位	20日	（A）
保育実習Ⅱ （選択必修科目）	2単位	10日	（B）
保育実習Ⅲ （選択必修科目）	2単位	10日	（C）

備考1　第3欄に掲げる実習施設の種別は、次によるものであること。

（A）…保育所、幼保連携型認定こども園又は児童福祉法第6条の3第10項の小規模保育事業（ただし、「家庭的保育事業等の設備及び運営に関する基準」（平成26年厚生労働省令第61号）第3章第2節に規定する小規模保育事業A型及び同基準同章第3節に規定する小規模保育B型に限る）若しくは同条第12項の事業所内保育事業であって同法第34条の15第1項の事業及び同法同条第2項の認可を受けたもの（以下「小規模保育A・B型及び事業所内保育事業」という。）及び乳児院、母子生活支援施設、障害児入所施設、児童発達支援センター、障害者支援施設、指定障害福祉サービス事業所（生活介護、自立訓練、就労移行支援又は就労継続支援を行うものに限る）、児童養護施設、児童心理治療施設、児童自立支援施設、児童相談所一時保護施設又は独立行政法人国立重度知的障害者総合施設のぞみの園

（B）…保育所又は幼保連携型認定こども園或いは小規模保育A・B型及び事業所内保育事業

（C）…児童厚生施設又は児童発達支援センターその他社会福祉関係諸法令の規定に基づき設置されている施設であって保育実習を行う施設として適当と認められるもの（保育所及び幼保連携型認定こども園並びに小規模保育A・B型及び事業所内保育事業は除く。）

備考2　保育実習（必修科目）4単位の履修方法は、保育所又は幼保連携型認定こども園或いは小規模保育A・B型及び事業所内保育事業における実習2単位及び（A）に掲げる保育所又は幼保連携型認定こども園或いは小規模保育A・B型及び事業所内保育事業以外の施設における実習2単位とする。

備考3　児童福祉法（昭和22年法律第164号。以下「法」という。）第6条の3第9項に規定する家庭的保育事業又は、「家庭的保育事業等の設備及び運営に関する基準」（平成26年厚生労働省令第61号）第3章第4節に規定する小規模保育事業C型において、家庭的保育者又は補助者として、20日以上従事している又は過去に従事していたことのある場合にあっては、当該事業に従事している又は過去に従事していたことをもって、保育実習Ⅰ（必修科目）のうち保育所又は幼保連携型認定こども園或いは小規模保育A・B型及び事業所内保育事業における実習2単位、保育実習Ⅱ（選択必修科目）及び保育実習指導Ⅱ（選択必修科目）を履修したものとすることができる。

　2　保育実習を行う児童福祉施設等及びその配当単位数は、指定保育士養成施設の所長が定めるものとする。

　3　保育実習を行う時期は、原則として、修業年限が2年の指定保育士養成施設については第2学年の期間内とし、修業年限が3年以上の指定保育士養成施設については第3学年以降の期間内とする。

4　実習施設に1回に派遣する実習生の数は、その実習施設の規模、人的組織等の指導能力を考慮して定めるものとし、多人数にわたらないように特に留意するものとする。

5　指定保育士養成施設の所長は、毎学年度の始めに実習施設その他の関係者と協議を行い、その学年度の保育実習計画を策定するものとし、この計画において、全体の方針、実習の段階、内容、施設別の期間、時間数、学生の数、実習前後の学習に対する指導方法、実習の記録、評価の方法等を明らかにし、指定保育士養成施設と実習施設との間で共有すること。

6　実習において知り得た個人の秘密の保持について、実習生が十分配慮するよう指導すること。

第3　実習施設の選定等

1　指定保育士養成施設の所長は、実習施設の選定に当たっては、実習の効果が指導者の能力に負うところが大きいことから、特に施設長、保育士、その他の職員の人的組織を通じて保育についての指導能力が充実している施設のうちから選定するように努めるものとする。

　　　特に、保育所の選定に当たっては、乳児保育、障害児保育及び一時保育等の多様な保育サービスを実施しているところで総合的な実習を行うことが望ましいことから、この点に留意すること。

　　　また、居住型の実習施設を希望する実習生に対しては、実習施設の選定に際して、配慮を行うこと。

2　指定保育士養成施設の所長は、児童福祉施設以外の施設を実習施設として選定する場合に当たっては、保育士が実習生の指導を行う施設を選定するものとする。なお、その施設の設備に比較的余裕があること、実習生の交通条件等についても配慮するものとする。

3　指定保育士養成施設の所長は、教員のうちから実習指導者を定め、実習に関する全般的な事項を担当させ、当該実習指導者は、他の教員と連携して実習指導を一体的に行うこと。また、実習施設においては、主任保育士又はこれに準ずる者を実習指導者と定めること。

4　保育実習の実施に当たっては、保育実習の目的を達成するため、指定保育士養成施設の主たる実習指導者のみに対応を委ねることのないよう、指定保育士養成施設の主たる実習指導者は、他の教員・実習施設の主たる実習指導者等とも緊密に連携し、また、実習施設の主たる実習指導者は、当該実習施設内の他の保育士等とも緊密に連携すること。

5　指定保育士養成施設の実習指導者は、実習期間中に少なくとも1回以上実習施設を訪問して学生を指導すること。なお、これにより難い場合は、それと同等の体制を確保すること。

6　指定保育士養成施設の実習指導者は、実習期間中に、学生に指導した内容をその都度、記録すること。また、実習施設の実習指導者に対しては、毎日、実習の記録の確認及び指導内容を記述するよう依頼する等、実習を効果的に進められるよう配慮すること。

出典：厚生労働省雇用均等・児童家庭局長通知「指定保育士養成施設の指定及び運営の基準について（別紙2）」平成30年4月27日（平成31年4月1日施行）

施設実習の対象となる施設等の一覧

施設の名称		根拠法	施設の目的および対象者	配置されている主な職員（下線：保育士資格を必要とするもの）
乳児院		児童福祉法第37条	乳児（保健上、安定した生活環境の確保その他の理由により特に必要のある場合には、幼児を含む）を入院させて、これを養育し、あわせて退院した者について相談その他の援助を行う	【必要】小児科の医師または嘱託医、看護師（一部を保育士・児童指導員に代えることも可能）、個別対応職員、家庭支援専門相談員（ファミリーソーシャルワーカー）、栄養士、調理員 【必要に応じ】心理療法担当職員 など
児童養護施設		児童福祉法第41条	保護者のない児童（乳児を除く。ただし、安定した生活環境の確保その他の理由により特に必要のある場合には、乳児を含む）、虐待されている児童その他環境上養護を要する児童を入所させて、これを養護し、あわせて退所した者に対する相談その他の自立のための援助を行う	【必須】児童指導員、嘱託医、保育士、個別対応職員、家庭支援専門相談員（ファミリーソーシャルワーカー）、栄養士、調理員 【必要に応じ】心理療法担当職員、職業指導員、看護師（乳児が入所している場合）など
児童心理治療施設		児童福祉法第43条の2	家庭環境、学校における交友関係その他の環境上の理由により社会生活への適応が困難となった児童を、短期間、入所させ、又は保護者の下から通わせて、社会生活に適応するために必要な心理に関する治療及び生活指導を主として行い、あわせて退所した者について相談その他の援助を行う	【必須】医師、心理療法担当職員、児童指導員、保育士、看護師、個別対応職員、家庭支援専門相談員（ファミリーソーシャルワーカー）、栄養士、調理員
児童自立支援施設		児童福祉法第44条	不良行為をなし、又はなすおそれのある児童及び家庭環境その他の環境上の理由により生活指導等を要する児童を入所させ、又は保護者の下から通わせて、個々の児童の状況に応じて必要な指導を行い、その自立を支援し、あわせて退所した者について相談その他の援助を行う	【必須】児童自立支援専門員、児童生活支援員、嘱託医、精神科医（嘱託も可）、個別対応職員、家庭支援専門相談員（ファミリーソーシャルワーカー）、栄養士、調理員 【必要に応じ】心理療法担当職員、職業指導員 など
母子生活支援施設		児童福祉法第38条	配偶者のない女子又はこれに準ずる事情にある女子及びその者の監護すべき児童を入所させて、これらの者を保護するとともに、これらの者の自立の促進のためにその生活を支援し、あわせて退所した者についてその生活を支援し、あわせて退所した者について相談その他の援助を行う	【必須】母子支援員、嘱託医、少年を指導する職員、調理員 【必要に応じ】心理療法担当職員、個別対応職員 など
障害児入所施設	福祉型	児童福祉法第42条第1号※1	障害児を入所させて、保護、日常生活の指導及び独立自活に必要な知識技能の付与を行う※1 ＊「児童福祉施設の設備及び運営に関する基準」では、「主として知的障害のある児童を入所させる施設」、「主として自閉症児を入所させる施設」、「主として盲児を入所させる施設」、「主としてろうあ児を入所させる施設」、「主として肢体不自由のある児童を入所させる施設」の5種類に区分している	【必須】嘱託医、児童指導員、保育士、栄養士、調理員、児童発達支援管理責任者 【必要に応じ】心理指導担当職員、職業指導員 ※上記の配置児に加え、主として自閉症児を入所させる施設には医師および看護師、主として肢体不自由のある児童を入所させる施設には看護師の配置が必須となる
	医療型	児童福祉法第42条第2号※1	障害児を入所させて、保護、日常生活の指導、独立自活に必要な知識技能の付与及び治療を行う※1 ＊「児童福祉施設の設備及び運営に関する基準」では、「主として自閉症児を入所させる施設」、「主として肢体不自由のある児童を入所させる施設」、「主として重症心身障害児を入所させる施設」の3種類に区分している	【必須】医療法に規定する病院として必要な職員、児童指導員、保育士、児童発達支援管理責任者 ※上記の配置職員に加え、主として自閉症児を入所させる施設には作業療法士、主として重症心身障害児を入所させる施設には理学療法士および作業療法士、主として肢体不自由のある児童を入所させる施設には心理指導担当職員の配置が必須となる

施設等	根拠法	支援の内容	職員
児童発達支援センター※2（福祉型）	児童福祉法第43条第1号※2	障害児を日々保護者の下から通わせて、日常生活における基本的動作の指導、独立自活に必要な知識技能の付与又は集団生活への適応のための訓練を行う※2　＊児童福祉施設の設備及び運営に関する基準では、[主として知的障害児のある施設]、[主として難聴児を通わせる施設]、[主として重症心身障害児を通わせる施設]の3種類に区分している	【必須】嘱託医、児童指導員、保育士、栄養士、調理員、児童発達支援管理責任者　[必要に応じ]機能訓練担当職員　※上記の配置職員に加え、主として難聴児を通わせる施設には言語聴覚士、主として重症心身障害児を通わせる施設には看護師の配置が必須となる
児童発達支援センター※2（医療型）	児童福祉法第43条第2号※2	障害児を日々保護者の下から通わせて、日常生活における基本的動作の指導、独立自活に必要な知識技能の付与又は集団生活への適応のための訓練及び治療を行う※2	【必須】医療法に規定する診療所として必要な職員、児童指導員、保育士、看護師、理学療法士又は作業療法士、児童発達支援管理責任者
児童厚生施設	児童福祉法第40条	児童遊園、児童館等児童に健全な遊びを与えて、その健康を増進し、又は情操をゆたかにする　＊児童遊園は屋外型の児童厚生施設、児童館は屋内型の児童厚生施設	【必須】児童の遊びを指導する者
児童相談所（一時保護施設）	児童福祉法第12条の4	児童相談所には、必要に応じ、児童を一時保護する施設を設けなければならない　＊児童福祉法第12条第2項および第11条第1項第2号ホの規定からも、児童相談所における一時保護業務が規定されている。	【必須】児童指導員、嘱託医、保育士、心理療法担当職員、個別対応職員（児童定員10人以下の場合は置かなくても可）　[必要に応じ]栄養士（児童定員40人以下の場合は置かなくても可）、調理員（調理業務の全部委託の場合は置かなくても可）、看護師（乳児が入所する場合は必置）、職業指導員（実習設備を設けて職業指導を行う場合に必置）
障害者支援施設	障害者総合支援法※3第5条の11	障害者につき、施設入所支援を行うとともに、施設入所支援以外の施設障害福祉サービスを行う	医師、看護職員（保健師又は看護師若しくは准看護師）、理学療法士、作業療法士、生活支援員、サービス管理責任者　※その他、提供するサービスにより職種指導員など
指定障害福祉サービス事業所	障害者総合支援法※3第29条第1項　第5条第1項	都道府県知事等が指定する障害福祉サービス事業（障害福祉サービス［居宅介護、重度訪問介護、同行援護、行動援護、療養介護、生活介護、短期入所、重度障害者等包括支援、施設入所支援、自立訓練、就労移行支援、就労継続支援、就労定着支援、自立生活援助及び共同生活援助］のうち、施設入所支援および厚生労働省令で定めるものを除いた事業）を行う事業所	生活支援員、医師、看護職員（保健師又は看護師若しくは准看護師）、理学療法士、作業療法士、就労支援員、サービス管理責任者　など
独立行政法人国立重度知的障害者総合施設のぞみの園法※4第3条	のぞみの園法※4第3条	重度の知的障害者に対する自立のための先導的かつ総合的な支援の提供、知的障害者の支援に関する調査及び研究等を行うことにより、知的障害者の福祉の向上を図る	生活支援員、医師、歯科医師、理学療法士、作業療法士、看護師

※1 児童福祉法の2022（令和4）年の改正により、第42条第1号は「保護並びに日常生活における基本的な動作及び独立自活に必要な知識技能の習得のための支援」を行う、同条第2号は「保護、日常生活における基本的な動作及び独立自活に必要な知識技能の習得のための支援並びに治療」を行う施設」と規定されている（2024（令和6）年4月1日施行）。

※2 同上の改正により、児童発達支援センターは「福祉型・医療型（医療型）の類型が一元化され、「地域の障害児の健全な発達において中核的な役割を担う機関として、障害児を日々保護者の下から通わせて、高度の専門的な知識及び技術を必要とする児童発達支援を提供し、あわせて障害児の家族、指定障害児通所支援事業者その他の必要な支援を行う施設」として第43条に規定されている（2024（令和6）年4月1日施行。p.198を参照）。

※3 正式名称は「障害者の日常生活及び社会生活を総合的に支援するための法律」。

※4 正式名称は「独立行政法人国立重度知的障害者総合施設のぞみの園法」。

障がい児関係施設の再編について

● 2012（平成 24）年 4 月施行の改正児童福祉法等

従来、障がいの種類別に区分されていた障がい児関係施設体系は、入所による支援を「障害児入所支援」に、通所による支援を「障害児通所支援注1」として、利用形態（入所／通所）別に、また医療サービスの提供の有無によって、福祉型と医療型とに区分されました。

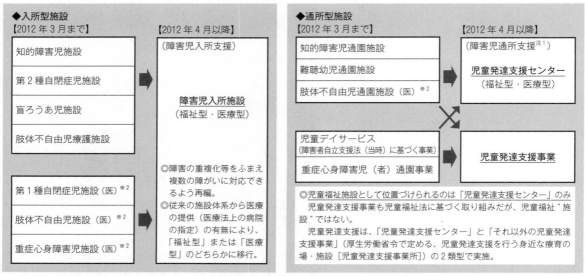

◆入所型施設
【2012 年 3 月まで】

- 知的障害児施設
- 第 2 種自閉症児施設
- 盲ろうあ児施設
- 肢体不自由児療護施設

- 第 1 種自閉症児施設（医）※2
- 肢体不自由児施設（医）※2
- 重症心身障害児施設（医）※2

【2012 年 4 月以降】

（障害児入所支援）

障害児入所施設
（福祉型・医療型）

◎障害の重複化等をふまえ複数の障がいに対応できるよう再編。
◎従来の施設体系から医療の提供（医療法上の病院の指定）の有無により、「福祉型」または「医療型」のどちらかに移行。

◆通所型施設
【2012 年 3 月まで】

- 知的障害児通園施設
- 難聴幼児通園施設
- 肢体不自由児通園施設（医）※2

- 児童デイサービス（障害者自立支援法（当時）に基づく事業）
- 重症心身障害児（者）通園事業

【2012 年 4 月以降】

（障害児通所支援注1）

児童発達支援センター
（福祉型・医療型）

児童発達支援事業

◎児童福祉施設として位置づけられるのは「児童発達支援センター」のみ
児童発達支援事業も児童福祉法に基づく取り組みだが、児童福祉"施設"ではない。
児童発達支援は、「児童発達支援センター」と「それ以外の児童発達支援事業」（厚生労働省令で定める、児童発達支援を行う身近な療育の場・施設［児童発達支援事業所］）の 2 類型で実施。

※1　障害児通所支援とは、児童発達支援、医療型児童発達支援、放課後等デイサービス、居宅訪問型児童発達支援（2018［平成 30］年 4 月施行）、保育所等訪問支援をいい、障害児通所支援事業とは、障害児通所支援を行う事業をいう（児童福祉法第 6 条の 2 の 2 第 1 項：2024［令和 6］年 3 月まで）。
※2　（医）は医療サービスを提供する施設。
出典：厚生労働省「児童福祉法の一部改正の概要について」（平成 24 年 1 月 13 日）、「障害児通所支援の在り方に関する検討会（第 1 回・資料 4）」（令和 3 年 6 月 14 日）より作成

● 2024（令和 6）年 4 月施行の改正児童福祉法 ― 児童発達支援センターの役割・機能の強化 ―

① 「児童発達支援センター」は、従来の「福祉型」と「医療型（対象：肢体不自由児）」に分かれていた障がい児支援の類型を一元化し、障がい種別にかかわらず、身近な地域で必要な発達支援を受けられるようになります。

改正の背景　→　2012（平成 24）年 4 月施行の改正児童福祉法において障害児通所支援の一元化を図ったものの、一部に併設の医療機関（診療所）の医療をあわせて実施している実態があることを考慮した結果、児童発達支援センターは「福祉型」と「医療型」（肢体不自由児を対象）という、障がい種別による類型が残されていたため

② 児童発達支援センターが、地域における障害児支援の中核的役割＊を担うことが明確化され、多様な障がいのある子どもや家庭環境等に困難を抱えた子ども等に対し、適切な発達支援の提供につなげるとともに、地域全体の障害児支援の質の底上げを図ります。

改正の背景　→　児童発達支援センターの果たすべき機能や、一般の「児童発達支援事業所」との役割分担が明確でなかったため

　＊具体的な役割・機能のイメージ…①幅広い高度な専門性に基づく発達支援・家族支援機能、②地域の障害児通所支援事業所に対するスーパーバイズ・コンサルテーション機能（支援内容等の助言・援助機能）、③地域のインクルージョン推進の中核としての機能、④地域の障害児の発達支援の入口としての相談機能。

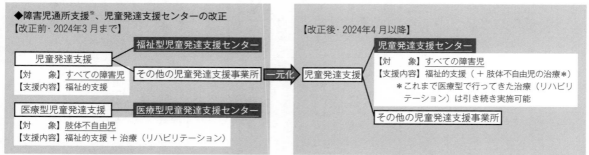

◆障害児通所支援※、児童発達支援センターの改正
【改正前・2024 年 3 月まで】

児童発達支援
【対　象】すべての障害児
【支援内容】福祉的支援
　　福祉型児童発達支援センター
　　その他の児童発達支援事業所

医療型児童発達支援
【対　象】肢体不自由児
【支援内容】福祉的支援 ＋ 治療（リハビリテーション）
　　医療型児童発達支援センター

一元化 →

【改正後・2024 年 4 月以降】

児童発達支援

児童発達支援センター
【対　象】すべての障害児
【支援内容】福祉的支援（＋ 肢体不自由児の治療＊）
　　＊これまで医療型で行ってきた治療（リハビリテーション）は引き続き実施可能

その他の児童発達支援事業所

※　「この法律で、障害児通所支援とは、児童発達支援、放課後等デイサービス、居宅訪問型児童発達支援及び保育所等訪問支援をいい、障害児通所支援事業とは、障害児通所支援を行う事業をいう」（2024［令和 6］年 4 月 1 日施行の児童福祉法第 6 条の 2 の 2 第 1 項。下線部は強調のため付したもの）。
出典：こども家庭庁支援局障害児支援課「こども家庭審議会障害児支援部会（第 1 回・資料 1「障害児支援施策について」）」（令和 5 年 6 月 28 日）

障害福祉サービスの概要

訪問系	介護給付	居宅介護 （ホームヘルプ）	者・児	自宅で、入浴、排泄、食事の介護等を行う
		重度訪問介護	者	重度の肢体不自由者又は重度の知的障害若しくは精神障害により行動上著しい困難を有する者であって常に介護を必要とする人に、自宅で、入浴、排泄、食事の介護、外出時における移動支援、入院時の支援等を総合的に行う
		同行援護	者・児	視覚障害により、移動に著しい困難を有する人が外出するとき、必要な情報提供や介護を行う
		行動援護	者・児	自己判断能力が制限されている人が行動するときに、危険を回避するために必要な支援、外出支援を行う
		重度障害者等包括支援	者・児	介護の必要性がとても高い人に、居宅介護等複数のサービスを包括的に行う
日中活動系		短期入所 （ショートステイ）	者・児	自宅で介護する人が病気の場合などに、短期間、夜間も含めた施設で、入浴、排泄、食事の介護等を行う
		療養介護	者	医療と常時介護を必要とする人に、医療機関で機能訓練、療養上の管理、看護、介護及び日常生活の世話を行う
		生活介護	者	常に介護を必要とする人に、昼間、入浴、排泄、食事の介護等を行うとともに、創作的活動又は生産活動の機会を提供する
施設系		施設入所支援	者	施設に入所する人に、夜間や休日、入浴、排泄、食事の介護等を行う
居住支援系		自立生活援助	者	一人暮らしに必要な理解力・生活力を補うため、定期的な居宅訪問や随時の対応により日常生活における課題を把握し、必要な支援を行う
		共同生活援助 （グループホーム）	者	夜間や休日、共同生活を行う住居で、相談、入浴、排泄、食事の介護、日常生活上の援助を行う
訓練系・就労系	訓練等給付	自立訓練（機能訓練）	者	自立した日常生活又は社会生活ができるよう、一定期間、身体機能の維持、向上のために必要な訓練を行う
		自立訓練（生活訓練）	者	自立した日常生活又は社会生活ができるよう、一定期間、生活能力の維持、向上のために必要な支援、訓練を行う
		就労移行支援	者	一般企業等への就労を希望する人に、一定期間、就労に必要な知識及び能力の向上のために必要な訓練を行う
		就労継続支援（A型）	者	一般企業等での就労が困難な人に、雇用して就労の機会を提供するとともに、能力等の向上のために必要な訓練を行う
		就労継続支援（B型）	者	一般企業等での就労が困難な人に、就労する機会を提供するとともに、能力等の向上のために必要な訓練を行う
		就労定着支援	者	一般就労に移行した人に、就労に伴う生活面の課題に対応するための支援を行う

者：障害者が利用できるサービス 　　児：障害児が利用できるサービス

出典：厚生労働省「障害福祉サービスについて」（https://www.mhlw.go.jp/stf/seisakunitsuite/bunya/hukushi_kaigo/shougaishahukushi/service/naiyou.html）

児童福祉施設入所児童の年齢

	児童数（人）					構成比（%）				
	児童養護施設	児童心理治療施設	児童自立支援施設	乳児院	母子生活支援施設	児童養護施設	児童心理治療施設	児童自立支援施設	乳児院	母子生活支援施設
総数	27,026	1,367	1,448	3,023	5,307	100.0	100.0	100.0	100.0	100.0
男	14,185	803	1,063	1,621	2,694	52.5	58.7	73.4	53.6	50.8
女	12,679	558	371	1,398	2,594	46.9	40.8	25.6	46.2	48.9
0 歳	–	–	–	662	162	–	–	–	21.9	3.1
1 歳	9	–	–	1,020	331	0.0	–	–	33.7	6.2
2 歳	190	–	–	868	407	0.7	–	–	28.7	7.7
3 歳	711	–	–	320	420	2.6	–	–	10.6	7.9
4 歳	1,041	1	–	89	443	3.9	0.1	–	2.9	8.3
5 歳	1,281	1	–	31	429	4.7	0.1	–	1.0	8.1
6 歳	1,349	3	–	8	398	5.0	0.2	–	0.3	7.5
7 歳	1,340	27	–	–	375	5.0	2.0	–	–	7.1
8 歳	1,427	49	–	–	353	5.3	3.6	–	–	6.7
9 歳	1,668	79	8	–	333	6.2	5.8	0.6	–	6.3
10 歳	1,755	110	18	–	297	6.5	8.0	1.2	–	5.6
11 歳	1,892	136	48	–	251	7.0	9.9	3.3	–	4.7
12 歳	1,909	178	126	–	225	7.1	13.0	8.7	–	4.2
13 歳	1,958	165	205	–	200	7.2	12.1	14.2	–	3.8
14 歳	2,225	208	405	–	198	8.2	15.2	28.0	–	3.7
15 歳	2,236	191	479	–	176	8.3	14.0	33.1	–	3.3
16 歳	2,091	74	73	–	129	7.7	5.4	5.0	–	2.4
17 歳	1,999	68	22	–	117	7.4	5.0	1.5	–	2.2
18 歳	1,699	47	12	–	52	6.3	3.4	0.8	–	1.0
19 歳	215	5	2	–	1	0.8	0.4	0.1	–	0.0
平均年齢	11.5 歳	12.6 歳	14.0 歳	1.4 歳	7.3 歳	–	–	–	–	–

注：総数には、性別不詳、年齢不詳を含む。平均は、不詳を除く。
資料：厚生労働省「児童養護施設入所児童等調査の概要（平成30年2月1日現在）」（令和2年1月） p.2 より作成

児童福祉施設入所児童の被虐待経験の有無および虐待の種類

上段：人数（人）　下段：構成比（%）

	総数	虐待経験あり	虐待経験の種類（複数回答）				虐待経験なし	不明
			身体的虐待	性的虐待	ネグレクト	心理的虐待		
児童養護施設	27,026	17,716	7,274	796	11,169	4,753	8,123	1,069
	100.0	65.6	41.1	4.5	63.0	26.8	30.1	4.0
児童心理治療施設	1,367	1,068	714	96	516	505	249	46
	100.0	78.1	66.9	9.0	48.3	47.3	18.2	3.4
児童自立支援施設	1,448	934	604	55	465	330	436	72
	100.0	64.5	64.7	5.9	49.8	35.3	30.1	5.0
乳児院	3,023	1,235	357	2	816	202	1,751	32
	100.0	40.9	28.9	0.2	66.1	16.4	57.9	1.1
母子生活支援施設	5,307	3,062	937	124	588	2,477	2,019	201
	100.0	57.7	30.6	4.0	19.2	80.9	38.0	3.8

注：総数には、不詳を含む。
資料：厚生労働省「児童養護施設入所児童等調査（厚生労働省）の概要（平成30年2月1日現在）」（令和2年1月） p.13 より作成

児童福祉施設入所児童の措置理由（養護問題発生理由別児童数：主な理由）

		児童数（人）				構成比（%）			
		児童養護施設	児童心理治療施設	児童自立支援施設	乳児院	児童養護施設	児童心理治療施設	児童自立支援施設	乳児院
総数		27,026	1,367	1,448	3,023	100.0	100.0	100.0	100.0
父の死亡		142	1	5	3	0.5	0.1	0.3	0.1
母の死亡		542	11	6	14	2.0	0.8	0.4	0.5
父の行方不明		60	1	2	1	0.2	0.1	0.1	0.0
母の行方不明		701	8	5	40	2.6	0.6	0.3	1.3
父母の離婚		541	2	25	43	2.0	0.1	1.7	1.4
両親の未婚		＊	＊	＊	84	＊	＊	＊	2.8
父母の不和		240	4	6	65	0.9	0.3	0.4	2.2
父の拘禁		284	6	2	10	1.1	0.4	0.1	0.3
母の拘禁		993	9	5	111	3.7	0.7	0.3	3.7
父の入院		104	1	2	2	0.4	0.1	0.1	0.1
母の入院		620	7	1	80	2.3	0.5	0.1	2.6
家族の疾病の付き添い		29	–	–	6	0.1	–	–	0.2
次子出産		60	–	–	7	0.2	–	–	0.2
父の就労		579	3	–	24	2.1	0.2	–	0.8
母の就労		592	2	5	87	2.2	0.1	0.3	2.9
父の精神疾患等		208	4	2	6	0.8	0.3	0.1	0.2
母の精神疾患等		4,001	94	42	702	14.8	6.9	2.9	23.2
虐待		12,210	541	281	984	45.2	39.6	19.4	32.6
虐待の内訳	父の放任・怠だ	544	6	21	30	2.0	0.4	1.5	1.0
	母の放任・怠だ	4,045	112	72	474	15.0	8.2	5.0	15.7
	父の虐待・酷使	2,542	147	86	121	9.4	10.8	5.9	4.0
	母の虐待・酷使	3,538	228	57	188	13.1	16.7	3.9	6.2
	棄児	86	2	4	9	0.3	0.1	0.3	0.3
	養育拒否	1,455	46	41	162	5.4	3.4	2.8	5.4
破産等の経済的理由		1,318	9	2	200	4.9	0.7	0.1	6.6
児童の問題による監護困難		1,061	527	988	4	3.9	38.6	68.2	0.1
児童の障害		97	39	19	35	0.4	2.9	1.3	1.2
その他		2,480	82	42	501	9.2	6.0	2.9	16.6
不詳		164	16	8	14	0.6	1.2	0.6	0.5

注：＊は、調査項目としていない。

資料：厚生労働省「児童養護施設入所児童等調査の概要（平成 30 年 2 月 1 日現在）」（令和 2 年 1 月） p.12 より作成

児童福祉施設入所児童の心身の状況

上段：人数（人）　下段：構成比（%）

	総数※1	障害等あり	障害等の内訳（複数回答）※2										
			身体虚弱	肢体不自由	視覚・聴覚障害	言語障害	知的障害	てんかん	反応性愛着障害	ADHD	LD	広汎性発達障害	その他の障害等
児童養護施設	27,026	9,914	250	85	253	179	3,682	307	1,541	2,309	458	2,381	1,384
	100.0	36.7	0.9	0.3	0.9	0.7	13.6	1.1	5.7	8.5	1.7	8.8	5.1
児童心理治療施設	1,367	1,172	6	1	7	–	155	23	361	457	40	587	227
	100.0	85.7	0.4	0.1	0.5	–	11.3	1.7	26.4	33.4	2.9	42.9	16.6
児童自立支援施設	1,448	895	15	2	4	1	179	12	167	435	49	357	123
	100.0	61.8	1.0	0.1	0.3	0.1	12.4	0.8	11.5	30.0	3.4	24.7	8.5
乳児院	3,023	912	435	62	65	98	142	36	40	12	1	60	309
	100.0	30.2	14.4	2.1	2.2	3.2	4.7	1.2	1.3	0.4	0.0	2.0	10.2
母子生活支援施設	5,307	1,296	88	18	29	60	317	38	76	218	69	317	322
	100.0	24.4	1.7	0.3	0.5	1.1	6.0	0.7	1.4	4.1	1.3	6.0	6.1

※1　総数には、不詳を含む。
※2　本調査では、「重度心身障害」「外傷後ストレス障害（PTSD）」「チック」「吃音症」「発達性協調運動障害」「高次脳機能障害」のある児童の有無についても質問している（この表では割愛したほか、「その他の障害等」にも含めていない）。
資料：厚生労働省「児童養護施設入所児童等調査の概要（平成30年2月1日現在)」（令和2年1月）　p.7 より作成

根拠法別・年齢別にみる障がい児・者施設の利用者数

施設名	児童福祉法				障害者総合支援法			
	障害児入所施設		児童発達支援センター		日中系サービス※		うち施設入所支援	
年齢（歳）	人数（人）	構成比(%)	人数（人）	構成比(%)	人数（人）	構成割合	人数（人）	構成比(%)
0～2歳	2	0.0	296	5.5	–	–	–	–
3～5歳	106	2.1	4,770	88.9	–	–	–	–
6～11歳	1,080	21.9	223	4.2	–	–	–	–
12～14歳	1,130	22.9	8	0.1	–	–	–	–
15～17歳	1,695	34.4	17	0.3	135	0.1	52	0.1
18～19歳	378	7.7	–	–	3,792	2.7	415	0.6
20～29歳	204	4.1	–	–	24,537	17.2	4,393	6.7
30～39歳	112	2.3	–	–	26,230	18.4	8,219	12.6
40～49歳	79	1.6	–	–	34,165	24.0	16,709	25.7
50～59歳	67	1.4	–	–	25,704	18.1	15,413	23.7
60～69歳	38	0.8	–	–	17,609	12.4	11,769	18.1
70～79歳	3	0.1	–	–	8,323	5.9	6,525	10.0
80歳以上	1	0.0	–	–	1,774	1.2	1,589	2.4
不明	38	0.8	49	0.9	4	0.0	10	0.0
計	4,933	100.0	5,363	100.0	142,273	100.0	65,094	100.0

※　生活介護・自立訓練・就労移行・就労継続（A・B型）の利用者数の合計（療養介護の利用実績はなし）。
資料：日本知的障害者福祉協会「令和2年度全国知的障害児・者施設・事業実態調査報告（2020［令和2］年6月1日現在)」p.29 より作成

児童福祉・障がい福祉関係施設数・定員数・利用者数[1]の推移

		2015 （平成27)年	2017 （平成29)年	2019 （令和1)年	2021 （令和3)年	2022 （令和4)年
乳児院	施設数	134	138	142	145	145
	定員数（人）	3,873	3,934	3,870	3,871	3,802
	利用者数（人）	3,039	2,851	2,931	2,557	2,560
母子生活支援施設	施設数	235	227	219	208	204
	世帯数	4,830	4,938	4,513	4,371	4,289
	世帯人員（人）	8,902	8,100	8,059	7,446	7,305
児童養護施設	施設数	609	608	609	612	610
	定員数（人）	33,287	32,387	31,365	30,535	29,960
	利用者数（人）	27,045	25,636	25,534	24,143	23,486
福祉型 障害児入所施設	施設数	267	263	255	249	243
	定員数（人）	10,533	9,801	9,280	8,664	8,521
	利用者数（人）	7,460	6,774	6,925	6,138	5,964
医療型 障害児入所施設	施設数	200	212	218	222	221
	定員数（人）	18,432	20,139	21,069	21,296	19,749
	利用者数（人）	8,327	7,432	9,378	10,489	7,785
福祉型[2] 児童発達支援センター	施設数	467	528	601	676	703
	定員数（人）	14,822	16,759	18,818	20,687	21,288
	利用者数（人）	23,396	27,460	35,052	39,892	40,494
医療型[2] 児童発達支援センター	施設数	106	99	98	95	91
	定員数（人）	3,533	3,277	3,199	3,119	2,815
	利用者数（人）	2,392	2,468	2,061	1,965	1,574
児童心理治療施設	施設数	40	44	49	51	51
	定員数（人）	1,812	1,964	2,059	2,129	2,071
	利用者数（人）	1,311	1,374	1,422	1,447	1,398
児童自立支援施設	施設数	58	58	58	58	58
	定員数（人）	3,822	3,719	3,561	3,468	3,449
	利用者数（人）	1,381	1,264	1,236	1,123	1,114
児童館[3] （児童厚生施設）	施設数	4,613	4,541	4,453	4,347	4,301
障害者支援施設[4]	施設数	2,559	2,549	2,561	2,573	2,575
	定員数（人）	140,512	139,040	138,941	138,586	137,962
	利用者数（人）	148,537	144,238	153,426	149,826	148,660

※1　活動中の施設を対象とした調査で、そのうち利用者数は調査票を回収できた施設について集計したもの。
※2　2024（令和6）年4月からは、従来の「福祉型」「医療型」の類型は一元化されている（p.198を参照）。
※3　施設数は全類型（小型児童館、児童センター、大型児童館A・B・C型、その他の児童館）の合計数（ただし、2015［平成27］年度以降、C型は設置されていない）。
※4　定員数は入所者分のみ。また、利用者数は入所者数と通所者数の合計。
資料：厚生労働省「社会福祉施設等調査（総括表）」（各年10月1日現在）より作成

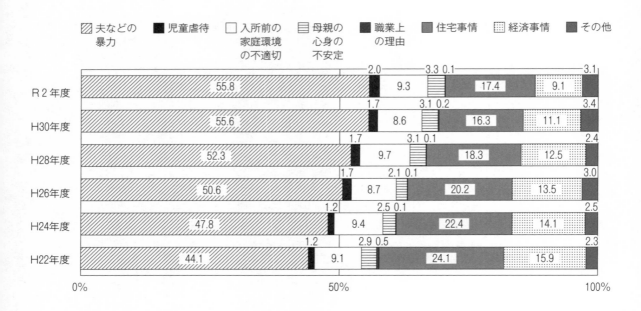

凡例:
- 夫などの暴力
- 児童虐待
- 入所前の家庭環境の不適切
- 母親の心身の不安定
- 職業上の理由
- 住宅事情
- 経済事情
- その他

年度	夫などの暴力	児童虐待	入所前の家庭環境の不適切	母親の心身の不安定	職業上の理由	住宅事情	経済事情	その他
R2年度	55.8	2.0	9.3	3.3	0.1	17.4	9.1	3.1
H30年度	55.6	1.7	8.6	3.1	0.2	16.3	11.1	3.4
H28年度	52.3	1.7	9.7	3.1	0.1	18.3	12.5	2.4
H26年度	50.6	1.7	8.7	2.1	0.1	20.2	13.5	3.0
H24年度	47.8	1.2	9.4	2.5	0.1	22.4	14.1	2.5
H22年度	44.1	1.2	9.1	2.9	0.5	24.1	15.9	2.3

上段：世帯数　下段：構成比（％）

	入所世帯数	夫などの暴力	児童虐待	入所前の家庭環境の不適切	母親の心身の不安定	職業上の理由	住宅事情	経済事情	その他
令和2年度調査	2,963	1,652	60	275	98	2	515	270	91
	100.0	55.8	2.0	9.3	3.3	0.1	17.4	9.1	3.1
平成30年度調査	3,046	1,695	53	261	93	5	498	338	103
	100.0	55.6	1.7	8.6	3.1	0.2	16.3	11.1	3.4
平成28年度調査	3,205	1,676	53	311	99	2	586	402	76
	100.0	52.3	1.7	9.7	3.1	0.1	18.3	12.5	2.4
平成26年度調査	3,456	1,750	59	300	74	5	699	467	102
	100.0	50.6	1.7	8.7	2.1	0.1	20.2	13.5	3.0
平成24年度調査	3,541	1,691	41	332	90	5	792	501	89
	100.0	47.8	1.2	9.4	2.5	0.1	22.4	14.1	2.5
平成22年度調査	3,799	1,677	44	345	111	18	914	603	87
	100.0	44.1	1.2	9.1	2.9	0.5	24.1	15.9	2.3

母子生活支援施設への入所理由（推移）

出典：厚生労働省『令和2年度 全国母子生活支援施設実態調査報告書』2021年　pp.133-134 より作成

児童福祉・障がい福祉関係施設の常勤換算従事者数[1]の推移

施設名＼年度		2015（平成27）年	2017（平成29）年	2019（令和1）年	2021（令和3）年
乳児院	総数	4,661	4,921	5,226	5,555
	うち保育士	2,462	2,622	2,730	2,959
母子生活支援施設	総数	2,051	1,944	2,075	2,073
	うち保育士	192	177	198	201
	うち母子支援員	694	673	638	691
児童養護施設	総数	17,046	17,883	19,239	20,639
	うち保育士	5,583	5,950	6,495	6,991
福祉型障害児入所施設	総数	6,052	5,736	5,840	5,512
	うち保育士	1,436	1,391	1,471	1,417
医療型障害児入所施設	総数	18,605	19,384	22,125	22,226
	うち保育士	1,340	1,144	1,312	1,246
福祉型[2]児童発達支援センター	総数	7,290	8,286	9,953	11,106
	うち保育士	3,114	3,508	4,262	4,764
医療型[2]児童発達支援センター	総数	1,407	1,382	1,696	1,234
	うち保育士	351	342	338	323
児童心理治療施設	総数	1,024	1,309	1,456	1,522
	うち保育士	149	167	186	201
児童自立支援施設	総数	1,847	1,838	1,799	1,839
	うち保育士	6	8	14	38
	うち児童生活支援員	180	186	203	176
児童館[3]（児童厚生施設）	総数	17,765	18,143	18,963	19,321
	うち保育士	1,543	1,497	1,625	1,529
	うち児童厚生員[4]	10,043	10,844	11,030	11,410
障害者支援施設[5]	総数	89,949	91,138	98,171	97,657
	うち生活指導員[6]	52,309	53,631	58,739	58,405
	うち介護職員	11,105	11,448	11,623	11,641

資料：厚生労働省「社会福祉施設等調査」（各年10月1日現在）

※1 活動中の施設を対象とした調査で、調査票を回収できた施設について集計したもの。「常勤換算従事者数（単位：人）」とは、1か月（4週間）の勤務時間をもとに、常勤・非常勤者の勤務時間をすべて足し、常勤職員が働いたとして何人になるかを計算したもので、本表では、常勤・非常勤の合計値を示している。なお「常勤者」とは、当該施設等が定める勤務時間数のすべてを勤務している者で、施設内や併設施設等のほかの職務に従事しない「専従」と、従事する「兼務」とで区別される。また「非常勤」とは、常勤以外の従事者（他施設にも勤務する等、収入および時間的拘束の伴う仕事をもっている者、短時間のパートタイマー等）をいう。

※2 2024（令和6）年4月からは、従来の「福祉型」「医療型」の類型は一元化されている（p.198を参照）。

※3 施設数は全類型（小型児童館、児童センター、大型児童館Ａ・Ｂ・Ｃ型、その他の児童館）の合計数（ただし、2015［平成27］年度以降、Ｃ型は設置されていない）。

※4 児童福祉施設の設備及び運営に関する基準では「児童の遊びを指導する者」として規定（第38条）。

※5 定員数は入所者分のみ。また、利用者数は入所者数と通所者数の合計。

※6 生活相談員・生活指導員の合計。

出典：厚生労働統計協会編『国民の福祉と介護の動向』奥村印刷　2017～2023年版より作成

施設実習に関するチェックリスト

	項　　目		
実習前	施設実習の意義・目的を理解しましたか （保育所実習との違いや、学ぶべきことは何かなど）		
	配属された実習施設の目的・対象者を理解しましたか （児童養護施設、乳児院など、施設種別レベルでの目的や利用者の特性などの理解）		
	配属された実習施設自体の特性を理解しましたか （入所者数、職員体制、施設・設備など、自分が実習する施設自体の特徴の理解）		
	実習課題を具体的に設定しましたか （施設・子ども（利用者）・職員・自分自身それぞれについて）		
	事前指導（オリエンテーション）の内容を十分に理解・確認しましたか （持ち物、実習にあたっての留意事項など）		
	子ども（利用者）の権利擁護やプライバシーの保護について、理解しましたか （守秘義務・自分自身も含めた個人情報の取り扱いの重要性、SNS の扱いなど）		
	体調、生活リズムを十分に整えましたか （食物・動物アレルギー等のある場合、学校の教員や施設職員に相談をしたか）		
	実習生として好ましい身だしなみを整え、適切な言葉づかいができますか （髪の色、ネイル、実習中に着用する衣服、上履きなど、適切な形で準備したか）		
実習中	日々の実習目標は、具体的かつ実現可能なものとして設定できていますか （たんなる「意気込み」ではなく、「学習すること」になっているか）		
	子ども（利用者）に対して、積極的かつ適切なかかわりができていますか （相手との距離感、言葉遣い、表情、態度など）		
	職員に対して、積極的かつ適切なかかわりができていますか （報告、連絡、相談、質問などおよび言葉づかいや表情、態度など）		
	実習日誌は具体的かつ丁寧に書くことができていますか （目標との整合性、その場の様子などがわかる文章表現、文字の丁寧さなど）		
	自己管理はしっかりとできていますか （時間の管理、体調管理、日誌提出、実習生室をはじめとする施設内外の清掃・整理整頓など）		
実習後	「実習のまとめ」はしっかりと作成できましたか （実習課題と同様、施設・子ども（利用者）・職員・自分自身それぞれについて）		
	「実習のまとめ」を通して、今後の課題は明確化できましたか （今回の実習で学びきれなかったこと、保育者を目指すにあたっての改善点など）		
	実習施設へのお礼状は丁寧に作成し、送付できましたか （時候の挨拶も含めて内容は適切か、文字は丁寧に書いたかなど）		
	実習日誌全体をしっかりとまとめ、提出することができましたか （実習最終日の日誌の受け渡しは完了したか、学校への提出は完了したか）		

※空欄部分は必要な項目を追加する際に使用してください。
※チェック欄は、日付の記入や、「保育実習Ⅰ・Ⅲ」それぞれで使用するなどして活用してください。

【編者紹介】

河 合 高 鋭（かわい たかとし）

鶴見大学短期大学部准教授
女優東ちづるさんが理事長を務める一般社団法人 Get in touch プロボノスタッフとして障がいのある方や LGBTs の方など、多様な方々と一緒にインクルーシブを意識した活動をしています。

［主著］
・『インクルーシブ保育っていいね——一人ひとりが大切にされる保育をめざして』（共編著）福村出版 2013 年
・『事前・事後学習のポイントを理解！保育所・施設・幼稚園実習ステップブック』（共著）みらい 2016 年
・『子どもの育ち合いを支えるインクルーシブ保育』（共編著）大学図書出版 2017 年

［読者へのメッセージ］
　施設にはさまざまな背景をもつ子ども（利用者）がたくさんいます。子ども（利用者）の様子やご家族の気持ちにも触れつつ、みなさん自身の考えを深めていってもらえればと思います。学生のみなさんにとって学びの深いものとなると信じ、今後の活躍を願っています。

石 山 直 樹（いしやま なおき）

横浜女子短期大学専任講師

［主著］
・『全訂 子どもの福祉と子育て家庭支援』（共著）みらい 2015 年
・『輝く子どもたち 子ども家庭福祉論』（共編著）みらい 2017 年
・『保育・教職実践演習——子どもによりそう保育とその学びの総合性』（共編著）大学図書出版 2018 年

［読者へのメッセージ］
　保育所以外にもさまざまな子どもの福祉にかかわる施設・機関で活躍する保育士、その道に進もうと決心し、学びを深めているみなさんにとって、実習は楽しみでもあり不安なものでもあるでしょう。本書での学びを活かして実習に臨み、その経験を自分の保育士を目指すにあたっての、そして一人の人間としての成長の糧としてもらえればと思います。みなさんのますますの成長と今後の活躍を願っています。

保育士をめざす人のための
施設実習ガイド

2020 年 1 月 20 日	初版第 1 刷発行
2023 年 3 月 1 日	初版第 4 刷発行
2024 年 3 月 1 日	初版第 5 刷発行（補訂）

編　　　者	河 合 高 鋭
	石 山 直 樹
発 行 者	竹 鼻 均 之
発 行 所	株式会社みらい
	〒500-8137　岐阜市東興町 40 第 5 澤田ビル
	TEL　058-247-1227㈹　FAX　247-1218
	https://www.mirai-inc.jp/
印刷・製本	株式会社　太洋社

ISBN978-4-86015-503-2
Printed in Japan　　　　　　　　　　　乱丁本・落丁本はお取替え致します。